O castelo de papel

FUNDAÇÃO EDITORA DA UNESP

Presidente do Conselho Curador
Mário Sérgio Vasconcelos

Diretor-Presidente / Publisher
Jézio Hernani Bomfim Gutierre

Superintendente Administrativo e Financeiro
William de Souza Agostinho

Conselho Editorial Acadêmico
Divino José da Silva
Luís Antônio Francisco de Souza
Marcelo dos Santos Pereira
Patricia Porchat Pereira da Silva Knudsen
Paulo Celso Moura
Ricardo D'Elia Matheus
Sandra Aparecida Ferreira
Tatiana Noronha de Souza
Trajano Sardenberg
Valéria dos Santos Guimarães

Editores-Adjuntos
Anderson Nobara
Leandro Rodrigues

MARY DEL PRIORE

O castelo de papel

UMA HISTÓRIA DE ISABEL DE BRAGANÇA,
PRINCESA IMPERIAL DO BRASIL, E GASTÃO DE ORLÉANS, CONDE D'EU

© Editora Unesp, 2024

Direitos de publicação reservados à:
Fundação Editora da Unesp (FEU)
Praça da Sé, 108
01001-900 – São Paulo – SP
Tel.: (0xx11) 3242-7171
Fax: (0xx11) 3242-7172
www.editoraunesp.com.br
www.livrariaunesp.com.br
atendimento.editora@unesp.br

Dados Internacionais de Catalogação na Publicação (CIP) de acordo com ISBD
Elaborado por Vagner Rodolfo da Silva – CRB-8/9410

P958c   Priore, Mary del

              O castelo de papel: uma história de Isabel de Bragança, princesa imperial do Brasil, e Gastão de Orléans, conde d'Eu / Mary del Priore. – São Paulo: Editora Unesp, 2024.

              ISBN: 978-65-5711-211-3

              1. História do Brasil. 2. Isabel de Bragança. 3. Gastão de Orléans. I. Título.

2024-3275   CDD 981
                                                                             CDU 94(81)

Editora afiliada:

Sumário

CAPÍTULO I
Mudança de pele
7

CAPÍTULO II
Retrato de príncipes quando jovens
29

CAPÍTULO III
De pombos e de tombos
51

CAPÍTULO IV
Duas partidas
73

CAPÍTULO V
A estrada de poeira e ossos
99

CAPÍTULO VI
Fluxos e refluxos
119

CAPÍTULO VII

A suave e perigosa deriva

141

CAPÍTULO VIII

Lições daqui e de lá

167

CAPÍTULO IX

Visões de redenção, caminhos de perdição

191

CAPÍTULO X

O relógio invisível

221

CAPÍTULO XI

"O dia da maior infelicidade da nossa vida"

251

Bibliografia

287

Agradecimentos

305

CAPÍTULO I

Mudança de pele

Castelo de Neuilly

Século XIX. Autor desconhecido.

> *Gastão vivia nos arredores de Paris, em Neuilly. O palácio pertencia ao avô, que aí se instalou com todos os filhos desde 1817; era vasta habitação, sem majestade. Na ala dos príncipes, moravam seus pais. Ocupavam uma sucessão de salas com o teto em caixotão e paredes de madeiras exóticas. Ao final, um jardim reservado às crianças. O rio Sena introduzia ali um braço tranquilo.*

O jovem apoiou-se na janela do Lake Hotel. Juncos e caniços encobriam uma parte do lago. Secos e amarelos no verão, ao entrechocar-se ao menor sopro de ar, faziam um ligeiro ruído de ossos. O céu de um azul lavado, os bosques de carvalho e o vento das charnecas irlandesas compunham o resto da paisagem. Ele pensava, sonhava, se angustiava. Acabara de decidir que ia visitar o distante Império do Brasil. Talvez se casasse por lá. Poria fim à dúvida que o roía por dentro. Era o dia 27 de julho de 1864.

Seu nome, Gastão. Tinha 21 anos e estava em visita com seu pai, o duque de Nemours, às "barracas" ou acampamentos militares em Cork. Antes visitaram Limerick, em cujas casas nobres conhecera moças "muito belas" e onde dançara "danças de sociedade". A torre da igreja de São João, a mais alta da Irlanda, erguia-se orgulhosa. E, nas águas do rio Shannon, jovens se exercitavam no remo. Era a estação dos lacaios, *champagne* e festas nos palacetes derramados sobre os parques incrivelmente verdes. Um recém-inaugurado corredor de linhas férreas cruzava os campos cobertos por onde passaram, por séculos, vikings e normandos. No porto, percorreram os edifícios de calcário vermelho, em estilo georgiano. No cais, os emigrantes se amontoavam, com seus fardos, ventres vazios e pés descalços, à espera do próximo brigue de casco profundo: o veloz *clipper cutty*. Ele não deixou de observar que a população do país sangrava: nos últimos vinte anos, fugindo da fome e da pobreza, milhares de irlandeses haviam cruzado o Atlântico na direção dos Estados Unidos. A viagem à Irlanda não era só turismo, hábito inaugurado havia poucas décadas. Tinha a ver com o modelo de educação que se exigia, então, dos jovens membros da nobreza: o do militar viril. A valorização da honra ao longo das guerras revolucionárias, as vitórias de Napoleão, tudo isso fazia dos soldados os depositários de um sentimento que era a divisa da Legião de Honra, a mais alta condecoração da França: "Honra e Pátria." O respeito pelo uniforme não era vão. Fazer parte da vida militar era incorporar a defesa dessa virtude cardeal. Mais: era lutar contra uma sociedade burguesa, decadente e efeminada. Os membros da família Orléans representavam como ninguém esse lema. Sinônimo de superioridade, de força e energia, seu comportamento se traduzia por meio de leis que lhes garantiriam liberdades na vida pública e poder na vida doméstica. Conhecer as casernas de Cork fazia parte da agenda.

Mas estava na hora de mudar de pele. E, agora, Gastão precisava começar os preparativos "para a grande operação que não seria nada alegre", como se queixou à avó, Maria Amélia, rainha dos franceses, exilada na Inglaterra. A notícia chegou enquanto ele desfrutava de uma "real licença" do Exército espanhol para visitar a família. Exilado em Claremont desde a queda do avô Luís Filipe de Orléans, o clã passou os últimos anos no castelo emprestado pela rainha Vitória. Ali, Gastão riu e chorou: brincou nos parques e enterrou a mãe e o avô.

Havia cerca de quatro anos, porém, ele servia nas fileiras do Exército espanhol, em Segóvia. Tanto o avô quanto o pai, tios e primos eram militares de carreira e, mais do que isso, apaixonados pela vida da caserna. Botas, uniformes e espada à cinta eram indumentárias usuais na Corte de Luís Filipe. O pai de Gastão, Luís, duque de Nemours, junto com os tios, Henrique, duque de

Aumale, e Francisco, príncipe de Joinville, fizeram uma campanha irreprochável na Argélia, responsabilizando-se pela tomada de Constantina, cidade onde se concentravam as forças de resistência nacionalista. Já o primogênito Fernando, duque de Orléans, dito "o Belo", foi o responsável pela conquista de todo o interior daquele país. Dos Orléans dizia-se que não tinham medo e traziam o diabo no corpo. Essa campanha terminou com a anexação da Argélia à França e criação dos departamentos franceses de além-mar. A popularidade dos filhos do "rei dos franceses" era visível nos aplausos que recebiam por onde passavam. Heróis de guerra, não venciam os convites para festas e comemorações. Os netos não teriam outro destino. As festas acabaram com a queda de Luís Filipe em 1848. Mas, mesmo fora do poder, os jovens teriam que fazer valer a tradição militar da família.

Em 1858, durante a guerra entre a Áustria e o Piemonte, houve uma tentativa de colocar Gastão nas fileiras do Exército da Sardenha, que tinha à frente o rei Vítor Manuel II e em que o primo-irmão Roberto, duque de Chartres, servia na cavalaria dos "Dragões". Em vão. Napoleão III não aceitava tantos dos seus piores inimigos, os Orléans, lendo os interesses da França nas revoluções que então varriam a Europa. Outro primo, o duque de Penthièvre, entrou na escola naval de Anápolis, nos Estados Unidos, sendo rapidamente promovido a tenente, enquanto servia na corveta *John Adams*. Nesse mesmo ano de 1864, o conde de Paris escrevia à família comunicando que estava afeito ao Estado-Maior do general McClellan, em plena guerra civil americana. Seu irmão, Luís Filipe, encontrava-se com ele no que ambos chamavam, entusiasmados, de a "grande máquina militar". Sob chuva e frio, se incumbiam de missões cada vez mais difíceis. Eram aristocratas lutando em favor das ideias republicanas e adorados pelos generais americanos. Sobre eles, choviam elogios. O tio, príncipe de Joinville, estava lá para acompanhar as manobras e colher os aplausos. Leitor de *Os príncipes militares da Casa de França*, Gastão, porém ainda não encontrara uma oportunidade para figurar na galeria de sucessos ao lado dos primos.

Foi então que Nemours voltou-se para o irmão, Antônio, o duque de Montpensier, casado com Luísa de Espanha, irmã da rainha Isabel II. A guerra entre a Espanha e o Marrocos, em outubro de 1859, dava a oportunidade ao jovem Gastão de entrar na carreira de armas. No final do ano e na condição de alferes, ele foi alistado no Regimento de Hussardos da Princesa e 19º de Cavalaria, com a paga de quinhentos reais por mês. Em fins de janeiro de 1860, atravessou o estreito de Gibraltar e desembarcou em Tetuan, cidade de mirantes, terraços e torre mourisca, na qual tremulava a bandeira vermelha e amarela da Espanha.

O jornal *El Horizonte* descreveu o moço de 17 anos que chegava em busca de consagração:

> A fisionomia do jovem conde, sobrinho do augusto esposo de nossa Infanta, tem algo que atrai: é alto, de físico modesto e reparado, e veste com desenvoltura o uniforme espanhol. Monta bem, cavalga com graça sobre o cavalo e parece possuir grande severidade e firmeza.

O sofrimento pelo qual passara na infância não fora suficiente para dar-lhe um peito largo. O Exército exigia ombros e dorso musculosos, sinais de resistência ao cansaço. O tordilho inglês fora presente do tio, duque de Montpensier. Gastão era considerado por todos simpático e modesto. Apesar dos elogios iniciais sobre sua "firmeza", o jovem considerava o serviço "pesado e monótono". Os campos de trigo ceifados inundavam os ares de pó. Ele tinha dor de garganta constantemente e sentia-se sufocar. Muitas cidades pareciam-lhe "miseráveis vilas da velha Castela". Escrevia, porém, à família para dizer que "se comportava bem". O pai correu a visitá-lo. Tão logo Nemours partiu, Gastão escreveu à avó: "Essa manhã sem papai me pareceu bem deserta e triste. O único pensamento que me consola é saber que ele me deixa para ir ao seu encontro."

Os rudes exercícios, as longas manobras faziam parte do percurso que integrava o jovem ao regimento. Era preciso afirmar-se até o sacrifício supremo. Nemours deixou-lhe uma advertência:

"Meu filho, faça teu dever e jamais esqueça o nome que carregas." Chegou o Natal e, na *noche buena*, a única coisa que registrou foram os "pouco graciosos chapéus femininos". O inverno foi frio. A cidade cobriu-se de neve. As queixas prosseguiam. Os alojamentos militares eram inconvenientes. Localizavam-se em bairros "excêntricos" e suas escadas eram "indecentes de sujeira!". Finalmente, a bateria reuniu-se, mas a chuva impediu que rumassem para o norte da África. As frustrações se acumulavam.

Até que surgiu a oportunidade de fazer frente à pesada responsabilidade familiar. Ele cruzou o Mediterrâneo para confrontar os inimigos cabilas nas montanhas do Rif, ao norte do Marrocos. A imponente serra que se estende ao norte da região separa o litoral arenoso e o interior feito de planícies. A campanha militar que fazia os políticos espanhóis rosnar e torcer seus bigodes aniquilava tribos seculares, arrasava plantações de algodão e desmantelava vilas. Em resposta, chefes enérgicos reuniam as famílias. Príncipes rivais juntavam forças no ódio contra o estrangeiro e, em pouco tempo, brilhavam os fogos dos acampamentos. No pó da planície iam se enfrentar a artilharia e as cimitarras. Canhões modernos contra colubrinas medievais. Gastão via aproximar-se o batismo de fogo em que, finalmente, poderia encarnar a coragem dos ancestrais. Estava decidido a ir a todos os extremos, empregando as forças do corpo e da alma. Mas havia, também, medo e incerteza sobre o sacrifício que faria para atingir seu objetivo.

Escrevia ao pai: "Ainda não me aproximei bastante dos mouros para servir-me do sabre que me deu." E vaidoso: "*Que bonita espada tiene...*", era o elogio que recebia de todos os oficiais. E prosseguia: "Esses dias de batalha são interessantes, embora, ontem, a sessão a cavalo tenha sido um pouco longa. Mas nos outros dias nossa vida é tão pacífica que, apesar dos tiros trocados pelas sentinelas durante a noite, nada nos impede de dormir. O resto do tempo é encantador, apesar do calor..."

Saiu do marasmo e foi sentir o cheiro da pólvora pela primeira vez em fins de janeiro. Um esquadrão de lanceiros tentava desalojar os inimigos de um brejal. De sabre em punho e seguindo o galope dos cavaleiros, Gastão gritava: "Deixem-me, deixem-me", acompanhado de um criado que tentava dissuadi-lo. Não teve oportunidade de atirar com a pistola ou acutilar com o sabre. Nem sequer alcançou a primeira fila do esquadrão. Mas o sonho de conseguir algum tipo de glória militar ficou patente. E, em seguida, rabiscou aliviado em carta ao pai: "Graças a Deus estou são e salvo!"

O episódio foi assim narrado por seu pai à avó, a rainha Maria Amélia:

> Gastão fez carga com dois esquadrões de lanceiros que desalojaram os mouros de um golpe. Foi por ocasião dessa carga da qual Gastão participou como voluntário e para pagar a sua nomeação bem-vinda que o general em chefe lhe conferiu, em nome da rainha, a Cruz de São Fernando, recompensa desproporcional ao que ele fez, mas que ele saberá, espero, justificar mais tarde. Velarde (D. Miguel, um hussardo) mostrou-lhe o exemplo num gesto rápido e com a bravura que o distingue. [...] Alegria em família, mas não soemos a trombeta; seria de mau gosto de nossa parte cantar glórias por uma ação honrosa, mas que perde seu mérito quando não acompanhada de modéstia e mérito.

Gastão sabia que a primeira classe da Cruz de São Fernando era das mais baixas condecorações do Exército espanhol. Alertou o pai: se visse a *Gaceta Militar*, desconfiasse da veracidade dos fatos ali consignados. Mas o pai queria mais: Nemours educara os filhos batendo na mesma tecla e não deixou passar. Tratava-se de "recompensa desproporcional".

A exigência seria de retribuí-la, "mais tarde". A 31 de janeiro, novo combate em Guad-el-Gelú. Venceu a guarda do sultão. Gastão escreveu ao pai: "Eu nada sei nem ouço nunca o silvo das balas. Ainda assim, mesmo estando no grupo do general em chefe, fica-se suficientemente exposto." Durante quatro anos, Gastão tentou ir além dessa medalha, sem muito sucesso. No máximo, conseguiu uma promoção a tenente por mérito de guerra, tendo, ainda, participado do combate de Samsa.

Mudança de pele

No final de março, Muley-Abas assinava a paz com o duque de Tetuan. A guerra se esvaiu como uma nuvem no seco céu africano. Da mais importante lição, Gastão se lembraria alguns anos depois. O conflito foi longo, pois houve lentidão nas marchas, falta de comboios de abastecimento, incompetência de alguns regimentos e tantos outros erros apontados por críticos militares.

Em maio, a convite dos tios Montpensier, participou em Madri do triunfo preparado "aos heróis da África", reunindo, segundo ele, "o povo e o mundo *fashionable*":

> No dia seguinte, a massa de gente nas ruas era tão compacta que não nos deixava avançar. Ficamos cobertos de buquês, de coroas de louros que tentávamos pegar com a ponta de nossos sabres, e havia pedaços de papel com inscrições em versos por toda parte.

Os soldados cantavam com entusiasmo o hino: "*Guerra al infiel marroco!*"

De volta a Cádiz, os meses transcorreram entre aulas, visitas a casernas e almoços com oficiais. A correspondência não menciona o que seria normal na vida de um jovem: a frequentação da sala de armas, do bordel, dos cabarés, das tabernas. Durante jantares e bebedeiras, mantinha-se sóbrio. Por outro lado, Gastão não perdia a missa. Mas, por considerar tudo maçante, até a Semana Santa de Sevilha pareceu-lhe "*muy desanimada*": viu "lavarem os pés de Cristo", a saída das confrarias e a distribuição de esmolas que fez o tio. Em julho, ele chegava a Bilbao, ao lado da costa francesa, a cidade do ferro que respirava sua crescente indústria siderúrgica. Desceu por via férrea até Alicante, porto debruçado sobre o Mediterrâneo, guardado por um velho castelo sobre a rocha. E, depois, instalou-se em Segóvia, com sua catedral, o aqueduto, o palácio real de Riofrio e o Alcázar. Ia terminar os estudos.

De lá, escrevia ao seu antigo preceptor, Gauthier. Novamente sentia solidão, isolamento: "Nada a fazer... situação sem nenhum interesse." Em setembro, voltava a queixar-se: o serviço era entediante. Enchia-se de decepções. Enquanto os primeiros se destacavam em combate, ele limpava cocheiras. Não queria sentir cheiro de bosta e feno, mas de glória. "Passo minha vida bem tristemente, lamentando a marcha e a vida em comum com os camaradas." Começavam as *escuelas prácticas*, informava. Não havia animação, fosse lá o que ele entendesse por isso. E insistia: jamais encontraria prazer na Espanha. Mergulhado em tédio, visitou os rios no seu belíssimo Palácio de La Granja de San Ildefonso: jardins à francesa e fontes ornamentais. Anotações sobre a meteorologia, porém, ocupavam a maior parte de sua correspondência. *Los temporales* interrompiam a comunicação com a família, via telégrafo. E o que dizer da "ignorância dos correios espanhóis", que desconheciam a existência dos Estados Unidos da América, retardando sua troca de cartas com os primos?!

Da avó, recebia revistas como *Punch, Illustrated London News* e *Monde ilustré*. Manuseava o almanaque *Gotha* em busca de informações sobre as famílias reais. "Quem casou com quem?" Colecionava fotografias do famoso Nadar. Em abril, o pai pressionava: "É preciso, no menor tempo possível, provar tua aptidão a ser um oficial de Artilharia. Você está no caminho, faça-o bem e o mais rápido que puder."

Severo, Nemours não lhe deu descanso. Agora era "trabalhar e passar nos exames". Gastão preparava-se para servir na Artilharia. Os meses se escoaram sem maior brilho, e suas cartas registravam as idas e vindas ao palácio dos tios, onde caçava cervos, comia *cocido*, fazia excursões a cavalo nas montanhas e via dançar a *zarzuela*. "Tempo muito ventoso", registrava. Mas as queixas tinham um fundo de razão. O isolamento não era gratuito. Gastão era visto por seus irmãos de armas como alguém que tinha privilégios: sobrinho do marido da infanta. Convidado de caçadas, cavalgadas e banquetes no Palácio de La Granja. Comensal à mesa da rainha. E tudo isso numa época em que o Exército espanhol se nutria de princípios republicanos e antimonárquicos.

Inveja, diriam alguns. Não. O ar dos tempos. Aristocratas começavam a ser carta fora do baralho. Não à toa, perante os colegas, ele mesmo se identificava como "um estrangeiro, uma anomalia".

Diferentemente de seu pai e tios, não nascera sob o "signo de Marte", deus da guerra. "O bilhar à noite está ocupado por um grande número de oficiais e, quando há tantos, eu não entro. Minha presença os incomoda", escrevia ao pai. A mágoa aumentava. Nos desabafos, não economizava:

> O horror que desenvolvi pela Espanha me tira todos os interesses que poderia ter por esse país... quanto mais o conheço, mais o detesto. A ideia de tornar-me aí um oficial de artilharia me é desagradável. A sociedade espanhola me é odiosa.

Volta e meia, voltava a Claremont, na Inglaterra, para visitar o pai e a avó. E em maio de 1864 foi até a Áustria e, depois, visitou os primos em Coburgo: "*Soirée* em grande *toilette*", anotava. "Dormimos à meia-noite." Em junho estava em Londres, de onde escrevia "à muito querida boa mamãe", como chamava a avó. Foi ver o Palácio de Cristal, que servira à Exposição Universal anos antes, agora transposto para Sydenham, ao sul da cidade. Fez *shopping* com o pai. Dançou em *parties* sob tendas abertas, em jardins iluminados por lâmpadas coloridas. Não perdia a missa. O assunto do momento era certa Lady Florence, que teria dado um golpe do baú! Gastão não falava em casamento, nem na carreira militar. Na verdade, não era senhor do seu futuro.

Não se sabe bem quando as conversas tiveram início. Em fins de abril, Gastão abria-se com Gauthier:

> Como você pode imaginar, dei um pulo e o que aumentou o meu horror é que é preciso se decidir em dois meses, senão o pretenso sogro, que já engoliu mais de uma recusa, vai buscar em outro lugar. Estou muito *perplexed*. Nunca pensei em casar-me antes de três meses pois considero que o casamento tira muita liberdade do homem, necessária para que ele veja e se instrua, e seria pouco razoável privar-se quando há tanto a ver e a aprender.

Em maio, durante o matrimônio do primo, o duque de Chartres, insistia em dizer que "os que achavam que chegara a sua vez teriam que esperar muito". E um mês mais tarde ainda titubeava: "Não sei em que crer ou o que desejar." Tal como a vida militar, os casamentos eram decididos em família. Luís Filipe dizia ter tido muitos filhos para que seus netos pudessem se unir: "Na posição de isolamento que podem deixar minha família entre as famílias reais da Europa, é preciso sonhar com as alianças do futuro. Pois bem, meus netos se casarão entre si." Tinha razão o rei dos franceses. Muitas casas reais jamais aceitaram os Orléans. O pai de Luís Filipe, Filipe Égalité, foi responsável pelo voto que levara Luís XVI à guilhotina, durante a Revolução Francesa. E nas jornadas revolucionárias de 1830, a pedido dos deputados, o mesmo Luís Filipe substituiu seu primo Carlos X de Bourbon, inaugurando uma briga dentro da Casa de França que durou décadas. Sempre suspeito de tentar arrancar a coroa ao ramo primogênito, tinha aproveitado a insurreição para instalar-se numa bela posição. Os Habsburgo, por exemplo, consideravam os Orléans uns arrivistas. Quem ia querer casar-se com descendentes de um regicida?

As aberturas matrimoniais eram feitas regularmente por casamenteiros da família, evitando as recusas, situação sempre desagradável. Era obrigatório casar-se entre pares, gente da mesma condição. Cartas com expressões como "plano", "negociação", "tratativas" ou "sondar o terreno" eram correntes a fim de justificar a aproximação de jovens que nunca dantes se tinham visto. As relações dinásticas tinham também o objetivo de equilibrar potências, evitando guerras dentro da Europa e criando famílias reais supranacionais. Trabalho que, ao longo do século, os nacionalismos arrastariam água abaixo, dando lugar às dinastias nacionais e, depois, às repúblicas. Desde fins de 1863, o imperador do Brasil procurava atrair noivos para suas filhas Isabel e Leopoldina. Quando da visita do arquiduque Fernando Maximiliano, irmão do imperador da Áustria, ao Rio de Janeiro, boatos haviam corrido de que ele viera sondar a possibilidade de casar a princesa imperial com o irmão, arquiduque

Luís José Antônio Victor, ou com o cunhado, conde de Flandres. Nada! Como todo europeu de sua geração, Maximiliano condenava a escravidão e desprezava os homens que enriqueciam graças ao "comércio de carne humana". O que era o Império do Brasil se não um dos últimos abrigos para essa terrível instituição? "Aqui corre o boato de que ele vai para pedir-te, para o irmão, a tua filha. Ele é muito inteligente e dizem que o irmão tem boa idade para Isabel e, tendo ele 18 anos, é excelente aliança e creio não poderias achar melhor", escreveu ao imperador do Brasil sua irmã, Francisca de Joinville, casada com o tio de Gastão. A aia das princesas, condessa de Barral, vestiu-as de rosa e branco e fez o melhor que pôde. Em carta aos imperantes que se achavam em viagem ao Nordeste, ela descreveu:

> Suas Altezas contarão a Vossa Majestade, a visita do sr. arquiduque, Fernando Maximiliano. [...] Elas se portaram bem. Eu não esperava nem tanta boa graça, nem tanto desembaraço sem demasiada familiaridade, em suma, fiquei muito contente e todos encantados com nossas princesas [...] a princesa Isabel ofereceu ao primo um beija-flor empalhado, e deu-lhe, para levar à sra. arquiduquesa, um pequenino enfeite de asas de besouro que ela tinha [...] os vestidinhos de cassa cor-de-rosa rivalizavam com as faces delas em frescura, decotadas, sem nenhum enfeite de ouro. Tocaram piano, valsaram com o príncipe e, uma com a outra, mostraram com as vistas da Bahia e de Pernambuco, e o tempo foi agradavelmente empregado.

Na Fala do Trono, durante a abertura da Assembleia Geral, em 3 de maio de 1864, D. Pedro informou aos "digníssimos representantes da nação brasileira" que tratava do casamento das princesas, "queridas filhas", que esperava se concretizasse até o fim do ano. Mas com quem?

O que faria um príncipe europeu de alta estirpe nessa infinda fazenda que era o Brasil? Afinal, ele representava a hegemonia econômica da Europa, sua preponderância cultural, sua dominação mercantil e industrial, capaz de modelar o mundo à sua imagem e semelhança. E o que dizer das autoridades brasileiras, da Monarquia pouco eficiente e pouco majestosa, da pequena dignidade do clero? Aqui, só havia natureza. Era terra "onde tudo traz a marca do passageiro", "onde todos, do imperador ao menino de rua, ainda não passaram aqui três gerações", dizia Maximiliano. Quem desejaria abrir mão de um trono europeu para vir morar nos trópicos? Ele próprio não teve boa impressão do Império. No relatório que enviou à Áustria, limitou-se a dizer que "as brasileiras" fariam honra a qualquer casa da Europa. Mas, em seu diário, anotou o que deviam ser as verdadeiras razões:

> Nas regiões mais bonitas e mais bem situadas pululam, desmesurada e ilimitadamente, os bens da natureza. Tentou-se encontrar ajuda na força de trabalho comprada. Agora, porém, quando a importação livre de escravos está proibida, está proibida, esgota-se, também, este meio precário. O número de negros diminui de ano para ano, de maneira considerável. No momento, o Brasil está regredindo e, se o governo não organizar logo um sistema adequado de imigração, se não superar o ódio aos estrangeiros e não souber vender os partidários da escravatura, o grande Império desmoronará e a mata virgem avançará, novamente, vitoriosa, cobrindo o país.

Separadas da Europa pela extensão de um oceano, cercadas pelas histórias que se contavam sobre o Brasil, seria difícil o contato das princesas com futuros pretendentes. Na mesma época, *The Times*, consciência escrita da classe média inglesa, publicava um artigo retratando o que se pensava sobre o império tropical:

> Doze milhões de homens estão perdidos num Estado maior do que toda a Europa; a receita pública, que é de 12 milhões de libras esterlinas, é muitos milhões inferior à da Holanda e à da Bélgica; com uma linha de costa de 4 mil milhas de comprimento, e com pontos de largura de 2.600 milhas, o Brasil exporta, em valor de gêneros, três quartos das exportações do diminuto reino da Bélgica. [...] Mas, enquanto o brasileiro se mostra assim, em teorias políticas e

administrativas, ansioso por fomentar ele mesmo todas as obras dos seus 5 milhões de milhas quadradas, as suas mãos repugnam agarrar o cabo da enxada ou tomar a rabiça do arado, que é o trabalho que a natureza reclama dele. Num continente que depois de três séculos e meio continua a ser um torrão novo, a grandeza das repúblicas ou dos impérios depende exclusivamente do trabalho manual!

Leia-se, da escravidão!

Isso sem contar a pobreza da Corte brasileira, tão diferente das europeias. Sem atrativos. Alguns reagiam dizendo que não era suntuosa, mas singela e virtuosa. O príncipe Alexandre de Württemberg, por exemplo, comparou o palácio de Petrópolis a um "triste edifício que no máximo satisfaria as exigências de um próspero mercador, mas não as de um grande monarca". A ridícula tradição do beija-mão sobrevivera aos tempos e continuava. Os dias de gala eram os do aniversário da coroação, o aniversário da herdeira Isabel, o aniversário de casamento com Teresa Cristina, o da Independência e as festas de São Pedro e Santa Teresa. A carruagem era do século anterior, velha e feia. Os jantares no palácio eram um suplício. Nem *gourmet*, nem *sommelier*. No cardápio diário, uma canja. A comida era ruim, não se tomavam vinhos. Não havia a "arte da conversação", tão prezada no exterior. Não só os serviços – ou seja, a sucessão de pratos – eram praticamente ignorados, mas os empregados estavam sempre malvestidos.

As irmãs tinham modos, bom coração, falavam línguas, montavam a cavalo. Só eram feias! Isabel tinha nariz de "berinjela" – apelido que recebeu da irmã –, e Leopoldina era atarracada e enfezada. Na Europa, pouco se sabia sobre esses parentes, de tão distantes. A correspondência raramente era trocada, embora a imperatriz Teresa Cristina fosse sobrinha da rainha dos franceses, Maria Amélia. Esta tampouco tinha melhor impressão a respeito dos primos brasileiros. Sobre uma visita que D. Pedro I lhe fizera em Paris, com sua jovem esposa Amélia, registrou em seu diário que a conversa foi tão aborrecida, o assunto tão escasso, que ela teve que se beliscar para não dormir.

Em 1860, aos 14 anos de idade, Isabel prestou juramento à Constituição Política do Império diante das Câmaras. Era declaradamente a sucessora de seu pai e necessitava de um companheiro que a guiasse e aconselhasse nos momentos difíceis, à frente do governo do país. Sua imagem como governante deveria estar associada a um matrimônio exemplar, digno da aceitação do povo. Como fazer? O troca-troca de correspondências teve início. Começavam as negociações, pois era disso que se tratava. Do Brasil, solicitaram-se retratos e informações. Os primeiros candidatos podiam estar na própria família.

Por que não Luís de Bourbon-Sicílias, o filho mais velho da princesa D. Januária, irmã de D. Pedro, e do conde de Áquila? Ou, quem sabe, outro primo, Pedro de Orléans, duque de Penthièvre e filho da outra irmã, Francisca de Joinville? Também deu errado. Depois, pensou-se no belo e louro D. Luís de Bragança, duque do Porto, filho de D. Maria II. Um português de volta ao trono brasileiro? Nem pensar. O *Jornal do Commercio* trouxe explicações: D. Luís estava chamado a destinos mais altos, em breve iria reinar. Aqui, não poderia nomear nem um juiz de paz! O assunto morreu. Procurava-se um "príncipe Alberto da Inglaterra": esquivo, calado, doméstico, inútil, sem opinião e sem "temperamento" forte.

O imperador escreveu ao cunhado Joinville: se o casamento de Isabel com o primo Pedro não se faria, que ele se ocupasse pelo menos do de sua afilhada Leopoldina. "Mas, na oportunidade, contento-me em fazer algumas recomendações: o marido tem que ser católico e de opinião liberal. Nem português, espanhol ou italiano e gostaria muito que não fosse austríaco." Em novembro de 1863, Joinville respondia: "Pense em meu sobrinho Gusty [Augusto]. Ele oferece várias garantias e vantagens. Ele para sua mais velha e um dos filhos de Nemours para a mais jovem seria, aos meus olhos, o arranjo ideal."

Sem que os jovens diretamente interessados participassem, os arranjos se teciam. Em fevereiro de 1864, nova carta, dessa vez da irmã D. Francisca. Junto com uma foto de Gastão, ela acrescentava: "Se você pudesse botar as mãos nele para uma de suas filhas, seria a perfeição. Ele é alto, forte, belo moço, bom, doce, muito amável, bem instruído e, além disso, tem uma pequena fama como militar."

Clementina de Orléans, casada com Augusto de Saxe-Coburgo--Gotha e irmã de Joinville e Nemours, a princípio demonstrou interesse no projeto. Ter um filho como imperador nas Américas parecia-lhe promissor. Alguns parentes fizeram pressão para que Gusty aceitasse a oferta. O projeto tinha o apoio da rainha Vitória, uma Saxe-Coburgo-Gotha pela mãe e casada com o primo-irmão Alberto. O cunhado da rainha e chefe da família Saxe-Coburgo--Gotha era o duque Ernesto II. O rei consorte D. Fernando de Portugal, cunhado de D. Pedro II e padrinho de Isabel, era, ele também, membro do clã. Todos esses Sachsen-Coburgo, membros da antiga dinastia germânica dos Wettin, sonhavam com alianças transatlânticas.

Na contramão das idealizações da irmã Clementina, Joinville alertava o imperador sobre seu candidato preferido: Gusty era o jovem "mais distinto do mundo, todo coração e espírito, embora um pouco preguiçoso". Ao que Pedro II anotou: "Augusto é muito jovem e, com sua natureza, corre o risco de estorvar seu lugar. [...] Não farei qualquer comentário sobre o filho de Nemours, por enquanto. Uma coisa, porém, é certa, preguiçosos não me agradam em absoluto."

Mas e o Brasil, agradava? O tema era assunto nas conversas familiares dos Orléans. Até o duque de Montpensier debateu o assunto com Gastão. Este, por sua vez, mostrava-se indeciso: "Quanto aos meus projetos, não há absolutamente nada decidido." De início, pensava-se somente numa viagem de reconhecimento. Se gostassem das noivas e do Império, os jovens ficariam. Os preparativos, contudo, anunciavam as dificuldades a vir. Devido às distâncias, o correio era muito lento. Os meses se passavam. Discutiam-se dezenas de detalhes. E, ao conhecê-los, a família Coburgo voltou atrás. A cada carta que chegava do Brasil, o enlace de Gusty com Isabel se tornava menos interessante. Sua mãe, Clementina, culpava o excesso de otimismo de Joinville. E, arrependida, escrevia a Nemours:

Todo esse negócio me dá dor de cabeça. Arrependo-me infinitamente que tenhamos embarcado nele, sem o desejar de verdade, e as cartas do nosso querido Hadji [apelido de Joinville], com sua vivacidade, me faziam desejá-lo menos do que nunca. Eu já estava bem triste da partida do meu querido filho, sem precisar de tantas complicações. Que Deus proteja e ilumine nossos queridos filhos.

Tudo indica que as exigências de D. Pedro quanto ao futuro dos genros atemorizavam os Orléans e os Saxe-Coburgo. Joinville teria vendido uma imagem melhor do que a realidade sobre as vantagens do enlace. E mais, eram poucas as contrapartidas oferecidas para que um príncipe da melhor nobreza europeia se deslocasse para os trópicos. A pior exigência era a de expatriar-se. Só a "segunda princesa" não era obrigada a morar no Brasil, podendo ir ao exterior quantas vezes quisesse. Desse ponto de vista, Leopoldina tornava-se melhor escolha do que Isabel. Nemours foi taxativo. Só consentiria no casamento de seu filho depois do regresso dele à França. E queria um mês para pensar no assunto: vê-lo perder a cidadania francesa? Inadmissível. Nemours levantava-se abertamente contra as exigências do imperador brasileiro.

Enquanto isso, os primos-irmãos se casavam entre si, consolidando os laços que Luís Filipe desejou para a família e seguindo os conselhos da avó: "Os melhores casamentos estavam dentro da família." O duque de Chartres, filho de Fernando, duque de Orléans, e Chiquita, filha de Joinville, que já tinham se escolhido, seriam felizes para sempre. Luís Filipe, conde de Paris, ficou com a prima Isabela, filha de Montpensier, por quem era apaixonado. E a capela de Kingston abriria as portas para sucessivas bodas, com muitas flores, joias magníficas e a presença de monarquistas franceses. Maria Amélia esvaziava as arcas vestindo as netas com zibelinas, colares e braceletes de safiras e diamantes, águas-marinhas, opalas e pérolas. A velha senhora entrava e saía da igreja pelo braço do neto Gastão.

Em início de agosto, Gastão, junto com Gusty, tomou as bênçãos da avó, em Claremont. O general Dumas, antigo ajudante de campo do rei Luís Filipe, acompanharia os príncipes e seria o porta-voz de todos os arranjos. Aviso aos rapazes: em caso de dúvida, ele seria o único e melhor conselheiro. Para o jovem Gastão, fugir ao celibato era obrigatório. Diferentemente de seu pai, grande conquistador das dançarinas da Ópera de Paris na juventude, ele parecia comprometido com a educação profundamente religiosa que recebera da mãe e da avó. Ele sabia que o curso dos anos de uma vida era dividido em etapas por um acontecimento central: o casamento. Havia o antes e o depois desse fato que fundava a continuidade social e familiar. Não se sabe se recebeu do pai a mesma sugestão que este tivera do tio, Leopoldo da Bélgica, sobre a vida conjugal: "Dei-lhe o conselho de agir com doçura no grande negócio, de ter cuidado e obter assim uma coisa que só pode dar verdadeiramente prazer quando ela é cedida livremente e com satisfação mútua."

Mas entre pai e filho, sobre sexo, silêncio de cemitério. A coincidência é que, na época, o livro que mais se vendia na Inglaterra chamava-se *Frutos da filosofia*: uma exposição semimédica e semiobscena sobre os meios de impedir a gravidez. Um escândalo!

A oportunidade de uma aliança era a saída para alguém que estava sem projetos. Porém, uma saída ainda não definida: "Aconteça o que acontecer, apenas quando chegar poderei colocar na balança todas as circunstâncias que decidirão essa questão." Se não sabia o que ia encontrar, pelo menos Gastão sabia o que deixaria para trás: a *London-Season*, em que a aristocracia recolhia-se aos seus palacetes e *myladies* exibiam os ombros brancos nos vestidos decotados. O *Book-Season* em que se discutiam em todos os jornais os últimos lançamentos literários. O *Congress-Season*, ou estação dos congressos, que reunia de cirurgiões a telegrafistas, de cozinheiros a arqueólogos, de sábios a políticos em busca de uma nova ordem social. O *Yachting-Season*, a estação náutica das regatas e viagens em iates que bordejavam as relvas da ilha de Wight. E ainda a *Shooting-Season*, que se abria a 1º de setembro, no meio de um imenso interesse público pela caça à raposa aos gritos de "Tally-Ho!". E mais as estações da pesca à linha, das viagens à Itália ou do *cricket*.

26 O castelo de papel

Deixaria, também, a agitação da política doméstica, provocada por democratas radicais e uma classe média cada vez mais liberal. O movimento operário começava a mostrar as garras na Inglaterra. Na França, Napoleão III tentava "liberalizar" o sistema imperial por meio de leis eleitorais e, embora divulgasse que "o Império significava paz", especializou-se em intervenções internacionais: na Síria, em 1860, na China, em conjunto com a Inglaterra, entre 1858 e 1865, até mesmo uma aventura no México em que Maximiliano de Habsburgo, o mesmo que passara pelo Brasil quatro anos antes, acabaria fuzilado por rebeldes. As potências europeias estavam em franca modificação e um novo Estado surgiu: a Itália.

Sob o nariz de Napoleão III, uma nova geração de republicanos, advogados ou jornalistas se reunia nas salas de redação e nos cafés do Quartier Latin. Nomes como os de Jules Ferry e Léon Gambetta começavam a circular. Mas nenhum desses jovens republicanos queria a ajuda dos exilados Orléans, que, por sua vez, sonhavam em voltar à cena política.

Na mesma época em que Gusty e Gastão rumavam para o Brasil, Prússia e Áustria tinham começado uma guerra contra a Dinamarca, a famosa Guerra dos Ducados, uma imbricada disputa em que os interesses das dinastias prussiana (Hohenzollern), dinamarquesa (Schleswig-Holstein) e austríaca (Habsburgo-Lothringen) deixaram os contemporâneos tão atordoados que o primeiro-ministro britânico, Lorde Palmerston, chegou a declarar que se tratava de um conflito que só três pessoas compreendiam: uma morrera, outra enlouquecera e a terceira esquecera... Novos ventos sopravam e era preciso alinhar-se com eles. O que os jovens não se davam conta é que iam de um mundo desenvolvido para um mundo escravista e subdesenvolvido.

O mundo em que viviam detinha as rédeas do capitalismo e a tecnologia moderna, capaz de colocar qualquer governo que não a tivesse à mercê de quem a possuísse. Afinal, como supunha o *Times*, o que existia de eficiente no Brasil era apenas resultado do "respeito pela opinião da Europa". Gastão e Gusty representariam essa Europa? Nos trópicos, a expectativa sobre os jovens príncipes era grande. Afinal, da dupla de primos sairia o marido da imperatriz, ou seja, o imperador. Um estrangeiro tomaria as rédeas do país. Viriam ou não? O que os fazia hesitar? Nemours exigia segredo "até o fim das negociações". Ao seu outro filho, Fernando, duque de Aumale, Nemours escrevia na véspera do embarque: "A viagem pode conduzir a um casamento, embora nada esteja decidido." E sublinhava o "pode"...

Em Lisboa, no dia 13 de agosto, os jovens embarcaram no *Paraná*. Antes de partir, Gastão escreveu à avó. Contou-lhe que estava com terço!, reafirmou suas disposições: "Não tinham mudado desde que deixou a Inglaterra." Gusty? Além de "comer e beber prodigiosamente", não estava tão seguro. Precisava de um "empurrão" do tio Joinville e de alguns dias de reflexão. Naquele momento, sua única preocupação era estar de volta para a estação de caça, em novembro!

As costas da "velha Europa" ficaram para trás. Rumavam para a nova América. De Lisboa a Belém despediram-se da sucessão de casinhas brancas e pequenos bosques de loureiros e laranjeiras. Depois, dobraram suavemente o cabo Roca, onde navios de diferentes nacionalidades e barcos de pesca agitavam o cenário. O mar, antes verde-claro, foi escurecendo. Ao fundo, o ruído do que Gastão chamou de "o cacarejo dos brasileiros". Uma brisa seguida de aguaceiro empurrou o *Paraná* na direção dos trópicos.

CAPÍTULO II

Retrato de príncipes quando jovens

Isabel pequena

Victor Frond, c. 1859.
(Litografia baseada numa fotografia original de Frond.)
Coleção Museu Imperial/Ibram/MinC

❝ Como tantos homens, sobretudo os que integravam uma sociedade patriarcal, D. Pedro não parecia convencido de que as mulheres pudessem exercer esse ofício. Embora valorizasse sua filha, parecia incapaz de aceitá-la como sua sucessora. Tanto mais quanto ela teria que se submeter a um marido. E esse marido, talvez, quisesse influir nos destinos da nação. ❞

Apesar de só ter 6 anos, ele nunca esqueceu. Sobretudo porque esse dia foi responsável pela mudança de vida de toda a família. As coisas iam mal. Más colheitas e um fungo que atacou as plantações de batatas no ano precedente provocaram a alta dos alimentos. O desenvolvimento econômico das ferrovias, entre 1842 e 1846, gerou uma corrida às ações dos "Caminhos de Ferro". Uma crise no crédito provocou, porém, a queda das ações, falências e redução de empregos. Foi o fim do bom momento econômico. Os ministros acenavam com a importância de os desfavorecidos colaborarem com "virtude e abnegação". Tudo teria sido diferente se as elites tivessem dado o exemplo.

Mas, ao contrário, multiplicavam-se escândalos. Pares de França foram condenados por corrupção na concessão de minas de sal. Um ministro da Justiça suicidou-se, ameaçado pela publicação de um relatório de polícia. Um jovem conde impunha a presença de seu amante à esposa. Um oficial de ordenança do duque de Nemours foi apanhado roubando no jogo. Um duque assassinou a mulher e se suicidou. Outro tentou matar os filhos.

Autores românticos, lembrando o heroísmo das revoltas ou peças de teatro que denunciavam o apetite da oligarquia por se apoderar dos bens do Estado, insuflavam os republicanos reunidos em jornais como *Les Amis du Peuple*, *Le Journal des Ouvriers* e outros. A agitação crescia nas ruas. Clubes revolucionários conspiravam à espera de um sinal para reunir a massa descontente. A gota d'água foi uma sucessão de bailes enquanto o povo definhava.

Em 1847, Nemours organizou uma festa de carnaval em que as pessoas deviam comparecer "enfarinhadas", num momento em que a falta de grãos provocava motins. E, em julho, Montpensier ofereceu um dos mais grandiosos bailes do regime. Tendas emprestadas ao Tesouro da França foram montadas no bosque de Vincennes. Muitas delas eram históricas, como a do imperador do Marrocos, conquistada na batalha de Isly, ou a do sultão Selim, oferecida a Napoleão Bonaparte. Havia mais de quatrocentos convidados. A festa custou 200 mil francos e caiu pessimamente numa época de epidemias e fome. A multidão, apinhada no caminho, cuspia e lançava xingamentos contra as carruagens que passavam. O espectro da revolução assustava a todos. A mãe de Gastão, duquesa de Nemours, em lágrimas, confiou a seu preceptor: "Em breve teremos que deixar a França!" Montpensier confessava ao irmão, Aumale: "Aqui, as coisas vão terrivelmente mal. O ministério chegou a um ponto tal que esperamos de tudo. Espero que os olhos do rei se abram a tempo."

O avô Luís Filipe estava no poder desde os chamados Três Gloriosos Dias, 27, 28 e 29 de julho de 1830, que terminaram com a queda de Carlos X. O rei Bourbon jamais entendeu que a burguesia e o povo queriam desfrutar da paz, dos direitos políticos, econômicos e sociais adquiridos com a Revolução. A sucessão permitiu à família Orléans instalar-se no poder por 18 anos numa Monarquia liberal que preservou a sociedade aristocrática egressa do Império, enquanto favorecia banqueiros, donos de minas de ferro e carvão, de indústrias químicas, mecânicas e têxteis, proprietários fundiários. Enfim, que beneficiava a "grande burguesia" criticada por Tocqueville e Karl Marx. Nomes como Perier, Lafitte, Rothschild encabeçavam a lista de plutocratas instalados em palácios, no bairro chique da Chaussé d'Antan. Mas o modelo cansou.

Depois de uma série de banquetes em que a oposição buscava apoio para propor uma reforma eleitoral e de ataques diretos ao governo, o dia 22 de fevereiro de 1848 marcou o início da queda. Uma nova classe constituída por operários empregados pela brutal industrialização anarquizou a capital. Eram as classes perigosas que multiplicavam greves: cerca de 150 mil pessoas atulhadas em cortiços miseráveis saíram às ruas. Na *place de la Concorde*, manifestantes ergueram barricadas. Paralelepípedos foram arrancados na *rue de Rivoli* e na *avenue des Champs-Elysées*. O rei dormiu sossegado, mas acordou sabendo que a revolta batia às portas. Ele chamou a Guarda Nacional. Ninguém compareceu. Essa defecção desmobilizou o Exército. Os poucos aliados de farda abriram fogo contra um grupo de manifestantes. Os mortos foram colocados numa carroça e exibidos pelas ruas aos gritos de vingança. Foi a gota d'água. Embora anunciasse reformas eleitorais e a formação de um ministério de esquerda, nenhum guarda esteve às portas *des Tuileries* para defender Luís Filipe, o "rei burguês".

Ele tampouco demonstrou qualquer vontade de resistir. Todos os membros da família se abandonaram ao destino esperado. O duque de Nemours resignava-se com uma "coragem ao estilo de Luís XVI". Murmurava-se a palavra "abdicação", mas ninguém ousava proferi-la em voz alta. A impotência era geral. Um gesto urgente era exigido: atirar sobre a multidão? Nunca. O rei renunciou em favor de seu neto, o conde de Paris. Assinou os papéis, cercado de jornalistas, militares e alguns poucos guardas nacionais enquanto o palácio era invadido.

Luís Filipe não tinha esquecido o banho de sangue do Terror revolucionário. Tinha amor ao pescoço. Trocou o uniforme por um casaco, colocou um chapéu na cabeça, deu o braço à rainha e atravessou o *jardin des Tuileries* para chegar à *place de la Concorde*. Era um homem cansado e envelhecido esse que, aos 74 anos, deixava o poder. Foi preciso coragem para abrir caminho pela multidão. Choviam ameaças e insultos. Despediram-se da França no mesmo lugar em que Maria Antonieta e Luís XVI foram guilhotinados.

As berlindas reais tinham sido confiscadas e a grande família teve que se espremer em pequenos cabriolés. Saint-Cloud, Dreux, Honfleur: o percurso foi longo e angustiante. Os legitimistas, adeptos da família Bourbon, e os republicanos já se entendiam para formar um governo provisório. Nos *jardins des Tuileries*, cenas de orgia: embriagados quebravam o que viam pela frente. Os guarda--roupas foram abertos e o povo se vestiu de seda e ouro. O trono foi queimado em praça pública. Caía um rei que era bom pai, bom marido, e em cuja família a burguesia se reconhecia.

Gastão embarcou com a mãe, a irmã Margarida de 2 anos, mais uma prima, Clotilde, de 1 ano e meio, uma dama de honra e duas açafatas numa carroça em que só cabiam três pessoas. Atravessaram com dificuldade a *Champs-Elysées*. O povo ululava. Depois, no caminho, frio e chuva aumentaram a tragédia. O combinado era de reunirem-se todos no Castelo d'Eu, na Normandia, onde costumavam passar as férias de verão. Mas o novo governo já colocara a cabeça do rei e de seus ministros a prêmio. As fronteiras tinham sido fechadas. Agora, era sair da França a qualquer preço. Luís Filipe foi à busca de barcos de pesca que pudessem atravessar a Mancha em meio à borrasca.

Foram salvos pela rainha da Inglaterra. Vitória colocou o vapor *Express* à disposição da família deposta. Ela também anotou em seu diário: "25 de fevereiro. O rei abdicou e deixou Paris. [...] Nemours não foi aceito como regente. Tudo isso é muito incrível, muito surpreendente e muito horrível!" Os Orléans receberam a ajuda como "infelizes náufragos refugiados num esquife, que descobrem, ao longe, uma vela vindo ao seu encontro", registrou Luís Filipe.

Até então, Gastão vivia nos arredores de Paris, em Neuilly. O palácio pertencia ao avô, que aí se instalara, com todos os filhos, desde 1817: era vasta habitação, sem majestade. Na ala dos príncipes, moravam seus pais. Ocupavam uma sucessão de salas com o teto em caixotão e paredes de madeiras exóticas. Painéis de espelho ornavam-se de pinturas a óleo. Ao final, um jardim reservado às crianças. O rio Sena introduzia ali um braço tranquilo. Ao nascer, foi saudado pelo avô: "Temos um conde d'Eu." Era o dia 28 de abril de 1842 e ele foi batizado como Luís Filipe Maria Fernando Gastão. Era um Orléans e Saxe-Coburgo-Gotha. A primeira infância foi serena. Fazia passeios de pônei. Visitava o Circo Olímpico com seus funâmbulos e acrobatas. E o Hipódromo de Chantilly, cujos membros usavam casacos verdes de botões dourados. Assistia aos pioneiros da canoagem passarem no Sena e às evoluções das tropas comandadas pelo pai: pelotões ao rufar de tambores. Ouvia tocar os 146 sinos, cujos sons enchiam o ar da capital, e passava férias no Castelo d'Eu. A linha de trem ainda não ligava a capital ao litoral da Normandia e a família se deslocava em carruagens, escoltada pela Guarda Nacional. Ali, em visita a seus avós, encontrou, por duas vezes, a rainha Vitória da Inglaterra. Mas o turbilhão que ferveu em Paris chegou ao subúrbio. O Castelo de Neuilly foi queimado com todo o seu interior de casa opulenta e pacífica.

Nos dias que sucederam a queda do avô, Gastão, sua mãe e irmãos chegaram à ilha de Jersey, no canal da Mancha. De lá, cruzaram para Dover. A família reuniu-se exausta, mais tarde, em Claremont, onde lhes foi reservado um castelo.

A rainha Vitória registrou em seu diário:

> Um pouco antes das duas horas, descemos para receber o pobre rei Luís Filipe e a rainha Maria Amélia no salão, A pobre rainha estava muito nervosa e emocionada, e teve várias crises de choro. Eles me beijaram várias vezes, agradecendo tudo o que fizemos por eles.

A grande mansão de pedra marrom dominava um vasto parque em vale. O local era considerado *singularly romantic*. Do belvedere da propriedade podiam-se avistar o domo da Catedral de São Paulo, em Londres, e o Castelo de Windsor. O parque tinha cerca de 120 hectares. Era rico em árvores e animais de caça. Iam viver ali o casal real, seus três filhos, três noras e seis netos. Mais o círculo íntimo. Ao jantar, eram cerca de sessenta pessoas. A chegada durante o inverno não foi agradável. Os quartos, desocupados havia anos, transpiravam umidade e os encanamentos estavam entupidos. Apesar dos problemas de instalação, um novo cotidiano se organizou. O rei tomava longos banhos na banheira-piscina instalada no subsolo. A rainha reunia filhos e noras à volta de uma grande mesa para o bate-papo dos fins de tarde. As mulheres bordavam e conversavam. O assunto era sempre a França, o passado glorioso, o desejo de voltar. As crianças brincavam em tamboretes espalhados pelo chão sobre os quais liam obras ilustradas: Walter Scott, Alexandre Dumas e Andersen. Para os meninos, cada paisagem descrita por Paul de Chaillu ou Fenimore Cooper – encontro com piratas, tempestades e tubarões – era a chance de exercitar a "moral viril" que obcecou o século XIX. Transmitiam-se assim códigos tão caros aos Orléans: coragem, resistência física, sangue-frio, instinto de proteção. O almoço era servido às 11 horas e o jantar às 18: pontualidade britânica. Havia grande ênfase na vida devota. A avó obrigava todos a participar de dois retiros espirituais: um antes da Páscoa, outro antes do Natal. A missa dominical era obrigatória.

A mãe de Gastão, Vitória de Saxe-Coburgo-Gotha, do ramo Kohary, chamada de "botão de rosa" por Leopoldo da Bélgica, era descrita, pela prima-irmã homônima Vitória da Inglaterra, como "uma dessas almas puras, virtuosas e discretas que fazem a força do lar". Menos generosa, Lady Canning, dama de honra da rainha, tinha outra opinião: "Ela é bonita e de uma aparência agradável, mas, além de uma voz desagradável, não tem nada a dizer." De fato, Vitória sofria de uma timidez doentia que a impedia de brilhar nos salões. Nascida em 1822 e educada na capital do império austríaco, no *Palais Coburg* e nas propriedades dos Kohary, Vitória não se parecia em nada com o retrato que se fazia de uma vienense no início do século XIX. Diferentemente de suas cunhadas, Maria, Luísa e Clementina, não tinha interesse na vida literária ou política, nem simpatia pelas ideias liberais que tomavam conta das conversas.

Era, antes de tudo, uma mulher apaixonada por seu marido. Sua correspondência revela sentimentos recíprocos, tão intensos em um quanto em outro dos cônjuges. Nas cartas, despediam-se: "Sempre seu/sua do fundo da alma." Eram extremamente unidos e felizes com seus três filhos. Felizes e piedosos. Vitória costumava dizer aos filhos: "Nunca deixei de gozar ao humilhar-me diante de Deus e de responder, elevando, em direção a Ele, minha alma." Em seu diário, anotava frases do tipo: "Dirigi-me ao meu Deus, e a calma e a consolação voltaram ao fundo de meu coração." Ela fez questão de preparar pessoalmente Gastão para a primeira comunhão. Obrigava-o a ler as *Instruções sobre a graça* com longos capítulos sobre pecados mortais e veniais. E o fazia decorar regras, orações e penitências. Foi tal o rigor com que o preparou para a prática da confissão que se precisou acalmar o menino, aterrorizado por escrúpulos. Vitória encarnava o ideal de pureza e candura que se colou à pele de muitas mulheres no século XIX. Certamente o transmitiu ao filho, cuja correspondência de juventude parecia ignorar as febres do sexo.

O duque de Nemours, logo depois da morte do pai, assumiu o lugar de conselheiro e "confessor civil" da rainha Maria Amélia no exílio. Embora tivesse direito ao título de regente, ele nunca o reclamou. Era homem de lealdade e firmeza irreprocháveis. "Homem de dever", dele diria um biógrafo. Era tímido e agia com polidez fria em relação às pessoas. Nada popular! E com seus filhos não seria diferente. Educou-os com extrema severidade, "sem fraqueza e sem excesso de preocupação". Em Claremont, Gastão ganhou um preceptor, que seria seu amigo para sempre: Júlio Gauthier.

O programa de estudos de Gastão e seu irmão Fernando era intenso. Na época, a melhor maneira de conter os surtos da adolescência era carregá-la com atividades "sadias". Esqueciam-se, assim, as transformações físicas. Acreditava-se que o estudo elevava o espírito, ocupando o corpo. O conhecimento permitiria aceder "à virilidade intelectual", diziam os médicos. Os adultos não podiam relaxar um só instante, evitando qualquer oportunidade de o jovem desenvolver vícios: nada de bebidas e comidas excitantes, imagens sugestivas ou a frequentação de pessoas licenciosas. Não à toa, na falta de atividade sexual, ele se queixava: "Estou coberto de espinhas." Todos os dias, salvo aos domingos, tinham aulas das sete às oito e das nove horas ao meio-dia. Depois, das 14 às 16. Aos 10 anos, conheciam os clássicos em francês e latim, gramáticas, prosa e poesia. Também história e geografia com ênfase em Antiguidade greco-romana, muito estudada. Os meninos se obrigavam a preencher um boletim diário em que se autoqualificavam: "gramática, bem", "prosódia, fraca". Na época em que a tecnologia fazia avanços impressionantes, os irmãos desconheciam as ciências exatas ou a mecânica. Se sujassem as mãos ou os cadernos, era punição na certa. Só falavam em voz baixa. Esse ensino restrito e particular resultava em profundo isolamento. Mais tarde, Gastão confessou o ressentimento de não ter convivido com sua geração. Perdeu o "ar do tempo". Não conhecia o mundo além dos muros do palácio. O preceptor estava lá, vigilante, para evitar os "vícios e preconceitos" das classes burguesas e populares! De tanto esforço, o que ficou? O hábito das redações, o culto da moralidade e da honra e uma educação cristã que repudiava os prazeres.

À agenda de estudos vinha se juntar a de educação física, que, também, não poupava os irmãos. Em todas as estações levantavam-se cedo para submeter-se ao "regime da esponja gelada", um banho de água fria. Movimentos de ginástica nos jardins, seguidos de aula de equitação, sem estribo ou sela, eram diários. Para tornar os meninos mais aguerridos, "ágeis e mestres de seu próprio medo e instinto", Nemours instituiu a "defenestração". Ambos eram amarrados por uma corda na cintura e desciam das altas janelas do palácio até o chão. A vertigem não resistia a esse tratamento. No verão, eram jogados no meio de rios glaciais – no caso, o Tâmisa – e tinham que alcançar suas margens como pudessem. A violência dos exercícios tinha por objetivo "endurecê-los", "mantê-los alerta". Gastão e Aumale, como era chamado Fernando, temiam e adoravam o pai ao mesmo tempo.

Nemours era o mais pobre dos filhos do Rei dos Franceses. Tinha uma vida severa e sem luxo com a família. Nada de recepções ou bailes importantes. Quando convidados, os irmãos pouco participavam: "Não podemos nos divertir, pois não conhecemos absolutamente a arte de dançar", queixava-se Gastão. As viaturas eram alugadas e o pessimismo do pai sobre a situação financeira da família, sobretudo durante o exílio da família real na Inglaterra, pairava como uma nuvem. Os meninos eram adolescentes quando a mãe, que adoravam, morreu. Aconteceu 13 dias depois do parto da última filha, Branca. Durante a gestação, Vitória mostrava-se "tristemente preocupada por sua saúde e situação". Apesar da preocupação que inspirava, colocou-se "nas mãos de Deus"! Um ataque fulminante, provavelmente uma embolia, a levou. Avisaram as crianças. O próprio Nemours registrou:

> Atacados de estupor por essa fulminante notícia, eles ficaram mudos e imóveis frente ao corpo inanimado de sua mãe. Fernando, porém, se fez porta-voz do sentimento de todos: "Ó mamãe! Nós a amávamos tanto!", gritou num tom indefinido de ternura misturada ao lamento, como se sua mãe ainda pudesse ouvi-lo! Pela última vez, lhe beijaram a mão e o rosto e se retiraram, Aumale em lágrimas, dizendo: "Não posso vê-la mais e isso me corta o coração."

Desespero dos órfãos na cerimônia do adeus: com 12 anos, Margarida aninhou-se nos braços da avó. Gastão conteve-se: aos 16 anos, quase adulto, tinha que se dominar. Com 13 anos, Aumale aproximou-se do pai. Consolou-o, choraram juntos, dividiram a dor. Tinham início laços que a vida só fortaleceu.

Depois, Gastão e Aumale fariam o *high school* em Edimburgo, na Escócia, e o aprendizado militar no Exército espanhol. À sombra do pai, que ficou morando com a avó, tiveram uma juventude menos brilhante do que a dos primos. Infância solitária, de solidão cortada apenas quando recebiam a visita dos primos Saxe-Coburgo, os "clementinos" – assim chamados por causa da mãe. Na condição de hóspedes, não podiam subir nas árvores ou estragar a relva do jardim. Pisar com cuidado era regra. Sufocados pela religião, a monotonia, os invernos ingleses e a obrigação de fazer parte do álbum dos varões ilustres, a infância dos meninos não foi cor-de-rosa.

40   O castelo de papel

Gastão cresceu em meio a adultos que discutiam incansavelmente a Restauração. Unir-se ou não aos Bourbon – essa era a questão. Mas, também, debatiam o fim das monarquias e as consequências das revoluções republicanas. Aprendeu a respeitá-las. Diziam-se liberais. Seu tio Joinville tentou mesmo apresentar-se como candidato às eleições na França, vencidas por Napoleão III. A família não deixou. Os escapes? Pouquíssimos. Longas cavalgadas e os relatos de viagem do mestre Gauthier.

Enquanto Gastão colecionava animais de porcelana, no outro extremo do Atlântico, num dos últimos Impérios sobreviventes, uma princesa colecionava figurinhas de rainhas beatificadas por sua piedade. Em pleno século XIX, o Rio de Janeiro era a capital de um Império escravista: o último das Américas. Ali nasceu, às 18h25 do dia 29 de julho de 1846, Isabel Cristina Leopoldina Augusta Micaela Gabriela Rafaela Gonzaga. Bandas de música percorreram as ruas e festas populares encheram as praças. A infância teria sido pacata se não tivesse perdido, no espaço de três anos, os dois irmãos prometidos ao trono do Brasil: Afonso Pedro e Pedro Afonso. Ela cresceu ao lado da irmã, Leopoldina, nascida em 13 de julho de 1847. Aos 4 anos, Isabel foi reconhecida herdeira da Coroa. Cresceu como a princesa que teria de fortalecer o princípio monárquico apesar de ser mulher. Apesar de... Mas o que era ser mulher, então?

Segundo médicos e cientistas, o gênero era governado pela sensibilidade. Escritores como Chateaubriand preferiam defini-lo como "o belo defeito da natureza". Afinal, Adão não saiu de entranhas enfermas, mas das mãos de Deus. Já a inferioridade feminina era um dado natural, sem remédio. Era graças a ela que existiam coisas desprezíveis como a prostituição, o adultério e o infanticídio. Até o banho de sangue da Revolução Francesa lhe era debitado. Só por meio do casamento a mulher encontrava seu papel verdadeiro: o de ser obediente e dotada de sentimentos exemplares como a abnegação. A religião lhe era imprescindível. Sua fé ora funcionava como suporte contra sua fragilidade, ora como aliada de seu pudor e ignorância. Apenas a moral, a vida doméstica e a educação dos filhos poderiam dar-lhe alguma forma de gratificação. Para a biologia, que descobrira recentemente a ovulação, ela era o "vaso frágil" no qual o homem depositava sua semente. Controlar seu funcionamento sexual era controlar sua vida. O marido seria o guardião da saúde feminina. Ele a criaria à sua imagem e semelhança.

Aos pés da imperatriz Teresa Cristina, que gostava de árias italianas e de bordar, as meninas cresceram na chamada "chácara imperial" em São Cristóvão: um parque com áleas de mangueiras e tamarindeiros. A soberba alameda de bambus, onde gostavam de correr com amiguinhas, fazia as vezes de uma abóbada de catedral. Um recinto murado debaixo das janelas do quarto da mãe servia para brincar ao ar livre e fazer jardinagem. Dos andares superiores do edifício, viam-se as cores do mar, do lado do Caju. Do outro lado, o esplêndido recorte da Tijuca e do Corcovado. Para fugir às epidemias que varriam a cidade no verão, deslocavam-se para Petrópolis. Embarcavam no Arsenal da Marinha numa galeota a vapor e navegavam entre ilhotas pitorescas até Mauá. Ali tomavam o trem que os levava serra acima até o vilarejo que, segundo as memórias de Isabel, abrigava uma "residência deliciosa: jardins floridos, canais que atravessavam a cidade, bonitas casas, colinas cobertas de bosques, montanhas ao longe, algumas de granito, cujos flancos o sol tingia de rubro ao entardecer..."

Sua primeira aia foi D. Rosa de Sant'Ana Lopes, a quem Isabel carinhosamente chamava de "minha Rosa". Uma senhorinha solteirona das mais tradicionais, cortesã de nascimento, mas sem nenhum interesse intelectual. Apesar do afeto, a relação entre as duas era a de uma criada com sua patroa. Ela tinha 10 anos quando chegou a São Cristóvão aquela que, junto com o pai, seria uma influência definitiva: Luísa Margarida Portugal de Barros – na França, condessa de Barral, e, no Brasil, condessa de Pedra Branca. Amiga íntima de sua tia Francisca, tinha um pé de cada lado do Atlântico: era senhora de engenho, nascida no Recôncavo baiano e cortesã de Luís Filipe de Orléans, que a designara justamente dama da princesa de Joinville. Viveu anos em Paris, frequentando a família real e, depois, acompanhou o casal Joinville em seu exílio em Claremont. Poucas brasileiras conheciam o *grand monde* como a Barral.

A sociedade fechada em torno do palácio e da família imperial constituía uma hierarquia intocável, um mundo à parte. A proximidade com criados ou cortesãos não significava familiaridade. Além disso, as duas princesas viviam afastadas do público. As grandes moradias em São Cristóvão ou Petrópolis garantiam seu isolamento. No alto da pirâmide, o pai e monarca, senhor de autoridade indiscutível. Impossível contrariá-lo. Ele sabia colocar uma muralha invisível entre sua pessoa e as demais. Só relaxava a guarda com as filhas, a esposa e a Barral. A condessa e o imperador usaram o espírito para esconder do mundo a paixão que nutriram, por décadas, um pelo outro.

Carinho paterno? Muito: "Dá um beijinho em cada uma das pequenas e dize-lhe que não pude achar bonecas de cara de cera, irão das outras." Dedicado, mas nunca indulgente. E Isabel a responder:

> Meu caro Papai. Eu estimo que chegasse bem e que o tempo desse lugar fosse o que desejava. Eu dei bem minhas lições e ainda vou ler esta tarde com o mestre. Adeus, Papai, aceite um abraço e deite sua bênção à sua filha do coração.

Obediente e dócil, como se esperava que fossem todas as filhas. "Gorda", "bondosa" e dona de "candura angelical": assim era descrita Isabel pela condessa de Barral.

Enquanto, no início da adolescência, as jovens da elite estudavam para desempenhar um papel de esposa do lar – cuidar da casa, dirigir escravos, educar filhos –, Isabel dobrou as horas diárias de estudos. Agora eram 15, divididas entre grego, latim, alemão, italiano, francês, inglês, geografia, história natural, história de Portugal ensinada pelo próprio imperador, história do Brasil, história moderna da França e da Inglaterra, antiga e romana, da América e eclesiástica, retórica, física, economia política, geologia, filosofia, mineralogia, astronomia, botânica, desenho, piano, pintura e catecismo.

O pai se preocupava:

Quanto à educação, só direi que o caráter de qualquer das princesas deve ser formado tal qual convém a Senhoras que poderão ter que dirigir o governo constitucional de um Império como o do Brasil. [...] A instrução não deve diferir da que se dá aos homens, combinada com a do outro sexo, mas de modo que não sofra a primeira.

Era preciso combinar a firmeza da possível governante com a suavidade do sexo. Possível governante? Como tantos homens, sobretudo os que integravam uma sociedade patriarcal, D. Pedro não parecia convencido de que as mulheres pudessem exercer esse ofício. Embora valorizasse sua filha, parecia incapaz de aceitá-la como sua sucessora. Tanto mais que ela deveria submeter-se a um marido. E esse marido, talvez, quisesse influir nos destinos da nação.

Isabel reteria alguma coisa do fluxo de informações teóricas que choviam sobre sua cabeça? A troca de bilhetes com o pai só confirma as dificuldades:

"O que devemos ler em lugar de economia política?"

"Leiam física e química."

"Papaizinho, ainda está zangadinho comigo?"

"Não, senhorinha, e toma um abraço, contando que me dê boa lição depois da audiência..."

Ela fugia, inventando resfriados, "mãos geladas" ou "dores de ar" que interrompiam as aulas: "Sua Alteza confessa que sentia uma ligeira indisposição e que para fugir de estudar aumentava-a muito [...] era o medo que a *fazia esfriar*. Seja lá o que for desde que não *quis* mais estar doente, está boa..." A aia sublinhava as palavras, em carta à imperatriz em viagem com o imperador ao Norte do país. Para fazer as lições, era preciso a ameaça de castigos leves: não ver a foto dos pais, por exemplo. A verdade é que, apesar de muitas aulas, a princesa não absorvia todos os conteúdos.

O pacto perfeito entre força e feminilidade tinha na condessa de Barral o modelo. Dona de uma vontade de ferro e de uma inteligência poderosa, a aia tinha a habilidade de conseguir o que queria sem transgredir ou ultrapassar os limites permitidos pelas mulheres. Sua graça, seu charme e seu bom gosto seduziram pai e filhas. As meninas não saíam mais das salas de aula e o imperador, tampouco. A condessa introduziu o hábito de produções teatrais amadoras. Racine era o autor mais representado. Ao grupo veio se juntar uma preceptora francesa: Madame Templier. D. Pedro aderiu ao que era a moda, então: trazer a França para o Brasil.

Essa foi uma época em que, na Corte, multiplicaram-se cursos e aulas particulares na língua de Voltaire. Os jornais anunciavam: "Professor de francês, no caminho do Catete." Um colégio na rua do Sabão oferecia aulas de francês a meninas de "9 anos para cima". No campo da leitura, a oferta era imensa. Na rua "d'Ouvidor" alugavam-se livros "chez P. Plancher Seignot". Seguia-se a lista de variados gêneros: Boileau – o historiador de Luís XIV –, Mirabeau – o *Ensaio sobre o despotismo* ou as *Cartas para Sofia* –, Madame de Staël – os best-sellers *Corinne* e *Delphine*, recheados de adultério e amores frustrados –, dicionários de "francês de algibeira" – os primeiros livros de bolso. Ofereciam-se desde manuais de *éloquence judiciaire*, tão ao gosto dos homens de gabinete, a curiosidades, como certo almanaque para conhecer a idade das mulheres e saber se um indivíduo tinha dinheiro no bolso.

Também em francês, jornais encontravam leitores entre os habitantes da cidade: *A Gazeta Francesa*, o *Journal Politique et Littéraire* e *Le Messager*; este último, atendendo ao modismo das danças de salão, oferecia por 640 réis uma *Collection de contredances*. Em 1862, o editor Garnier fundou o *Jornal das Famílias*. Hábitos e leituras abriam caminho para o romantismo francês na voz de poetas, escritores e dramaturgos. Se, na mesma época, a literatura deixava de ser um reflexo das letras portuguesas, dando lugar para os assuntos nacionais, continuava-se a ler e a admirar Victor Hugo, Lamartine e Musset. O casal imperial dava exemplo aos membros da Corte, lendo em francês. A imperatriz Teresa Cristina recebia, de Paris, caixotes de livros enviados pela duquesa de Berry. E para o imperador D. Pedro II vinham os exemplares da *Revue des Deux Mondes*.

A influência ia da cabeça ao estômago. Pois, no café da manhã, o ao "francês" substituiu a mandioca cozida; no almoço, tomava-se vinho bordeaux e, na sobremesa, os sorvetes ou *glaces* disputavam, palmo a palmo, com os centenários doces cujas receitas foram transmitidas de geração a geração nas fazendas coloniais. *Pâtés* de presunto e vitela abriam o apetite nas vitrines da Confeitaria Francesa. Mais. As formas de tratamento também não ficaram imunes a essas mudanças: expressões tradicionais, portuguesas ou resultados da influência africana, como dona, sinhá ou iaiá, deram lugar a denominações afrancesadas, como mademoiselle ou, mais popularmente, madame. No vestuário, apesar do clima tropical, adotou-se a lã com a qual o próprio D. Pedro se vestia e era reconhecido onde estivesse como uma mancha escura de barbas brancas. Nas cidades, os antigos sobrados deram lugar a chalés ou a construções de inspiração neoclássica, e nos jardins as espécies nativas eram substituídas por exuberantes roseiras. Ali cantavam não mais canários-da-terra, mas belgas!

A condessa, ícone da tradição francesa, era um guia de civilidade e etiqueta. Ensinava à princesa como passar da vida privada para a vida pública. Certas conveniências eram obrigatórias: como tirar as luvas sem se atrapalhar. Como sentar com joelhos e pés juntos e o dorso ligeiramente inclinado para a frente, fingindo interesse pelo interlocutor. Como pisar diferente, na casa ou na rua. Como mostrar ou esconder os pés, sob as pregas do vestido. Qual a diferença entre sorrir – sempre – e rir – nunca, pois enfeava! Isabel não poderia ignorar, jamais, os efeitos de seus atos, mesmo os mais insignificantes. Havia uma filosofia de vida dissimulada por trás de várias regras para tudo o que fizesse: coser, bordar ou conversar. Desses gestos, as mulheres, princesas ou não, deviam retirar certa satisfação ou pequena felicidade, tal como a descrita nos contos de fadas.

A educação de uma moça era também sua edificação. Cada regra repousava sobre um princípio moral. A negligência poderia levar à deriva. Isabel tinha que submeter seu comportamento a uma vigilância sistemática, pois ele tinha a ver com seu orgulho próprio, o de sua família e de seu futuro marido e de seu futuro Império. Ela tinha que ser estoica, sem sabê-lo. E ligar de maneira indissolúvel desejo e dever, a ponto de não saber onde começava um e terminava o outro. Esse outro mundo fechado, o da sala de aula, não dava passagem para a imperatriz Teresa Cristina. Sempre tricotando, seu leque de interesses era muito pequeno. Quando muito, "chamava para o brinquedo" as amigas das princesas: passear no jardim, tomar chá, tocar música, olhar fotografias, fazer jogo de palavras. Era ela quem controlava as convidadas e marcava a hora de a diversão terminar: "às nove e meia da noite". Feia, baixa e coxa, a imperatriz estava longe da imagem de mulher a que aspiravam as duas princesas adolescentes. Era um corpo pesado sobre pés pequenos. Onde o *chic*, a voz melodiosa, o perfume, a forma de andar mostrando só a ponta do sapato, a promessa de sensualidade do ídolo que era a Barral? Não lhe passava despercebido o fascínio do marido pela condessa. Reagia pegando-se com as missas e orações. Piedade: só essa matéria as meninas aprendiam com ela.

O clima de devoção foi transferido para as princesas: elas adoravam ir à igreja, assistir às missas e "beijar o pé do Senhor". Nos dias de festas, assistiam de longe à procissão de são Sebastião, o padroeiro da cidade, ou de *Corpus Christi*. Porém, não eram vistas em meio às pequenas barracas que ofereciam comidas, bebidas, leilões e mágicas. Fazia parte da agenda, controlada pelo pai:

> Levantar às sete, no inverno, e seis no verão. Até as sete e meia, hora da missa, vestir, rezar, e no verão, enquanto não vão para a missa, ler catecismo ou algum livro pio. [...] Nos domingos e dias santos de guarda, desde as nove horas até a hora de ir à missa, a que assistimos juntos, catecismo e leituras pias.

Era preciso conciliar harmoniosamente a vida cotidiana e a oração.

Ao completar 14 anos, Isabel foi prestar o juramento solene de princesa imperial do Brasil perante as Câmaras, conforme prescrevia a Constituição do Império. Diante de 39 senadores, 96 deputados e representantes da imprensa, ela repetiu: "Juro manter a religião católica apostólica romana, observar a Constituição política da nação brasileira e ser obediente às leis e ao imperador." Aplausos! Vestida de branco, coberta com o manto verde e dourado, cercada de ministros, mordomos, porteiros, barões, enfim, Isabel representava uma época liberal e pacífica. Significava que os benefícios trazidos pelo regime monárquico constitucional teriam continuidade. Mas, apesar de ser declarada futura imperatriz, sua vida não mudou. Vivia enclausurada. Não aparecia em público, não frequentava a vida social da capital, não participava de bailes e jamais foi ao teatro. Não tinha ideia da situação política do Império, não assistia a um despacho ou a uma reunião de gabinete.

Do mundo exterior vazava, porém, uma realidade para dentro dos muros do palácio: a da escravidão. Desde pequenas, elas a conheciam. Vinha de longe a preocupação de que as meninas conversassem com "molequinhos" ou os vissem nus. Escravos se banhando lá longe, na praia, ou lavadeiras seminuas nas lagoas dos arredores podiam comprometer sua pureza. A reclusão seria a melhor maneira de protegê-las de experiências inadequadas. Mas elas sabiam perfeitamente o que era um cativo. Aos 18 anos, Isabel listava os seus:

Marta, negrinha de quarto; Ana de Souza, sua mãe; Francisco Cordeiro, preto do quarto; Maria d'Áustria, mulher dele; Minervina, lavadeira; Conceição, Florinda e Maria d'Aleluia, engomadeiras; José Luiz, preto músico; Antônio Sant'Ana, "preto que me serviu algum tempo".

"Pretos": eram assim chamados.

Filha de um abolicionista, a condessa de Barral era uma feroz adversária da escravidão. Não só do que ela significava como sofrimento e exploração de um ser humano por outro, mas pelo tanto que maculava o retrato do Império fora do Brasil. Ela já tinha libertado os escravos de seus engenhos quando viera para o Rio de Janeiro. Conhecia opiniões como a de Maximiliano de Neuwied, que eram compartilhadas por todas as Cortes europeias. Todos viam com horror a "mancha". Uma vergonha e sinônimo de atraso de uma nação incivilizada! Durante décadas, o café que fazia a riqueza do Brasil se expandiu, criando a necessidade cada vez maior de mão de obra. Importavam-se mais e mais africanos. Até que, em 1850, um gabinete conservador, liderado por Eusébio de Queirós, sancionou uma lei nunca dantes proposta nem mesmo pelos liberais radicais: extinguiu-se o tráfico internacional de escravos. O resultado? Um aumento do tráfico interno. Decadentes ou endividados, senhores de engenhos do Nordeste vendiam seus escravos para os barões de café do Sudeste. Aumentou, assim, a fragilidade das famílias escravas e, portanto, seu sofrimento. Pais e filhos eram separados. A reação veio, pois os escravos sabiam resistir: aumentaram as ações judiciais em que eles tentavam comprar sua própria liberdade. Aumentaram, também, as fugas e as alforrias.

Na década em que se assistiria ao casamento da princesa brasileira com o príncipe francês, a escravidão era uma evidência. Era a mancha que os brasileiros não viam ou fingiam não ver. A muitos estrangeiros, ela não passava despercebida. Um dos mais importantes pintores do século, Édouard Manet, de passagem pelo Rio, não só estranhou a cidade com suas ruas estreitas e o "palácio do imperador, um casebre", mas horrorizou-se com o mercado de escravos: "espetáculo bastante revoltante para nós", registrou. Muitos criticavam os "salões dourados, onde corria em torrentes o *champagne* pago com o suor dos negros" – caso do jornalista alemão Koseritz. John Pascoe Grenfell, um militar inglês a serviço do império brasileiro, foi o espectador dos horrores dos navios negreiros vindos de Moçambique: cheios de cadáveres ambulantes e de crianças comidas por ratos. Ele debitava o "abominável crime" à ganância de comerciantes brasileiros, além dos chefes africanos, para quem a "permuta de escravos era tão comum quanto a de cachorros e cavalos na Europa".

Uma das razões para a Lei Eusébio de Queirós foi o temor das rebeliões nas senzalas. A revolta dos malês de Salvador, em 1835, por exemplo, previa a morte de todos os brancos. Havia, também, um forte desequilíbrio entre a população livre e a cativa: até 1850, chegavam cerca de 33 a 37 mil escravos negros por ano aos portos brasileiros, contra menos de mil imigrantes portugueses. Os líderes do Império nunca deixaram de registrar amargas notas a respeito do predomínio de negros no conjunto da população, alertando para o constante risco de rebeldia escrava.

E o que consideravam pior: o risco "da africanização capaz de afastar o Brasil das rotas de civilização". Sim, "povos supersticiosos, estúpidos, de costumes corrompidos" – como eram considerados os africanos – podiam contaminar a sociedade. Pensava-se resolver o problema da mão de obra com a importação de trabalhadores europeus. Outra solução seria a "europeização das senzalas". Ou seja, um melhor tratamento dado aos escravos: roupas, alimentos, higiene e cuidados com a família. Responsáveis pela desertificação das terras, pois não sabiam trabalhá-las, culpados pela existência de vícios como a preguiça e a prostituição, os africanos ameaçavam a existência do Império, reclamavam os políticos! Houve, ainda, pressões inglesas. No ano de 1845, por decisão unilateral inglesa, foi aprovado o Aberdeen Act, que permitia o ataque por parte de navios ingleses aos navios de traficantes até mesmo em portos brasileiros.

Mas isso tudo fora do palácio e longe das preocupações da família imperial, que, nessa época, só tinha um objetivo: o casamento das princesas. As mudanças que começavam a se operar nessa época teriam muitos desdobramentos. A importação de modas europeias e depois de imigrantes concentrou-se em áreas economicamente mais desenvolvidas. O resultado disso foi o aumento das diferenças culturais entre o Norte e o Sul do país, assim como entre cidade e campo, entre litoral e sertão. Na Corte e seus arredores, a história sofria uma "aceleração", enquanto nas áreas afastadas continuava a se reproduzir o modelo de vida herdado do período colonial. Essas diferenças alimentariam as primeiras críticas ao governo e à dinastia que Gastão de Orléans vinha integrar.

Os rapazes já estavam a meio caminho quando D. Pedro, que mantinha as filhas "desprevenidas", resolveu transmitir "a informação recebida sobre os dois jovens, sem omitir, porém, a surdez do conde d'Eu, a fim de evitar qualquer surpresa". Como seu tio Joinville, Gastão escutava mal...

CAPÍTULO III

De pombos e de tombos

Casal recém-casado

Joaquim Insley Pacheco, 1864.
Coleção Museu Imperial/Ibram/MinC

❝ E ao seu preceptor, Gastão explicou com toda a clareza: "A princesa me foi oferecida: ela tem bom senso, instrução, é discreta, bem conformada e traz uma posição que pode me render importantes serviços. Aceitei tudo e estou contente." **❞**

A essa hora, meu caro amigo, sem dúvida você já chegou ao final de sua viagem. Eu espero que ela tenha sido feliz e que o país te faça uma boa impressão", escrevia o pai. "Querido papai. Disseram-nos que amanhã tocaremos a terra da América", respondeu Gastão. E gostou? Não. Achou Recife horrorosa. Só os arredores com suas casas de campo e plantas exóticas causaram melhor impressão.

Na Europa, alguns jornais comentaram a viagem dos rapazes. Ora sublinhando a hesitação dos príncipes, ora "assinalando um objetivo mais ambicioso do que tinham", escreveu-lhes o duque de Nemours. O *Perseveranza*, de Milão, chegou a mencionar que Napoleão III teria enviado uma nota ao imperador brasileiro: não queria um império Orléans nos trópicos. O imperador francês tinha acabado de fazer outro nas Américas: Maximiliano no México. Sem concorrências, por favor...

Sobre Gusty, dizia-se que já fora escolhido como marido da princesa imperial. "Manobras", dizia Nemours. Afinal, Clementina não queria de jeito nenhum o "negócio nº 1", como chamavam Isabel. Gastão não devia ocupar-se dessas "manobras", e sim focar na única coisa que importava: "vantagens e proveito pessoal".

E o pai voltava a martelar o único assunto que lhe preocupava, revelando ele também suas hesitações:

Sobre os negócios não te direi nada mais do que já nos dissemos tantas vezes. Não agir com precipitação nem entusiasmo, num sentido ou no outro. Mas também não deixar escapar a ocasião, a não ser que haja motivos muito sérios que o façam renunciar. Tais motivos seriam ou uma repugnância absoluta ou a ausência de uma das três condições que tantas vezes repetimos. Observar bastante, consultar as pessoas nas quais você pode ter confiança, discutir com elas e, só depois das discussões, resumir, refletir e decidir por você mesmo e a partir do seu próprio julgamento. [...] É por você que deve agir. Logo, cabe a você decidir. Decida, mas não negligencie a discussão, pois ela ilumina e pode fazer aparecer considerações que no silêncio não percebemos. Considere as vantagens certas e que não se encontrarão em outro lugar. Não as deixe escapar por motivos secundários. Seja, ao contrário, compreensivo sobre as questões acessórias.

Nemours voltava a mencionar indiretamente o "negócio nº 2", Leopoldina, a preferida das famílias Orléans e Saxe-Coburgo: "Quanto à questão de minhas preferências, você as conhece e as reflexões de cada dia só as confirmam, mas", pontuava, "só desejo em absoluto o que servirá ao seu bem pessoal, pois é isso que em todos os casos deve ser considerado antes de tudo, e eu diria mesmo, *unicamente*, pois não é essa uma circunstância onde deva existir abnegação." O "negócio nº 1" só se Gastão sentisse "gosto e confiança", insistia.

Chegaram ao Rio no dia 2 de setembro de 1864. No diário, Gastão anotava as diferenças. Viera da Inglaterra... Aqui cruzava com negros e mestiços em cidades pobres, de ruas sujas, prédios indigentes em cujas portas sentinelas lhe apresentavam armas sem nenhum vigor. A multidão cercou a sege que os levou a São Cristóvão. Agradeceu de mau humor: por que não mandavam os desocupados lavrar a terra em Goiás ou Mato Grosso? O palácio? Uma tristeza. E as meninas...

As princesas são feias; mas a segunda decididamente bem menos que a outra, menor, mais forte, em suma, menos simpática. Tal é a minha impressão antes de saber as intenções do imperador a meu respeito. Quanto a seu espírito, nada deixaram perceber, porque nas duas primeiras entrevistas, como é natural, se limitaram a responder por monossílabos.

Só a bondade dos futuros sogros impressionou bem. Bondade feita de elogios, da bonomia da casa e de insinuações sobre prováveis tesouros escondidos: conversa de pais que queriam casar as filhas. Apesar da afabilidade, a escolha não foi aleatória. Embora os Coburgo tivessem a reputação consolidada de grandes consortes, D. Pedro preferiu Gastão. No último Império das Américas, a escolha de um genro cuja família tinha uma tradição liberal era uma boa aposta. O *Jornal do Commercio* confirmava, apresentando o jovem: "Liberal por suas ideias, liberal por suas luzes, liberal pelo seu próprio coração e pelo século, liberal pelo passado e pelo presente." Mas não só. Luísa de Barral conhecia bem os Orléans, com quem convivera durante anos. Ela ajudou a formar os pares. Sabia que a educação baseada na honra e no dever, associada a uma vida piedosa, conviria aos Bragança. Sem contar as amizades que ela tinha na França, capazes de azeitar as viagens do casal à Europa.

Enquanto isso, Nemours escrevia o que mais parecia um lamento: as notícias do Brasil eram boas, mas não o deixavam "pressagiar o que teria preferido". Já se sabia que Gusty tinha renunciado ao "negócio nº 1", que nunca o interessara nem aos seus pais. Mas, "do jeito que as coisas se preparavam e pareciam convir reciprocamente", ele só podia dizer "amém". Sabia, porém, que ele "e sua família sofreriam uma grande perda". "Eu teria preferido que as coisas se arranjassem diferentemente", reclamava. A avó, Maria Amélia, foi informada. Não gostou. "O sentimento que domina entre nós é o de tristeza." As viagens, Nemours sabia, seriam coisa rara.

Em carta enviada de Claremont ao filho Aumale, Nemours foi premonitório:

A companhia de Gastão está virtualmente perdida para nós a menos que a ordem das coisas atualmente no Brasil seja revertida, o que, bem entendido, não desejo. Tudo isso é muito triste. Eu sei que você o sente também. Será necessário que nos ajudemos a suportar o vazio que Gastão irá deixar.

Dois dias depois, o imperador avisou ao general francês que acompanhava os rapazes: Gastão iria para Isabel. As reações dos jovens foram opostas. A princesa anotou em seu diário o jantar do dia três e a conversa na "sala da mamãe", acrescentando: "Foi nesse dia que eu comecei a preferir-te ao Gusty, que comecei a te amar ternamente e muito." No dia seguinte, chorou de alegria "quando papai me contou que tu me preferias". Já ele escreveu à irmã confessando-se muito perturbado, no início. "Mas estou cada vez menos inclinado a acreditar que deva rejeitar esta posição importante que Deus pôs no meu caminho." Rezava muito pedindo luzes!

E por que não? Nada de grandioso o aguardava na Europa. Era pobre e detestava a Espanha, para onde teria que voltar; acostumado a uma vida sem prazeres e sem dinheiro, não estranharia a Corte brasileira. À avó, Maria Amélia, que não queria o enlace, Gastão se justificou: aqui teria encontrado "a paz interior" e um "esplêndido Império que Deus lhe pusera entre as mãos"! Melhor do que um futuro obscuro na Europa... Até o dia 18, data oficial dos pedidos de casamento, houve acomodações na redação dos contratos nupciais. Isabel estava "trêmula e contente". Pragmático, Gastão escreveu à irmã:

> Anteontem, aceitei a mão da princesa imperial. Acho-a mais capaz do que a caçula de assegurar minha felicidade doméstica; o país no qual ela deve ter sua residência principal não me desagradou; e eu vejo a possibilidade de tudo conciliar com viagens à Europa, a cuja duração e frequência não me impuseram nenhum limite. Portanto, não te zangues quando, daqui a quatro meses, eu levar a Claremont uma nova irmã que há de gostar muito de ti, e nós ficaremos bem juntos.

De pombos e de tombos
57

Mas, para que não te surpreendas ao conhecer minha Isabel, aviso-te que ela nada tem de bonito; tem sobretudo uma característica que me chamou a atenção. É que lhe faltam completamente as sobrancelhas. Mas o conjunto de seu porte e de sua pessoa é gracioso.

E ao seu preceptor explicava com toda a clareza: "A princesa me foi oferecida; ela tem bom senso, instrução, é discreta, bem conformada e traz uma posição que pode me render importantes serviços. Aceitei tudo e estou contente."

Antes mesmo da cerimônia, Nemours pedia fotos da futura nora, da família e de paisagens do Rio. Sua preocupação não era o aspecto físico de Isabel, mas saber se a rainha Vitória iria recebê-la quando viesse a Claremont. Seria ponto de honra para os Orléans, que estavam ofuscados pela amizade que a soberana dedicava ao seu arqui-inimigo, Napoleão III.

Mas a "Questão Christie" causava problemas. Quatro anos antes da chegada de Gastão, o ministro William Christie abusara de prerrogativas do cargo, numa sucessão de malfeitos que resultaram no bloqueio do porto do Rio de Janeiro e no arresto de navios da Marinha Mercante brasileira pela frota inglesa. Sem receber justificativas plausíveis para tais atos, o governo brasileiro retaliou, rompendo com o de Sua Majestade britânica. Depois, D. Pedro resolveu pagar a indenização pleiteada, por considerar que a discussão não era uma questão de dinheiro, mas de desrespeito à soberania nacional. Após um parecer favorável ao Brasil, ele passou a exigir seu dinheiro de volta e desculpas. Não recebeu nem um nem outro. A rusga diplomática não foi contornada. E Isabel não seria recebida como princesa do Brasil. Apenas como nora de Nemours. E a interpretação do sogro: "Para Palmerston – o primeiro-ministro – é interessante estar brigado com uma pequena potência como o Brasil."

Ah, o "pequeno Brasil": era assim que Nemours qualificava o império tropical! Contra ele, "os ingleses podiam brandir a espada e fazer patriotadas" sem que seu comércio fosse afetado. De fato, o Brasil era o terceiro maior mercado de produtos ingleses e

58   O castelo de papel

tradicional cliente de seus empréstimos. E o pai de Gastão não perdia o foco. Louvava o "bom partido", tinha esperança de que o filho encontrasse felicidade e o mais importante: Gastão honraria a si mesmo, e a sua família, contribuindo "para sua grandeza, se Deus lhe desse ocasião".

Fundamental mesmo era o dinheiro. Que ele pedisse uma "alocação especial para o esposo da princesa". Afinal, explicava, "em nossa situação, essa reserva é tão mais necessária quando você não possui nenhum capital". Como conduzir as finanças era assunto primordial num casal. Era preciso ter um orçamento e reservas para despesas extraordinárias. Viagens e aumento de preços das mercadorias cabiam nesse item. Essencial era constituir uma poupança no banco Coutts, na Inglaterra. E advertia-o para que "*bear that in mind*" [tenha isso em mente]: "Viver com moderação e no nível mais modesto possível e não gastar mais do que ganha." Não eram conselhos. Eram diretivas. Gastão faria vida de burguês, não para parecer simples como seu riquíssimo avô. Mas porque não tinha tostão.

Nos dias que antecederam a cerimônia, os jantares se sucederam em São Cristóvão. Ministros e cortesãos eram apresentados aos dois príncipes. A etiqueta era uma "bizarreria", queixou-se Gastão. Houve visitas ao Arsenal e quartéis, com exibições de artilharia e fuzilaria. A partir do dia 12 de outubro de 1864, os jornais começaram a publicar o programa do dia 15: desfile de carruagens saindo de São Cristóvão, seguidas do Regimento de Cavalaria. A partir da Cidade Nova, a guarda de arqueiros faria alas às carruagens da família imperial. No Paço, um mestre-sala encaminharia os convidados aos seus respectivos lugares na Capela Imperial. Sobre uma almofada bordada, um fidalgo levaria as condecorações que o imperador daria ao genro. Outro, os anéis nupciais e dois cartões com as palavras que os jovens teriam que repetir diante do arcebispo. E um terceiro, os autos do casamento. Ao fundo, a harmonia de uma das composições de Haendel.

Isabel vestiria filó branco, véu de rendas de Bruxelas, grinalda de flores de laranjeiras e ramos das mesmas laranjeiras apanhando o vestido do lado esquerdo. Gastão, o uniforme de marechal, com

De pombos e de tombos 59

a comenda da Ordem do Mérito Militar de Espanha, a comenda da Ordem da Casa de Saxe e a medalha da campanha do Marrocos.

Depois da troca de alianças, ao som de harpas, os "guarda--tapeçarias" estenderiam no estrado do altar-mor uma "rica colcha bordada a ouro" e os noivos se ajoelhariam sobre almofadas para receber as bênçãos. A seguir, Gastão seria condecorado e receberia "um ósculo paternal" do imperador, numa demonstração pública de que entrara na "imperial família". Seguir-se-ia um *Te Deum Laudamus*. Na saída, uma salva de artilharia postada no largo do Paço e correspondida pelas fortalezas e embarcações colocadas em semicírculo na baía anunciaria aos moradores da cidade que a cerimônia estava concluída. Desfile militar e recepção no Paço encerrariam uma parte da festa. Ela "graciosa" e sorridente e ele digno, segundo os jornais.

Nos jornais, também, começaram a chover os pedidos vindos da "penitenciária desta Corte". Assinados pela "voz de um infeliz" ou pelas "vítimas do infortúnio", "que gemem no cárcere", muitos "chefes de numerosa família" pediam perdão por seus crimes: "Graça! Graça!" Nas freguesias, moradores se organizavam para festejar o "feliz consórcio". Sociedades ou clubes pediam aos associados que ornassem e iluminassem a frente de suas casas nos dias 15, 16 e 17. Aos negociantes e droguistas, a Classe Caixeiral pedia que fechassem as portas. Assim, o povo iria para as ruas aclamar os nubentes. Comissões as mais diversas – do Instituto Histórico e Geográfico Brasileiro, da Imperial Sociedade de Beneficência, da Real Sociedade Portuguesa Amante da Monarquia, do Núcleo Literário Fluminense, Veteranos da Independência da Bahia etc. – se organizavam para ir cumprimentar os noivos. Publicavam-se as listas de convidados: quem ia e quem não ia. E não faltava quem usasse o *Jornal do Commercio* para cobrar: "Deixarão de ser convidados para o casamento imperial os Senhores Primeiros Cadetes?!!"

A tradição nas festas brasileiras eram as luminárias. De onde vinha? Do tempo em que o Brasil era colônia. Estavam assinaladas nas cartas régias, desde o século XVI. De início, eram panelinhas de barro com azeite de mamona. No século XIX, já se beneficiavam da iluminação a gás. No casamento dos jovens príncipes não podiam faltar e foram previstas em toda parte: no largo do Paço, na rua Direita, na praça da Constituição, no campo da Aclamação. Na rua dos Ourives, esquina da rua da Assembleia, enfeitando a renomada Farmácia do Carmo, a iluminação seria elétrica. Magnífico! Junto com as luminárias, inúmeros coretos com músicos, arcos festivos e representações gratuitas no Teatro do Ginásio. Retratos dos noivos eram vendidos nas livrarias. Na fábrica de gás, fundada pelo barão de Mauá, um coreto para quinhentas pessoas foi montado. Candelabros de "vidros prismáticos" encantavam o ambiente.

O ponto alto da festa popular seria a ascensão do aeronauta Wells, num balão com oitenta pés de altura que levava pintadas as armas brasileiras e em grandes dísticos os nomes da princesa Isabel e do conde d'Eu. No momento em que o préstito passasse e ao som do hino nacional, o balão se elevaria aos céus. Girândolas de foguetes encheriam os ares.

Mas os jornais do dia seguinte mostraram os fiascos do evento. O aeronauta não conseguira encher o balão, que fez um voo de galinha. E as luminárias, que horror! Não se acenderam! Velas atearam fogo às *toilettes* femininas. A renomada Casa das Bichas Monstro, ou seja, de fogos, protestava "energicamente contra a suposição" de que a iluminação pública era de sua autoria. Anúncios, alguns com títulos irônicos, como "Iluminação vesgueira", foram publicados. Falava-se em "brilhante escuridão" e em "lanternas de papel pintado, próprias para as folias de São Eldorado".

Choveram cartas sobre a má decoração dos arcos:

> Os artistas nacionais educados em nossas escolas pedem humilde e encarecidamente a SS. AA. os srs. conde d'Eu e duque de Saxe a graça de não formarem juízo a respeito do talento de que dispõem os artistas brasileiros, pelas "obras de arte" que se apresentaram solenizando o consórcio da sra. D. Isabel. Filhos de uma academia regular e seguindo a escola clássica e acadêmica, protestamos em nome da inteligência e do progresso nacional contra as acéfalas concepções e tão vergonhosas provas de inépcia e ignorância.

Assinavam "muitos artistas nacionais"!

Multiplicavam-se as piadas. A decoração da praça da Constituição, por exemplo, foi definida no *Jornal do Commercio* como "um aleijão disforme e disparatado", um "insulto e escárnio ao gosto nacional", "uma injúria atirada na cara dos nossos homens competentes"! Palavras como "miserável, mumificada, vergonhosa, miséria artística, inépcia e ignorância" explicavam o desastre decorativo. Onde "a proporção de anjos e o colorido das carnes? E o que dizer da expressão das fisionomias torpes e estúpidas, abortos asquerosos" etc. Mas ao "pequeno Brasil" não faltou uma gafe. Na data em que dois príncipes europeus lançavam raízes no país, de quem era a culpa do desastre da decoração? De dois estrangeiros: um francês e um italiano.

"*Per Dio, che calamitá! Charlatani. Porcherie!*" Os jornais fustigavam a situação por meio de anúncios pagos: "Odinet, pintor morador, rua Sete de Setembro, declara, para não haver engano, que as pintura decorativas do largo do Paço foram feitas pelo sr. Emílio Mola, pintor da rua do Ouvidor, nº 148." Na verdade, os "culpados" eram o engenheiro francês Auguste Andreosy e o pintor Giacomo Micheli.

As influências culturais francesas, tão caras à família imperial, não eram unanimidade. Os artistas nacionais, com seus brios feridos, mas também as próximas eleições da Câmara que havia contratado o malfadado serviço, serviam para alimentar as críticas:

> Aqueles e aquelas que, falando sempre em patriotismo, só acham bom e belo o que é feito na França ou por algum francês, como se o dom da inteligência fosse privilégio de uma só nação, de um só povo, a esses tais, que só querem obras francesas, pensando que aqui não há livros nem quem estude e produza coisas boas, a esses declaramos para a sua "glória" que o empresário, arrematante, diretor, ou como melhor nome tenha, da celebérrima mixórdia do Rocio, é um... francês!!!!! Misericórdia!

Como se não bastasse o fiasco da festa, o Rio de Janeiro foi vítima de um raro fenômeno meteorológico, rápido, mas de intensa violência: uma chuva de granizo. O saldo foram inundações, telhados e vidraças quebrados. O povo interpretou o medonho temporal à sua maneira: mau agouro!

Longe dos problemas de iluminação ou da chuva de granizo, os noivos tiveram a mesma preocupação: fazer caridade. O conde d'Eu mandou distribuir a quantia de mil réis entre párocos de freguesias pobres. Isabel pediu ao pai que libertasse dez escravos do palácio. A cultura católica da Restauração propugnava a supremacia da alma sobre o corpo. E de uma alma cheia de "humanidade", necessária ao desenvolvimento dos povos. O gesto tinha lá seu simbolismo: isento de paixões políticas, mostrava apenas o casal exemplar de católicos. Funcionou. Dias depois, passearam "na cidade iluminada, em meio a incessantes vivas e, na praça da Constituição, o povo quase nos sufocou a todos". O melhor, Gastão ouviu na rua do Ouvidor: marinheiros ingleses saudaram-nos com enérgicos *"hips-hips-hourra!"*. Sinal de que a rainha Vitória os receberia.

No dia do casamento, a família imperial, com alguns convidados, retirou-se para almoçar às 14 horas, e os jovens partiram para Petrópolis às 18h30. Recomendava-se que o casal se afastasse da família, pois a noite de núpcias era uma prova. Era o momento da iniciação feminina por um marido que, normalmente, conhecia apenas a sexualidade venal. "Esforços violentos" eram desaconselhados. Sugeriam-se a "harmonia dos prazeres" e os embates "confortáveis". Vigorava a regra dos "esposos tranquilos": nada de irritar órgãos genitais ou de posições mirabolantes. Sobretudo, fazer filhos. Donde a prática da viagem de lua de mel, para poupar a família de um momento tão constrangedor. O casal tinha que passar um tempo em lugar calmo, para descobrir-se.

O costume vinha da Inglaterra. O quarto do casal, espaço onde se entrincheirava a sexualidade conjugal, devia ser um santuário, e a cama, o altar onde se celebrava a reprodução. Ao homem cabia manejar a nuança, a escuta das reações da parceira, a delicadeza dos carinhos e a arte de se conter antes da penetração. Os corpos estavam sempre cobertos. Usavam-se camisolas e calçolas com furos na altura do sexo. Muitas, com dísticos bordados à volta: "Deus proteja este lar." Tudo era proibido. Fazia-se amor no escuro. Não se sabe se Isabel e Gastão estavam informados de seus respectivos papéis. É provável que explicações discretíssimas tenham escapado dos lábios da Barral.

Passaram duas semanas na casa de Maria Ribeiro de Avelar, amiga de infância da noiva. Logo ao chegar à serra, ela escreveu ao pai: "Muito feliz [...] e muitas saudades tenho tido suas." Mal tinham se separado. Ele também escreveu ao seu, mas no dia seguinte:

> Desde ontem estou casado com a Princesa Imperial do Brasil. Estou contente. [...] As impressões foram diversas, mas sua soma, favorável. Creio que, sobretudo, quando você tiver conhecimento dos detalhes do negócio. O dia de ontem foi feliz para mim sob todos os aspectos, malgrado o tédio das funções onde se inscreve a etiqueta da Corte. Deixamos São Cristóvão mais ou menos às nove horas e eram mais de duas quando terminaram recepções e felicitações, então pudemos sentar à mesa. Uma hora depois nos despedimos de SS. MM. e viemos dormir aqui, em meio a um delicioso distrito nas montanhas povoado por colonos alemães.

Seriam apenas oito dias na "deliciosa casinha de Avelar" antes de ter que voltar a assumir novas "funções" impostas pela "autoridade superior", como Gastão, com uma pitada de ironia, se referia ao sogro. Em resposta, Nemours enviou uma lista de pessoas importantes que lhe tinham dado os parabéns – "Príncipe Real da Prússia, carta espontânea e afetuosa", e Thiers, o presidente da França, "muito amável" – e comentou, bem-humorado, sobre a etiqueta brasileira feita de velhas tradições: era arcaica, mas não tirava pedaço...

Os dias subsequentes revelaram a alegria dos jovens. Ela anotou no diário: ganhou um beijo matinal. E ele escrevia ao pai sobre o enxoval de roupas e de utensílios que comprariam na Europa para montar a casa: prataria, lingerie, móveis. Insistia o tempo todo que "em dois meses" estariam lá. Parecia sublinhar que suas negociações no contrato de casamento tinham sido bem realizadas. Afinal, Nemours "não acreditava na vinda próxima". A viagem, "de acordo com as pequenas manias do imperador" – Gastão já as tinha percebido –, seria para encontrar a família. Mas, sobretudo, para estudar a "indústria e a agricultura" europeias! Não queria morar em São Cristóvão que considerava "triste e excêntrico" e onde a imperatriz procurava manter as filhas debaixo das asas –, mas longe: em Botafogo. A correspondência revela que Gastão foi, pouco a pouco, conhecendo a esposa e o país. Isabel sentia-se diante de um príncipe encantado e se apaixonou rapidamente pelo marido. Ele era carinhoso e ela fazia "tudo para agradar-lhe". Em carta à rainha Maria Amélia, avó de Gastão, comprometia-se "por meio de sua docilidade e afeição a fazer sempre feliz o querido Gastão". Ao lado dele, sentia-se tão afortunada que o tempo "passava mais rápido". No primeiro aniversário de casamento, registrou: "Oh, meu querido, eu nunca me arrependerei de o haver escolhido para mim, pois antes que me escolhesses eu pensava em ti, te amava tanto." Em suas memórias, ignorante de todas as transações que permitiram o "negócio", insistia que seus "corações" teriam se indicado. Era o retrato acabado da noiva romântica do século XIX. Já o amava antes mesmo de conhecê-lo. Era assim naquela época.

Mas estava longe de saber se comportar como uma dona de casa. E, por isso, a Barral seguia lhe dando lições. Tinha que se acostumar a pensar por si e consultar sempre o marido: das coisas "pequenitas passa-se rapidamente às grandes", dizia a aia. E as economias domésticas estavam na ordem do dia: "a mulher não deve querer assumir liberdade no juntar que não vá de acordo com o juntar do seu marido"! A mentalidade burguesa de acumular, juntar dinheiro e não gastar estava em toda parte, inclusive na nobreza de sangue. Ou, sobretudo, na nobreza que não conseguia enriquecer como o faziam os burgueses.

Quanto a Gastão, ele dizia abertamente ao pai que a esposa "estava habituada a nunca ter vontade". Ele tinha "o campo livre

De pombos e de tombos 65

para exercer todas as audácias de seu caráter" e achava tudo isso "engraçado".

Em dezembro, na condição de príncipe consorte, Gastão se deu conta das lacunas que tinha a esposa sobre as questões públicas. Estipulou um programa de leituras sobre "a história contemporânea de seu país e de outros onde verá exemplos bons e maus do modo de praticar a sua futura situação". Fez Isabel ler a Constituição da Inglaterra e ia com ela visitar repartições públicas. Ele assumia plenamente o papel que se esperava de um marido: superioridade absoluta no lar. Todas as decisões lhe caberiam. Tal onipotência se estenderia aos filhos, quando estes chegassem. D. Pedro passou definitivamente a um segundo lugar na vida da filha. Se antes ela se assinava "sua filhinha tanto do coração", passou a subscrever-se Isabel Cristina, IC ou Isabel condessa d'Eu.

Às vésperas do Natal, Gastão escreveu ao pai: "O Paraguai nos declarou guerra e, de nossa missão diplomática em Buenos Aires, nada sabemos até agora." A frase solta misturava-se a considerações sobre equitação ou sobre as medalhas que ganhara do imperador: Cruzeiro, D. Pedro I, da Rosa, de Cristo, São Bento e São Tiago, que cada um usava como e quando queria. E Nemours, por sua vez, escrevia a Aumale: "Não paro de pensar nesse casamento sem poder, ainda, acreditar na realidade e cada manhã, ao acordar, essa ideia se apresenta ao meu espírito com espanto!"

Passaram algumas semanas em Petrópolis. Nemours ainda se preocupava com o contrato matrimonial e cobrava de Gastão minúcias que o liberariam de estar no Brasil todo o tempo. O filho confortava o pai. Usava o termo "liberdade relativa". Em caso de uma sucessão imperial masculina, ou seja, de a imperatriz dar à luz um menino – que considerava improvável –, D. Pedro jamais deixaria as filhas se afastarem. Eram absolutamente submissas. Bem ou mal, Gastão teria que se adaptar. Depois, justificava, ele "nunca entreviu a possibilidade de portar a coroa dos avós; e foi de coração que renunciou à frágil chance de obtê-la, por seu nascimento!"

Pequenas implicâncias com o sogro começaram. Ele queria os quatro jovens de volta a São Cristóvão no dia 24: "Me revoltei.

66   O castelo de papel

O que estava combinado era que desceríamos de Petrópolis no dia de Natal." "Ganhamos a batalha", concluiu, referindo-se aos dois casais.

Virou o ano. Em janeiro de 1865, escrevia ao pai:

> Aqui tudo calmo, *sin novedad*. Os negócios da guerra estão estagnados; são sempre os rios que param tudo. Chove, eles engrossam, transbordam e inundam. Por terra, o Exército não pode avançar. Não chove mais, eles baixam, secam, as esquadras não podem circular. Não se sabe a que santo rezar. No mais, toda a dificuldade é avançar. Estou convencido que, quando houver um único soldado no território paraguaio, todo o edifício irá cair como um castelo de cartas e Lopez desaparecerá da cena de uma maneira ou de outra. Ele irá para a Europa ou outro lugar.

Por falar em Europa, era tudo no que ele pensava: a viagem que fariam. O novo gabinete e a imperatriz pediam que Isabel estivesse de volta para celebrar seu aniversário, em fins de julho. Claremont torcia o nariz para a agenda da princesa. Por causa do marido, um Orléans, Isabel não poderia ir à Paris de Napoleão III. E, por causa da Questão Christie, não seria recebida na Corte inglesa. A rainha Vitória dissera não duas vezes! D. Pedro, "como todo brasileiro", dizia Gastão, pouco se importava com a política do Velho Mundo. Sofria de "patriotismo selvagem", ironizava o genro. Fossem aonde quisessem e pudessem ser recebidos. Mas que visitassem fábricas e museus! Eram as suas "manias".

Gastão também ia conhecendo o sogro: um homem cinzento. O imperador esquivava-se de discutir questões financeiras do país, para as quais se sentia despreparado, mas enchia os relatórios dos ministros com anotações, "todas insignificantes, algumas tolas", queixava-se o ministro Cotegipe. Consultava obras de especialistas para melhor discutir. Mas, quando havia debates, muitos desistiam, mais por força do cansaço do que dos argumentos imperiais. Provido de um arsenal de informações levantava dúvidas ou formulava infinitas perguntas. A sua discutível preocupação com pormenores representava um benefício para a marcha dos negócios públicos? Muitos a julgavam apenas um enorme transtorno. Tinha detalhismos de uma dona de casa. Não aprovava nomeação sem esmiuçar a vida pregressa do candidato: bebia, jogava, tinha amantes? Sofria de um moralismo de fachada: "Hipócrita", definiu certa vez a condessa de Barral, raivosa. Ele teimava nas aparências, mas andava amarfanhado. Não tinha brilho, nem carisma. Quem aguentava a casaca escura e malpassada com as insígnias do Tosão de Ouro? Pior foi substituir a coroa pela cartola. Na vida política, a dupla cara era tida, entre seus devotos, por "sabedoria". Entre os inimigos, por cinismo. O fato é que pensava tanto antes de agir que terminava por paralisar os negócios importantes para o Brasil.

Longe do sogro, o tempo "passava docemente", contava Gastão. Às dez horas, ia até a cidade "presidir suas comissões, ver o ministro da Guerra, visitar algum estabelecimento". O jantar era às cinco da tarde. Por vezes, saíam a cavalo, à noite, em passeios pelas praias de Botafogo e Copacabana. Outras iam jantar em São Cristóvão. Ali encontravam Leopoldina e Gusty, recém-casados. A sogra enviava bilhetes e delicadezas diárias. "Para minha cara filha" seguiam doces de batata e goiaba, xaropes, passarinhos, lenços e biscoitos. Tudo ela "pregava a Deus e à santíssima Virgem": que eles estivessem com saúde, que a viagem a Petrópolis fosse boa. Muitas vezes, era mediadora entre o casal e o sogro: "Teu pai me encarregou de mandar este livro; ele saiu, não sei para onde..." E a escravidão sempre presente: "Aproveito que os pretos vão a tua casa para escrever-te." Passatempos do casal: desenho e música. Salvo a política, que "Dom Francisco Lopez tinha conseguido complicar", tudo ia bem.

Mas o que o jovem presidente Lopez teria complicado? Em 1844 e 1858, a elite política imperial reconheceu a independência do Paraguai e conseguiu, via acordos diplomáticos, de "amizade, comércio e navegação", livre acesso ao caminho fluvial para garantir a circulação de embarcações nos rios Paraná, Paraguai e São Lourenço. Sem essa estrada fluvial, atingir Mato Grosso tornava-se bem mais dispendioso e arriscado, em razão de duas

68   O castelo de papel

barreiras difíceis de transpor: cachoeiras e índios bravios. Foi em torno do rio Paraguai que quatro nações vizinhas iriam se enfrentar. A região do Prata vivia constantes disputas entre caudilhos locais. O episódio que deflagrou a Guerra do Paraguai resultou de uma dessas escaramuças.

Em 1863, teve início um conflito no Uruguai entre as duas facções dominantes locais, denominadas de *blancos* e *colorados*. Alegando a proteção dos interesses brasileiros – calculava-se mesmo que 10% da população uruguaia era composta por gaúchos que dominavam, por sua vez, cerca de 30% das terras agricultáveis –, o governo imperial, aliado ao argentino, apoiou os *colorados*. Por meio de uma série de ultimatos, o Paraguai reagiu a essa intervenção, advertindo que a independência uruguaia era fundamental para o equilíbrio de poder na região. As ameaças, porém, de nada valeram.

A intervenção brasileira prosseguiu. Em outubro, houve atuação tanto do Exército quanto da Marinha imperiais em terras uruguaias. O governo paraguaio decidiu agir, interceptando o navio mercante *Marquês de Olinda* e, em seguida, ocupando territórios brasileiros e argentinos. Começavam "as complicações", como as chamava Gastão. Mergulhada no torpor que caracterizava sua relação com a política, Isabel limitou-se a registrar: "As notícias do sul são muito interessantes." Ou "o amor pela pátria é uma bela qualidade". Tudo parecia tão longe...

Nada do que dissesse respeito à vida pública parecia preocupá-la. Isabel confirmava as impressões do pai: lugar de mulher não era na política, mas em casa. Só importava a vida privada, o ninho dos pombos. Jantar com a irmã e o cunhado, falar de receitas de sobremesas ou pontos de bordado, ver os pais uma vez por semana e, sobretudo, ocupar-se de seu palacete no distrito de Laranjeiras: adquirido por 300 contos e situado na rua Guanabara. Lá era *chic* morar. No início do século, os morros do bairro estavam cobertos de cafezais, destacando-se as chácaras da duquesa de Cadaval, de Antônio Joaquim Pereira Velasco, do conselheiro José Antônio Lisboa, entre outros "grandes". Os solares abrigavam magnífica prataria, aparelhos de porcelana importada, mobília inglesa e francesa distribuída em salões de visita, de música e de baile, iluminados por lustres de cristal. A água aquecida circulava nos quartos de banho. As cozinhas eram abastecidas graças aos quilombolas e escravos fugidos, também moradores de Laranjeiras. Só que em casebres no meio do mato. Aves, ovos, lenha, feijão, mandioca e milho eram entregues por eles, em domicílio. A escravidão, ou seus dejetos, acenava de todos os lados. Inclusive de dentro do próprio palacete: "Para os trabalhos inferiores, temos vários negros para os trabalhos pesados", escreveu Gastão ao pai. Para os valetes, embora procurassem brasileiros, era difícil reunir "as duas condições: branco e brasileiro". E explicava:

> A população do Império está assim repartida: um terço de brancos, um terço de homens de cor livres e um terço de escravos. Ora, esse primeiro terço de brancos compreende toda a aristocracia, todo o comércio, todas as profissões liberais, mas poucos habituados a serem domésticos, salvo alguns poucos estrangeiros, sobretudo portugueses e alemães; o cozinheiro também é francês.

Já Nemours seguia tudo. Os jornais europeus, sobretudo o *Globe* e o *Independence*, divulgavam notícias: sempre más. O Brasil era atacado. Descrito como "invasor", "opressor", não gozava de nenhuma simpatia. Outro problema: os brasileiros expatriados, gente rica e educada, estavam revoltados com a viagem da princesa. Pior, essa viagem podia causar "fortes embaraços". Choviam artigos criticando o casal. Vir à Europa e não ser recebida nas duas maiores Cortes – da Inglaterra e da França? Aceitar ir a um país cujo ministro maltratava o Império? Deplorável. Seria constatar que o Brasil estava mal das pernas. Tais moradores de Londres e Paris não se davam conta de que o Brasil era pouquíssimo conhecido nos labirintos da nobreza europeia.

Na ilha britânica, muitos não sabiam sequer onde ficava: no norte dos Estados Unidos? Povoado por "escuros"? Gente que mascava e cuspia fumo no chão? A palavra "brasileiro" era suficientemente ruim para designar alguém. Não precisava acrescentar nada mais pejorativo. Na França, o *rastacuére*, personagem da ópera *La Vie parisienne*, representava os cafeicultores ricos, porém barulhentos e sem educação! Eram chamados de "os novos". E Nemours cobrava: por que não publicar matéria paga, defendendo o país e sua gente?

Em carta ao genro – o "Caro filho" – sobre a guerra, o "pai extremado", ou seja, D. Pedro, respondia: "Em tempo de guerra, mentira é como terra." Não havia "novidades" que merecessem atenção. Os fatos eram "enfeados" pela imprensa. Quanto ao Exército, os voluntários acudiam "em número maior do que se supunha" e iam "muito entusiasmados contra o Paraguai, que não me dá cuidado, mas trabalho; porque é preciso preparar com segurança a expedição contra ele".

Voluntários entusiasmados? No mesmo ano, o casal de americanos Elizabeth e Louis Agassiz, em viagem ao Norte do país, teve outro olhar sobre o assunto de que se gabava D. Pedro. Viram homens "postos sob chaves", prisões abarrotadas de recrutas "encarcerados como criminosos" para não fugir, "presos dois a dois, e viajando sob escolta como bandidos" de cujos pés se tiravam as correntes ao chegar às cidades. Eles viram "contingentes indisciplinados" e fugas em massa. E concluíam chocados: "Verdade é que, sendo a maior parte conseguida sob coação, pode-se pôr em dúvida que tal fato seja em definitivo uma grande prova de patriotismo."

Quando partiram para a Europa, o conde e a condessa d'Eu deixaram para trás um país literalmente em pé de guerra. Porém, um pé quebrado, pois a situação do Exército era péssima e a guerra tinha início num momento espinhoso da política imperial. Enormes gastos foram mobilizados para o confronto: 614 mil contos de réis, 11 vezes o orçamento governamental para o ano de 1864. Inaugurava-se um déficit que sobreviveu por décadas. Na cabeça de D. Pedro, cuja barba começava a embranquecer, o embate seria curto, quase cirúrgico. Errou: previam-se seis meses, ela durou seis anos. Dos cerca de 120 mil combatentes, 54 mil serviram em batalhões de "voluntários" como os descritos pelo casal Agassiz.

De pombos e de tombos

Uma lei de 8 de julho de 1865 consagrou o vale-tudo do alistamento. O governo ficou autorizado a recrutar quando e como quisesse. Prisões eram esvaziadas. Vadios e crianças eram caçados nas ruas para preencher vagas. Escravos assentavam praça, usando nomes falsos e garantindo casa e comida nas fileiras ou iam para a guerra como substitutos dos seus senhores. Sobre isso, os jornais se enchiam de anúncios: "Quem precisar de uma pessoa para marchar para o Sul em seu lugar..." Claudicante, o país caminharia para o fim da escravidão, mas também da Monarquia. A bordo, malas cheias e a caminho do Velho Mundo, o jovem casal acenou para o Império que um dia os expulsaria.

CAPÍTULO IV Duas partidas

Gastão embarcou com Isabel no vapor inglês *Madalena*, confirmando as cartas que enviara ao pai. Era o dia 10 de janeiro de 1865. No outro sentido, vinha carta da tia Francisca de Joinville a D. Pedro: "Pense bem no que fazem permitindo a Isabel, princesa do Brasil, visitar este país, aonde não pode vir incógnita e ainda ser mal recebida [...] Insista, então, para a visita ser adiada", pedia. Tarde demais. Gastão queria provar ao pai que fizera a escolha certa. Que poderia ir à Europa quando quisesse. Passaram pela Bahia e Pernambuco, que não tinham portos. Com o mar batido, tiveram que desembarcar em "tinas". Visitaram igrejas e autoridades. Caminharam em meio à multidão ansiosa por beijar a mão da princesa. Gastão comprou dois macaquinhos para levar para os parentes. E Isabel perguntava por carta ao pai: "Faça o favor de me dizer o que se passou durante a guerra dos holandeses, que não pude lembrar outro dia!" Ah, as aulas de história. Já tinha esquecido...

De lá, cruzaram o Atlântico para Lisboa, onde visitaram a "vovó": a imperatriz D. Amélia, viúva de D. Pedro I, então com 53 anos, que escreveu ao Brasil:

Acho a fisionomia de Isabel muito agradável e simpática. Exprime bondade e muito juízo, reflexão, capacidade intelectual, e é uma grande felicidade possuir qualidades tão raras de encontrar em nossos dias. Gastão é um príncipe muito distinto e parecem-me feitos um para o outro.

O casal também visitou o príncipe consorte, D. Fernando, que lhes falou com sua voz fanhosa. Não houve festas, pois Nemours pedia que fossem logo à Inglaterra. Desembarcaram em Southampton no dia 7 de fevereiro. Nem sinal de recepção oficial. Nemours, os tios Joinville e a comitiva brasileira os aguardavam discretamente. "Ela tem teus olhos", diria, saudosa, Francisca ao irmão. E que alegria voltar a falar português com a sobrinha, "uma compatriota". A rainha Maria Amélia, com seu ar de majestade quando tudo nela arriava, os recebeu em Claremont. Eles ficaram no quarto dos tios Joinville. Ao sogro, a princesa com cachos cor de trigo pareceu "feia, boa, bem-dotada e instruída". Suas habilidades ao piano e na pintura impressionaram. A jovem simples, de natureza a mais doce possível, sentia-se muito à vontade entre os Orléans. Apesar do frio, o casal corria as butiques: ambos "absorvidos pela execução de encomendas para sua futura casa", anotava Nemours. "Londres é uma cidade muito bonita; é pena que tenha sempre aquele nevoeiro permanente", escrevia Isabel ao pai. E acrescentava, romântica: "Basta que Gastão goste dela para eu também gostar."

No dia 26, Nemours escrevia a Alençon: o jovem casal fizera uma visita de "introdução à rainha Vitória". Presentes a princesa de Gales, Alexandra da Dinamarca, e a velha duquesa de Cambridge, Augusta de Hessen-Kassel. Tudo se passou *in private*, ou seja, nada oficial. Afinal, ela era nora de Nemours e de Vitória Kohary, prima-irmã predileta da soberana, que achou Isabel "serena, modesta e espontânea, boa e gentil". "Nós passamos algum tempo juntos antes do almoço, depois eles foram embora", registrou. Sem mais. Só mais tarde a Inglaterra pediria as desejadas "desculpas" ao governo brasileiro. E Gastão a explicar ao pai: "O imperador não me diz absolutamente nada sobre as relações com a Inglaterra." A comunicação entre sogro e genro era pouca ou nenhuma. Atendendo aos pedidos de D. Pedro, o casal também visitou fábricas de fios, tinturarias de tecidos, museus e universidades. Em Birmingham, grande fornecedor de metais ao Brasil, o jornal local afirmava que a suspensão temporária das relações diplomáticas não afetaria a recepção à princesa. Mas, em Manchester, Isabel pôde aferir o que se dizia do Brasil; em visita a uma fábrica de aço perguntou: "Para que servia uma grande enxada que lá vimos [...] e o moço que nos explicava disse-nos que era para os negros do Brasil, que são tão preguiçosos que querem, sem esforço, só pelo peso da enxada, que esta caia e cave!"

Durante a estadia em Claremont, o tio Joinville os fazia rir com seu bom humor. Foram a um baile de fantasias: ela de baiana e ele de mouro. Acompanharam uma caçada à raposa, gritando "Tally--Ho". Brincaram de fazer charadas com os parentes. Ela usou as joias que ganhara da rainha Maria Amélia como presente de casamento e os vestidos de inverno e *soirée* que tinham sido encomendados pelo sogro. Isabel estaria preparada para o estilo aristocrático de vida que encontrou na Europa? Teriam bastado as lições da condessa de Barral?

Certamente não. Pois não se cansou de extasiar-se com o cerimonial de certos jantares servidos por camaristas vestidos de galões e condecorações. Ou com cardápios cujos pratos vinham acompanhados por músicas ao vivo. Ou, ainda, com o luxo das librés de criados e lacaios. Em tudo o oposto de São Cristóvão. Circulava entre mulheres com pescoços longos e rostos altivos, coroadas de diademas ou curvadas com penachos de avestruz. E o que dizer dos tesouros, posses e bens com os quais cruzava nos salões dos belos castelos europeus: Rafaéis, Correggios, Ruysdaels, Vandeyks e Hobbemas, mármores de Naxos, serviços de jantar em ouro, gigantescas fileiras de estufas com plantas raras. Ou das atividades de suas congêneres: os pobres, as obras de caridade, a farta distribuição de carvão e cobertores no inverno, os encontros de comitês, as inaugurações de bazares e, não menos cansativos, os deveres das cortes.

78 O castelo de papel

Diante desses, mostrou que seu fôlego era curto. Em Viena, onde foram recebidos por vários arquiduques, duques, o imperador e a imperatriz, explodiu: "Já estou farta de tantos príncipes que não me interessam." "Jantares sobre jantares, visitas sobre visitas", tudo a enfadava. Preferia a rotina das visitas às "instituições que interessavam": Tipografia Imperial, Belvedere, o Tesouro – enfim, o programa traçado pelo pai. Nelas, não tinha que fazer nenhum esforço. Apenas mostrar-se curiosa. E, já saudosa, deixava escapar manifestações patrióticas: "Não vi nada de semelhante ao Brasil quanto à natureza!"

Ainda passaram pela Espanha, onde conheceu o cunhado Fernando e os tios Montpensier. Os reis iriam recebê-los? Dúvidas. Afinal, não o foram oficialmente em lugar nenhum. Bastou um jantar. Enquanto passeavam, os jornais trombeteavam sobre os *lamentables sucesos* no Prata. Lopez fora nomeado generalíssimo e o Paraguai autorizou um empréstimo de 25 milhões de piastras para atacar Buenos Aires e o Brasil. "Isso não me parece bom", admoestava Nemours. Cádiz lembrava Recife, registrava Isabel! Ela achou o país feio. Voltaram a Portugal. No Porto, foram recepcionados por "fardas e fardinhas e fardetas e fardonas, cavalaria e quantas coisas puderam inventar para nos serem muito agradáveis, mas que muito nos aborrecem", queixava-se a princesa brasileira.

Embora tivesse sangue azul, Isabel não tinha noção do que fosse uma sociedade baseada em instituições aristocráticas, pois elas não existiam no Novo Mundo. Não captava o significado das cerimônias, mesmo que excessivas, nem compreendia os pequenos detalhes que formavam a textura de uma velha sociedade. Não entendia a magnitude e o absurdo dos vários títulos nobiliárquicos, a futilidade do cerimonial e a sua importância como guardião das tradições.

Em contrapartida, emocionava-se muito com tudo o que dizia respeito à religião. Conhecer um cardeal – D. Luis de La Lastra y Cuesta – em Sevilha? Um encantamento! Ouvir missa na catedral de Colônia ou "na igreja onde está enterrado o coração de meu avô", outra emoção. Ver o corpo mumificado da rainha santa Isabel em Coimbra e receber pedacinhos de seu vestido, uma bênção! Enfim, o carrilhão do Convento de Mafra tocando o hino nacional, um clímax! Entre abril e maio, o imperador escreveu ao "Caro filho" pequenos bilhetes. Neles, a frase "aqui não há novidade maior" sofria pequenas variações. A seguir, acrescentava informações sobre sua bronquite ou a crise ministerial. Sobre a bronquite, poucas palavras. Sobre a crise, muitas: começava a fracassar a política de conciliação entre os partidos Liberal e Conservador, ambos apostando na escravidão como forma de desenvolver o Estado. Mas com ideias diferentes sobre a condução da guerra.

Ao mesmo tempo que o jovem casal se despedia da Europa, Nemours, o velho guerreiro, ouvia, ao longe, o som dos tambores da batalha:

> Em razão do desenvolvimento que isso toma, o imperador devia enviar os dois ou ao menos um de vocês, nem que fosse para ser visto e prestar-lhe contas. É uma ocasião importante para que um membro da família tome parte em uma operação importante para o Brasil e seria errado deixá-la escapar.

De fato, no final do mês, seguia nova carta do sogro ao "Caro filho":

> Todos bons. A província do Rio Grande do Sul foi invadida pelos paraguaios e eu para lá parto depois de amanhã se o tempo consentir. Não vou com fim guerreiro, mas para facilitar a militarização da província. Convidei Augusto a acompanhar-me e ele vem comigo. Convido a você igualmente e meu pensamento é que vocês me ajudem a conseguir o fim para que faço a viagem. Sua saída do território do Império não me parece conveniente como explicarei vocalmente [...] mas dentro do Império muito prazer terei eu em que vocês deem provas de seu valor embora eu seja forçado a não aplaudi-los no teatro de ação.

Embarcaram de volta no dia 29 de junho. Ao chegar, D. Pedro já tinha partido para o Sul, com Gusty. Isabel escreveu-lhe: "A baía estava linda, São Cristóvão pareceu-nos lindíssimo e, mais que tudo, nossa casa em Laranjeiras e o nosso jardim [...] que gosto tive de tornar-me a ver no Rio." Encontraram Leopoldina grávida, pagaram impostos altíssimos pela prataria que trouxeram e, nas caixas, acharam metade dos cristais quebrados! Ela contente. Ele pasmo. O sogro fora embora sem dizer-lhe nada.

Por carta, Gastão pediu a Nemours que "descobrisse" o que o imperador pretendia fazer dos genros: "Por mim, não descobri nada e claro que ninguém me dá uma informação." O sogro era mesmo "cinzento". As rusgas entre ambos já apareciam: "pretendo mover céus e terras", prometia ao pai, "a fim de que ele me deixe ir a Humaitá ou Assunção. Veremos no que isso vai dar... Ficarei inconsolável se não puder tomar parte nessa expedição".

Conhecedor das expectativas do pai, Gastão encarnava o bom soldado. Honra e respeito ao uniforme, sempre! Esperava fazer melhor do que fizera no Marrocos. E, preparando sua partida para o Sul, confessava-se "muito pessimista sobre a guerra". Dizia-se que os soldados brasileiros morriam de frio como moscas à volta de Montevidéu; que os paraguaios eram destemidos e muito disciplinados; que o Exército argentino, ao contrário, era nulo; que a aliança argentina seria sempre uma farsa; que nas províncias argentinas o sentimento era terrivelmente antibrasileiro.

Quanto à ida do imperador para o Sul, era diversamente avaliada; Gastão acreditava que a grande maioria do público a aprovava. Nos embarques, houve bastante entusiasmo e, em sua opinião, o sogro receberia todas as honras por essa prova de devotamento à causa nacional. Por outro lado, contrariando o ministério liberal, D. Pedro levou consigo o conservador Caxias. Ora, o ministério negava-se a dar-lhe o comando, que ele mesmo recusara antes: "O imperador torna tudo mais difícil, levando-o como seu ajudante de campo", ajuizava Gastão.

Enquanto o marido preparava sua partida, Isabel escreveu ao pai queixando-se do quanto custaria separar-se de seu "excelente e carinhoso Gastão". Que ele servisse ao país, mas voltasse "cheio de glórias [...] mas sem nenhuma arranhadura"! Afinal, ela gostava mais dele do que dela própria, afirmava. "Quem me dera fosse hoje o dia da volta."

E o marido a deixou com uma carta de instruções: guardar os pertences sempre no mesmo lugar, nunca sair sem a presença de mordomos, não relaxar na postura: ficar sempre ereta, não mostrar os pés ao sentar-se, não fazer caretas e seguir um regime alimentar. "Todas as noites e na missa, reza pelo Brasil, por mim e por teu pai. Relê isso algumas vezes." Ela ia dormir com as fotos e os bilhetes dele sob o travesseiro.

No dia 1º de agosto, depois de ter aguardado por semanas uma embarcação que descesse ao Sul, Gastão deixou Laranjeiras. E registrou no diário:

> O dia era muito semelhante àquele em que onze meses antes eu transpusera pela primeira vez esta mesma barra a bordo do paquete inglês *Paraná*. O sol meio encoberto e a faixa de bruma estendiam sobre a paisagem uma cor uniforme. O panorama do Rio de Janeiro não mostrava toda a sua beleza.

A cidade em ebulição que ele deixava para trás vivia das notícias sobre a guerra. O recrutamento era tratado com ironia na *Semana Ilustrada*:

> Infelizmente é assim. Abertas as portas dos templos de Jano, fecham-se as portas dos templos da vadiação. Os mais livres cidadãos da Corte começam a aterrar-se. A lei severa do recrutamento chama-os aos serviços da pátria. Ó pátria ingrata! Como é natural, não faltam descontentes e protestantes. A fama do café com leite, os bilhares amantéticos, as maxambombas da Tijuca, as diligências de São Cristóvão vão cobrir-se de crepe. O Braguinha já pôs fumo no chapéu. O Gonçalves e o Villa Real estão doentes. A companhia Niterói e o Inhomerim de entristecida já encalhou os seus vapores. Enfim a consternação é geral; as quitandeiras já não levantam barracas; e o

peixe frito, o peixe frito já não tem compradores apesar da existência de tantos voluntários da pátria. [...] As moças solteiras é que estão pulando de contentes. Os rapazes estão todos inclinados ao casamento. Os comerciantes também não têm razão de queixa. Há caixeiros demais, dez, vinte, cinquenta para cada casa; o essencial é obter-se o certificado de ocupação honesta. Como vai ficar moralizada a sociedade; não há mais gente desempregada nesta Corte feliz!

Mas Gastão não era mais o mesmo que aí chegara onze meses atrás. Voltou da Europa confiante em sua capacidade e importância. O contato com a família lhe dera a certeza de que não devia passar a vida como "escolta" da esposa. Se Isabel tinha um lugar legítimo nos negócios públicos, na condição de consorte, ele o tinha também. Nas cartas que enviara da Europa ao imperador, permitira-se dar-lhe conselhos. Emitira opiniões. Enfim, mostrara as garras.

Pela frente, veria de perto o que um dia pensara ser um "esplêndido império que Deus lhe pusera entre as mãos"! Portos, estradas, fortificações e pontes? Inexistentes. Povoados e "vilas tristes"? Milhares e perdidas no mapa. Ao longo dos rios, aqui e ali desfilavam choupanas de palha. "Para quem tem andado na Europa, tudo isso é muito feio", consolou-o uma dona de casa, quando ele chegou a Rio Grande. Que fosse feio. O que importava agora era defender o Brasil. E Gastão ainda tinha esperanças de "dar assaltos e participar de ações importantes".

Mas o que fazer com o Exército brasileiro formado por "voluntários"? Havia conflitos entre os recrutas: alagoanos e baianos se engalfinhavam. A tropa não tinha roupa de frio, que, aliás, roía-lhe os ossos. As barracas de lona desabavam ao sopro do primeiro vento minuano. Os acampamentos viviam alagados, graças aos aguaceiros do inverno. Os médicos eram ignorantes e, pior, indiferentes ao péssimo estado de higiene das instalações. Comida? Mínima: uma tigela de farinha, uma colher de açúcar, uma de café ou de mate, alguns gramas de carne por dia. O alívio de uma "polegada de fumo" e um cálice de aguardente raramente era distribuído. Os soldados dormiam sobre esteiras. Tinham que marchar em meio ao nevoeiro, à geada e matos cortantes. Não existiam cavalos, colchões, selas e arreios, enxadas ou picaretas. Mulheres e crianças seguiam seus parentes nas piores condições de miséria. Não havia carretilhas ou chatas para transportar feridos e soldados pelos rios. A "bexiga" – a varíola – e o cólera começavam a ceifar vidas com mais eficiência do que as armas inimigas. Se a guerra era uma arte, aqui seria apenas uma carnificina.

Como resumiu o engenheiro e amigo de Gastão, André Rebouças, "faltavam forças e o pior, uma direção, um plano e uma iniciativa [...] causa dó serem soldados sacrificados por falta de chefes dignos deles". E a guerra apenas começava.

Chegou a Cachoeira debaixo de tormenta, estrondosas trovoadas e chuva grossa de pedras. "Dia *muy desapecible*", Gastão registrava no diário. Os oficiais cavalgavam sem botas, para não as molhar. Andavam pelas coxilhas "como lobos". Subiam e desciam "por caminhos tortuosos". Comiam "pão duro e queijo". Vez por outra, ouviam missa. "Tristeza" é a palavra que ele mais repete. "Dia destituído de interesse [...] dias como os outros", registrava, como se estivesse na Espanha. Via-se "no fim de um mundo bárbaro... lúgubre". E com a escravidão visível em toda parte. Pois anotava a presença de "negros para o serviço, condenados a viver neste clima que evidentemente não é para eles, e bem diferentes daqueles negros tão bonitos, ousarei dizer, que povoam as ruas da Bahia ou de Pernambuco".

Se no diário que enviava a Claremont para ser lido em voz alta limitava-se a fazer a descrição das paisagens e a enumerar as tropas paraguaias, em cartas ao pai não poupava críticas ao sogro: seus movimentos eram sempre "obscuros". Nunca sabia onde encontrá-lo ou se ele lhe teria deixado cavalos. Só era bem tratado quando não falava sobre a guerra. Uma vez juntos, ele continuava sem ser informado sobre os "movimentos futuros". Nada se conhecia sobre as hostilidades e não havia hierarquia entre os oficiais.

Com o sogro e Gusty, trotavam de cinco horas da manhã às cinco da tarde, parando "na barraca de algum estancieiro estúpido". O imperador os fazia levantar para visitar lojas, enfermarias, colégios de crianças, "até o cemitério, uma tumba atrás da outra". A guerra não passava de "perda de tempo". Foram 32 dias na frente de Uruguaiana sem fazer nada! "O imperador não pode comprometer sua pessoa e seu prestígio nessa miséria." Era pior quando D. Pedro caía nos "seus humores negros". Ou quando lhe dava explicações sobre por que não o deixava participar das batalhas, como, por exemplo: "você já sabe a minha opinião que sempre lhe disse com toda a franqueza. Posso errar no meu juízo, mas ele é sincero e creio que sua honra está inteiramente salva, visto que todos sabem de seu desejo e do que se opõe à sua realização".

A desculpa era enigmática: a presença dos jovens em solo estrangeiro "estragaria a aliança". Temer-se-ia um alargamento do Império? Sabia-se que o sentimento antibrasileiro entre argentinos era enorme. Mas Gastão argumentava: "Não tinha a menor possibilidade de ser abalada por causa tão pequena, como minha ida para aquelas regiões!"

Do outro lado do Atlântico, Nemours reagia chocado. Escrevia cartas ríspidas, criticando D. Pedro, pois mesmo o duque de Alençon queria ir ao Brasil "experimentar" a guerra:

"Não vejo nenhuma razão que me tenha convencido. [...] Infelicidade, ocasião perdida, honra rebaixada. O imperador comete grave erro impedindo os genros. [...] Não compreendo [...] que ele não possa marchar por causa de sua asma, mas que os príncipes que não têm nada a fazer sejam arrancados ao Exército!!! Lamento muito tudo isso!"

Lamentava e não entendia. Deplorável, inexplicável, enfim, os adjetivos assim como os pontos de exclamação se sucediam. A virtude cardeal da família – a honra! – não seria posta à prova. Tomar armas para defender a pátria era obrigação e era prova de virilidade cívica e guerreira. De novo, não haveria glória a celebrar em combates de que Gastão participaria.

E fustigava o filho, pondo o dedo na ferida: como ficava a imagem da família na Europa? O que se pensaria dos Orléans, três gerações de guerreiros imbatíveis, com esse fiasco nos trópicos? Onde a glória?

Duas partidas 85

Vocês não têm impedimento algum para não marchar com as forças brasileiras fora do território. Todos, inclusive a imprensa, esperavam que marchassem até a derrota do Paraguai e a tomada da capital. O mundo se espanta que não seja assim. Quanto a mim, sei que não é sua culpa, pois sei que desde o início você não parou de pedir, mas o que importa é que se saiba que você formalmente e insistentemente solicitou e que isso te foi recusado. Isso não destruirá infelizmente o mal causado por essa deplorável defesa, mas, no que te concerne, isso poderá atenuá-lo [...] Mas, ao menos, vocês têm o dever e o direito de rejeitar a responsabilidade deste erro; segundo eu, um erro enorme! Nas famílias soberanas cada um deve se entreajudar e trabalhar para o país e fazer crescer raízes. Mostrando-se no meio destes que sofrem e combatem para o Brasil, vocês adquiririam forças e cimentariam, recém-chegados, a união entre a família e o país.

E ameaçava: "É separando assim as famílias reinantes dos trabalhos e das emoções de um país que se desgostam as populações e se perdem os tronos." Afinal, não se mantinham coroas quando uns trabalhavam e outros "ficavam na preguiça".

Não estava só. Os tios Joinville eram ainda mais incisivos na correspondência com D. Pedro: "Parece ser inveja tua, de não quereres tu (não querendo, nem podendo ir para a guerra), que não deixes teu genro cobrir-se de glória... deixa ir o moço! [...] é teu desejo teres teus genros ao pé de ti, sem fazerem nada e sem irem aonde todos os jovens brasileiros vão e desejam ir para acabar com essa lastimosa guerra." E sobre o sobrinho: "Que o moço pode ir sem licença dessa sociedade de caducos! [...] Velhos medrosos." E num recado agressivo: "Certamente quiseste para marido de vossa filha um homem de valor e não um simples fazedor de filhos! [...] A vida de camarista não lhe é suficiente. É necessário utilizar-lhe as qualidades, mandá-lo lutar onde há luta." Pois Gastão iria pedir até licença ao Conselho de Estado e ao Ministério da Guerra, onde teve seu pedido para batalhar negado por 12 votos a 11.

De seu lado, a apaixonada Isabel, de coração partido, chorava saudades. Como se sentia infeliz longe dele. Deus teria piedade de

86   O castelo de papel

ambos, fazendo-o voltar rápido. Vestido de voluntário, parecia-lhe "encantador". E acrescentava: "Para mim ele é sempre encantador." Enviava-lhe violetas molhadas de lágrimas. Chamava-o amorosamente: "Meu querido, meu bem-amado, meu amigo, meu tudo." Sem rodeios, dizia-lhe que sentia falta de suas carícias. Beijava-o de todo o coração. Bordava-lhe pantufas. Comungava na missa, mas, fora da igreja, brigava com Leopoldina. Culpada, corria a confessar-se: "que pecado", coisa de menina má! Os dias se arrastavam. Ela reagia "não sendo preguiçosa": copiava uma página de salmos, traduzia meia página de inglês ou alemão, tinha uma hora de aula de harpa! Boa menina...

A escravidão estava sempre por perto, mas sem nome nem rosto: "Dei hoje 100$000 para minha negrinha que vai casar. Ela poderá fazer o enxoval com isso." Ou:

> Nosso doméstico mulato quer ser isento de servir na Guarda Nacional, mas não creio que isso seja possível. Ele alega que tem uma grande família. Outro dia faltou ao serviço. Quando quiseram pegá-lo para castigá-lo, ele se escondeu [...] veio pedir-me para intervir em seu favor para que o perdoassem e o isentassem da Guarda Nacional.

Ou ainda: "Os negros e negras da condessa [de Barral] estão no Ceará, mas que talvez voltem."

No Sul, Gastão se esforçou. Embora menos querido do que Gusty, estudou com Rebouças a artilharia do inimigo ou possíveis estratégias de ataque. De nada adiantou. O cunhado era mais estimado pela tropa graças à sua "absoluta indiferença pelos negócios políticos". Muitos o consideravam com "modos mais de príncipe". A afabilidade e o espírito brincalhão de Gusty faziam mais sucesso do que as preocupações técnicas de Gastão. Pudera! Ele não tinha um pai como o duque de Nemours. E Gastão sofria: era marechal feito pelo sogro e a guerra fazia-se sem ele. Não tinha comando.

A verdade, contou um próximo de D. Pedro, é que causou desgosto ao Exército e à Marinha a concessão das mais elevadas patentes aos dois príncipes. O imperador chegou a desculpar-se,

Duas partidas 87

explicando: "O que fazer? Estas exigências são de lá da Europa, a condição *sine qua non*, e as coisas já estavam muito adiantadas para que se pudesse recuar." Voltaram todos no início de novembro. O *Jornal do Commercio* descreveu:

> Ondas de povo se precipitaram em torno dos augustos personagens e uma explosão continuada de vivas e aclamações fervorosas rompia de todos os seios [...] em todo o trajeto as aclamações, as flores que choviam das janelas dos sobrados e a alegria ruidosa e entusiástica do povo deram testemunho dos sentimentos que animavam toda a nação brasileira.

Dias depois, D. Pedro nomeou Gastão comandante geral da Artilharia e presidente da Comissão de Melhoramentos do Exército. Um emplastro no orgulho ferido do jovem. Mas não enganava o genro: "Não sei o que há por trás disso." Ele não recebia instruções oficiais e, quando perguntava a D. Pedro o que fazer, este desconversava.

O tio Joinville tinha razão ao escrever ao imperador: "Se não ocupar Gastão utilmente, ativamente, ele se desgostará em breve, a saudade lhe tomará conta e poderá fazer mais do que simples comparações entre o Brasil e a Europa, e assim criareis sérios aborrecimentos."

O ano escoou-se. O casal levava uma vida burguesa: "A cada dia agradeço mais e mais a Deus tudo o que encontrei em meu casamento", resumia Gastão. Não havendo vida social "desenvolvida ou capaz de se desenvolver", ficavam no sossego. Ou no tédio. No "rame-rame", como ele mesmo dizia. Se tinha qualquer trabalho em casa, Isabel o ajudava: corrigia os erros de português e servia de secretária. Liam bastante: de Tocqueville a Walter Scott inteiro! Pintura e música ocupavam algumas horas do dia. Cultivavam orquídeas e criavam animais silvestres.

Quanto à guerra, ela se arrastava. Os paraguaios atravessavam o rio Paraná, cortavam cabeças de gaúchos e as espetavam na

88 O castelo de papel

paliçada dos seus acampamentos. A crise financeira preocupava. Não se sabia que resoluções tinham sido tomadas e ministros afirmavam não haver mais como negociar empréstimos na Europa. Os jornais malhavam: onde se escondiam os representantes da nação? O povo não dava mais vivas ao imperador na abertura das Câmaras ou em outros atos oficiais.

Na Comissão, Gastão estava entre a cruz e a caldeirinha: queria dar pensões aos militares feridos ou discutir as dificuldades de recrutamento. Os ministros conservadores fingiam não o ouvir. Continuava a implorar ao sogro para deixá-lo ir ao Sul. Recebia negativa sobre negativa. "Só me restava a vida pacífica", escrevia à irmã. Via, sem nada poder fazer, D. Pedro debater-se no troca-troca dos ministérios. D. Pedro pagava o preço da Monarquia constitucional: a penúria de homens de Estado à altura dos problemas explicava a paralisia política, justificava o príncipe ao pai. Inatividade e inércia eram as palavras mais repetidas na correspondência para falar do país.

Contudo, uma questão nova aparecia: a emancipação dos escravos. Circulavam brochuras sobre o assunto. Mas as soluções propostas, segundo o príncipe, eram pouco práticas. E criticava: "Quando o governo vai se colocar à frente desse movimento?" O sogro tinha algum interesse em resolver o problema, tanto que solicitou estudos preliminares ao marquês de São Vicente, um conservador. Até certa sociedade abolicionista francesa pediu ao imperador que usasse seu prestígio para abolir a instituição "repugnante e bárbara". Resposta de D. Pedro: seu fim era questão decidida, mas, no momento, nada se podia fazer sobre o assunto. A guerra empurrou tudo para baixo do tapete. Era preciso, antes, recuperar a economia do país, que estava em situação aflitiva. Ou seja, o imperador e seus ministros combinavam a condenação puramente retórica do que chamavam de "cancro social" com a defesa dos proprietários de escravos. Eles poderiam se "ressentir". Portanto, adiava-se a solução do problema. Ela ficava para "depois".

Vergonha: "restava só o Brasil", reagia Gastão! O Império ficava assim na vanguarda internacional do atraso. Até a Rússia liberara

Duas partidas 89

os servos. O resultado é que jornalistas, estudantes e escritores tomaram da pena para registrar sua insatisfação com os rumos da política, em que tudo era promessa. Em que a palavra "gradual" pontuava todas as decisões. A opinião pública abolicionista viu D. Pedro dar um passo para a frente e dois para trás. Outro problema preocupava o casal: Isabel não engravidava. A esterilidade era um estigma. No passado, levava até à dissolução de casamentos reais. Gastão teria problemas? Seu apelido entre os Gustys era *Gastón dos ovos de comichón*! Nem guerreiro nos campos de batalha nem reprodutor entre quatro paredes. Ele, pelo menos, parecia importar-se, pois registrava: "A Providência, nos seus insondáveis decretos, não parece, por ora, querer que meu casamento produza o principal e natural fruto que dele se devia esperar."

O assunto trazia ansiedade. Seu "licor" não seria prolífico? Havia várias receitas para corrigir o problema: banhos de águas ferruginosas ou o consumo de substâncias que evocassem o esperma: leite, ovos, figos. Na Inglaterra, discutia-se o problema capaz de arruinar a autoestima do homem: *spermathorea panic*. A terapêutica? Cauterização da uretra. Só ela era capaz de tornar a ereção mais vigorosa e a ejaculação menos rápida, restaurando a tensão viril. A origem: provavelmente o excesso de continência!

E do lado de Isabel? Ela não sofria de frigidez – termo médico que surgiu nos anos 1840 para designar a falta de apetite sexual. Ao contrário, adorava a presença física do marido. Reclamava a falta do ombro sobre o qual repousar a cabeça à noite. Reclamava a cama vazia. Mas era terra seca. Nem sequer circulavam rumores de gravidez. Anunciava-se um drama para a família, pois procriar herdeiros para a Coroa era obrigatório. A cultura católica acreditava que a maternidade era um valor. Associava a mãe a Maria. A mãe era o "altar", o "amor sem limites", a capacidade de suportar todas as dores. Sacrifício, dom de si e educação religiosa alimentavam as consciências, mas não resolviam os problemas biológicos. Sobretudo quando se desconhecia o próprio corpo. Certa vez, ela escreveu a Gastão perguntando-lhe sobre o "seu mês que não veio".

90   O castelo de papel

Acrescentando: "Nada sei, querido, e não ouso perguntar a outras pessoas, só a você!"

Enquanto isso, a guerra se arrastava. Prometia "se eternizar", segundo Gastão. Houve a derrota de Curupaity: 4 mil mortos do lado aliado. Depois venceram na sangrenta batalha de Tuiuti. Em seguida Mitre e Flores se desentenderam, deixando as forças brasileiras praticamente sozinhas. Como estava proibido de ir ao campo de batalha, Gastão expunha planos de trabalho. No Brasil, ninguém o ouvia. Da Inglaterra, seu pai não parava de cobrar explicações: "A honra! A honra!" Com o orgulho próprio ferido, Gastão ameaçou deixar de ir a São Cristóvão. Também ameaçou pedir demissão da Comissão. Sua imagem pessoal ficou abaladíssima. Como se não bastassem o descaso de uns e a cobrança de outros, os jornais da oposição criticavam o príncipe desfibrado e comodista, amolengado entre dois retiros: Laranjeiras e Petrópolis. Gastão reagiu energicamente. Escreveu uma carta que entregou publicamente ao sogro. Nela, depois de um longo arrazoado em que buscava explicações para tantas recusas em deixá-lo lutar, advertiu:

> Quais as verdadeiras razões do governo, repito que ignoro-as. [...] Se tudo for em vão, se o Poder Executivo persistir em recusar meus serviços, saberei ao menos a quem atribuir o propósito de me apagar e a ferida dificilmente fechará em meu coração.

A carta se encerrava com enfáticas afirmativas de que "estava pronto". Horas depois, o marquês de Caxias foi nomeado comandante das forças em operação. Não, não foi para afastá-lo do teatro de guerra, acalmava o imperador... E tentava dar explicações: "Decerto que sua presença não há de provavelmente romper a aliança e nem eu nunca disse tal; mas pode dar azo a lhe criarem embaraços e nossa glória consiste em auxiliar e jamais estorvar nem de leve a fácil terminação da guerra." Seria dentro do Império que ele poderia fazer alguma coisa. Não haveria "inconveniente" em ficar por aqui. Era preciso organizar sua posição de marido da futura imperatriz. Claro que essa atitude era "menos brilhante aos olhos do povo", mas mais acertada. Prestar serviços em comissões dava-lhe "realce". O "país não era guerreiro". Tranquilizava: a ambição "era natural em sua idade". Por fim, insinuava "desconfianças" e multiplicava desculpas que Gastão jamais suportou. A sucessão de pedidos e recusas chegou ao fim. Nem Caxias o queria, nem o novo Conselho de Estado. D. Pedro tampouco o apoiava. Azedaram-se as relações. Magoado, o príncipe pediu demissão. Esta também foi recusada. Gastão escreveu ao mestre Gauthier:

Foi para mim uma grave derrota; minha consolação é que a opinião destes onze velhotes barbudos não representa a da nação brasileira. Mas nesse momento tenho que ficar calado até que se apresente uma nova atrapalhada, o que não vai faltar.

Sua opinião sobre a política do país era uma só: o ministério era um carro de dinossauros atrelado ao imperador. O que saísse da rotina era recusado. O fim da escravidão ou o estabelecimento de um telégrafo com os Estados Unidos, por exemplo, eram questões indefinidamente adiadas. D. Pedro nem teria ido ao Rio Grande do Sul se consultasse o ministério, criticava. Não à toa, era cortejado pelos membros do Partido Liberal que queriam fazer dele o antagonista de Caxias, um conservador, nos campos de batalha.

Nos últimos meses de 1866, assistiram à inauguração da Exposição Nacional. Um balão caríssimo foi exposto: era a nova arma da guerra. Iria espionar os inimigos paraguaios. Um decreto libertava os escravos da nação se fossem para o campo de batalha. Uma medida que teria bom efeito se o número de cativos não fosse tão pequeno. Só duzentos. Até os forçados da ilha de Fernando de Noronha receberiam a mesma graça, escrevia Gastão ao pai. Do palácio em São Cristóvão partiram todos os que podiam portar armas, até os que faziam serviços domésticos: "É muito bom, pois assim ficam livres para sempre", exultava o príncipe.

No início de 1867, a tensão entre sogro e genro chegou ao ponto de ebulição. Os jovens se afastaram. Foram para Petrópolis.

Escrevendo a Nemours, Gastão justificou: era uma questão de saúde. Discreto. Os liberais radicais discordavam. Entendiam o afastamento como um brado de independência. O casal não se submetia ao imperador. Faziam cavalgadas e charadas de salão. Recebiam nos salões de Laranjeiras, todas as quintas-feiras, das 18 às 20 horas. Tinham poucos amigos. "Todos os brasileiros de espírito se querem doutores numa das três faculdades: medicina, direito e matemática. E nenhuma delas dá à sua inteligência um formato muito interessante", queixava-se Gastão à irmã Margarida. Em maio, Caxias anunciava o fim da guerra. Mas só para levantar o moral das tropas. Gastão corria as provas tipográficas do catálogo brasileiro para a Exposição Universal de Paris: cheio de erros de francês. "São as ocupações que o imperador gosta de me impor, pois elas não fazem muito barulho", lamentava.

Em junho, motins de rua e gritos de "morra o imperador" se fizeram ouvir. "Não se via nada parecido desde a abdicação do primeiro imperador", escreveu Gastão ao pai. Assustou-se. Era coisa dos ultraliberais, explicavam os ministros. Mas, na Câmara, não faltava quem afirmasse ser a Coroa a fonte de todos os males públicos. No aniversário do sogro, durante a passagem do cortejo ou no teatro, havia um frio glacial. Nenhum entusiasmo.

Da Europa, Francisca de Joinville comentava:

> As notícias aqui me deixam esperançosa, mas muito inquieta. Isso tudo pode nos dar muita tristeza. Só Deus sabe quanto isso durará. A crise financeira de meu caro país dá-me muitíssima preocupação. Como o governo vai sair deste terrível impasse?! Que Deus vos proteja.

O ano de 1868 abriu-se com um desses pequenos escândalos capazes de grandes estragos. Corria que o conde d'Eu ia retirar-se para a Europa. A notícia estava na boca do povo. Folhetos circulavam nas ruas com a explicação: "Por motivos originados pelo Exmo. Sr. Ministro da Guerra e mantidos pelo Governo Imperial." O texto terminava com vivas à princesa e ao consorte! Ministros

Duas partidas 93

correram a Petrópolis, pedindo a Gastão que descesse ao Rio e se mostrasse ao lado do sogro. Aflita, Isabel escrevia ao pai:

Escrevo-lhe verdadeiramente amofinada de tudo quanto ouço dizer. Chegou hoje aqui um boletim estúpido. Papai é que nos pode consolar; diga-nos o que devemos fazer, devemos voltar ao Rio? Estamos prontos a fazê-lo se isso for de utilidade, bem que a nossa estada aqui não é só por divertimento e principalmente para nossa saúde, para que Gastão descanse um pouco. [...] Graças a Deus sempre estivemos na maior harmonia com nosso Papaizinho e isso é grande esmola para nós. Más línguas não deixam a gente sossegada!

Ela dava no cravo e ele na ferradura: "Eu preferia ficar por aqui, não só porque estas viagens cansam muito a Isabel, como porque não ando muito bom. Mas como não quero ter sobre a consciência qualquer desgraça possível, peço a V. M. nos diga se acha conveniente que desçamos..."

Resposta do imperador: "Não se aflija; lembre-se de como nos estimamos todos e faça dos ditos de certa gente o mesmo caso que da matinada dos sapos nos charcos." Para ele, tudo eram "tufões artificiais da política". E, na vida familiar, melhor usar das fórmulas de respeito adequadas. Porém, nada impediu que circulassem rumores sobre graves discussões entre genro e sogro. Boatos corriam: de que tentaram até envenenar o jovem casal! O povo soprava as brasas da fogueira. Jornaleiros gritavam manchetes: "Notícias do Sul e briga do imperador com o príncipe." Isabel queria um desmentido. Mas era impossível negar o fundo de discordância: D. Pedro não deixou Gastão ir à guerra.

E o coaxar dos sapos ficou mais forte. A prolongação da guerra e a crise monetária geravam desassossego por todo o país. Ameaçavam-se desordens. Ao pai, Gastão confidenciava: "Resta um estado de coisas tristes e feito para dar inquietação." Se o imperador dizia que as cartas de Caxias eram animadoras, ele desconfiava. Afinal, D. Pedro gostava de mostrar sobre todas as coisas uma espécie de "otimismo invariável", ironizava.

Em agosto, caiu a fortaleza de Humaitá e, com ela, a resistência paraguaia. Um mês antes, Gastão enviara outro ofício ao então ministro da Guerra, insistindo para ir lutar. Continuava sem resposta. "Não consigo atinar motivo razoável. [...] Semelhante incerteza, além de sumamente incômoda para meus arranjos particulares, não deixa de ser ridícula para mim", queixava-se ao sogro, que não mexia uma palha. Houve áspera discussão. Gastão ameaçou tornar público "tudo o que se passou".

Quando chegou a notícia do casamento de seu irmão com Sofia da Baviera, Gastão quis ir para a Europa. Nemours tinha se instalado em Bushy Gardens, vasta construção em tijolos vermelhos, cercada de árvores seculares que a rainha Vitória lhe emprestara. Ele a decorou com móveis e quadros do Castelo d'Eu. Contrariamente às preocupações que Nemours tinha com Gastão, os sucessos militares de Alençon o reconfortavam: "Dizer-te tudo o que senti de alegria e orgulho paterno é impossível." Dessa vez, Nemours queria um casamento à altura dos Orléans.

Às margens do Elba, em meio aos roseirais do Castelo de Pillnitz, Nemours e Alençon reuniram-se com a duquesa da Baviera e sua filha, que fora noiva do primo Luís II. Sofia não precisou de muito tempo para compreender que o único amor de seu futuro marido era a irmã, a bela Sissi, casada com o imperador da Áustria, Francisco José. Sofia traiu Luís com o filho de um fotógrafo da Corte e o noivado acabou. Ela era o oposto de Isabel: "Olhos azuis translúcidos, magnífica cabeleira, lindo talhe, um conjunto cheio de graça e distinção", nas palavras da família. E, também, teve um amante antes do casamento com Alençon. E outros depois... Ainda não se conhecia sua natureza ciclotímica. O confronto entre a liberdade vivida na sua juventude e o rigor imposto por Nemour não daria bons frutos. Com o enlace, a noiva ficou apenas "satisfeita". O noivo, encantado.

Nemours sabia que as viagens de Gastão à Europa seriam reguladas pelo imperador. E acertou. Gastão e Isabel não iriam para o casamento. A resposta de D. Pedro: a guerra não estava acabada e o genro poderia vir a substituir Caxias. "Não estou certo de que ele esteja sendo sincero", escreveu Gastão a Nemours. E a resposta de D. Pedro "cinzento": "É preciso pensar em tudo..."

Gastão pediu então para afastar-se da Corte por seis meses. E foi com Isabel para as estações de Águas Virtuosas em Campanha, Lambari e Caxambu, no sul de Minas Gerais. Era uma "parada higiênica", explicava. E de lá escrevia a uma amiga da família:

O Rio de Janeiro é, sem dúvida, incomparável como natureza. [...] Mas, não importa o esforço que se faça para animar a vida social, ela é forçosamente monótona e difícil de entreter. É só penetrando no interior destas vastas regiões, tão incompletamente povoadas, que gozamos dos traços característicos do Brasil [...] e que se aprecia toda a cordialidade e, eu diria, o esplendor da hospitalidade brasileira. Só há um lado negro, e bem negro. É a natureza de toda esta opulência. Reformar, sem introduzir um deserto lá onde, hoje, vicejam campos de café, eis o problema sobre o qual eu teria tanto a dizer.

Comemoraram o quarto aniversário de casamento, sem filhos. Isabel prometeu construir uma igreja no morro da Cruz, em Caxambu, em louvor a santa Isabel da Hungria. Precisava engravidar! "Eu quero tanto ser a mãe do teu filho", gemia. As jornadas de fé eram também as da saúde. Passou por Aparecida e Guaratinguetá onde, em cada altar, pedia desesperadamente um fruto! As ruas das pequenas cidades se enchiam de palmas e incenso. Nos panoramas rústicos, ela tomava banhos medicinais para curar a "moléstia". Seguia à risca os conselhos da Barral: "Submeta-se a qualquer tratamento para ter um filhinho que tão Bonzinho seria de tão bons pais."

Na falta de uma gravidez, fazia-se música. Se essa interessava cada vez mais a Isabel – pediu até um acordeão que lhe foi enviado para Minas Gerais –, as questões públicas continuavam sem mérito. "Por cá há muitos pobres [...] e se lhes dou dinheiro em papel, muitas vezes não sabem o que vale", dizia à mãe. "Quando o voto será livre?", perguntava ao pai, depois de ver a polícia ameaçar jogar os eleitores da oposição na cadeia, se votassem.

96 O castelo de papel

Eleições como a presenciada pela princesa resultaram na "conquista" de todas as vagas pelos conservadores. Fraudes, subornos, força e coerção eram comuns para convencer os eleitores. E Gastão não deixava passar: elas "se desenrolaram na maior calma diante da indiferença completa do público". E contabilizava a tal indiferença: dois mortos em São João Príncipe, um assassinato em Itaboraí... Ao amigo Rebouças, resumia as fraudes eleitorais: "É horrendo [...] tristíssimo ver como está atrasado entre nós o governo parlamentar!"

E apesar das ordens para não se expor, não escondia sua preferência. Escrevia a Joaquim Manuel de Macedo:

> O Partido Liberal constitui uma grande maioria em todas as classes da sociedade. Por este fato, foram tais lugares o teatro nos últimos meses de injustiças e violências que são de pública notoriedade. Embora neutro entre partidos [...] faço votos para que esta maioria consiga no próximo pleito eleitoral fazer uso de seus direitos evitando o perigo iminente de uma Câmara unânime [...].

Da folga, voltaram gordos. Ele não conseguia mais abotoar os uniformes do ano anterior e ela, sem o regime alimentar, ganhara em amplitude. Combatiam os quilos montando a cavalo e tomando banho de mar. Visitava-os, no Brasil, o primo Pedro, duque de Penthièvre, filho dos tios Joinville. Esse príncipe fugia, como o diabo da cruz, de qualquer conversa sobre casamento. Confessava-lhes querer seguir na vida de celibatário.

A partir de setembro, os fatos se aceleraram. As forças brasileiras esmagaram os paraguaios em três batalhas: Avaí, Itororó e Lomas Valentinas. Assunção foi ocupada em janeiro de 1869. Os sinos do Império tocaram "hosannas". E Lopez? Estaria vivo ou morto? Ele se refugiou no interior do país e tratava de reorganizar suas tropas. Com a saúde abalada, aos 65 anos, o marquês de Caxias recusou-se à "abominável tarefa de caçá-lo até onde Deus sabe". Simplesmente abandonou o posto do que chamava "a grande guerra" e voltou, silenciosamente, ao Rio de Janeiro. Foi um choque para o imperador, que logo engoliu a raiva e o perdoou. E qual o único oficial de alto escalão com prestígio suficiente para ocupar o lugar do velho comandante em chefe e dar cabo da "pequena guerra"? O genro a quem recusara tantas vezes o pedido de ir lutar. Na noite de sábado, 20 de fevereiro de 1869, em que o marido recebeu a proposta do imperador, Isabel escreveu à mãe:

Se papai soubesse de minha aflição, teria tido dó de mim! Mamãe, agora compreendo que o tempo bonito, um bonito céu, um bonito reflexo de sol a torne às vezes triste. Olhando às vezes para isso lembro-me da felicidade que me querem roubar e me torno triste.

O tio Joinville exultava: "Ei-lo general, meu bom amigo. Acompanham votos ardentes e desejo de todo o sucesso. [...] Boa estrada, boa sorte." Os valentes militares Orléans viam nessa mais uma oportunidade para estender as glórias da família ao Novo Mundo. Nemours, que vira os sobrinhos se destacarem na guerra civil norte-americana, exultava: dessa vez, o sucesso seria do filho.

A princípio, Gastão titubeou. Não queria mais ir. Cheio de suspeitas, registrava: "Depois de *tudo* o que aconteceu durante quatro anos, meu espanto vinha misturado à desconfiança." O sogro, impaciente: criticava sua "falta de fé". Só que, em vez da oportunidade de belas batalhas, D. Pedro encarregava-o da liquidação do conflito. Conflito prosaico e exaustivo. "A incerteza e a confusão reinam sobre tudo o que diz respeito à guerra, mas não há dúvida para ninguém da certeza de continuá-la [...] e não tenho dúvidas de que estou encenando um papel nos *mistérios* das questões paraguaias", escrevia Gastão a Nemours. E acrescentava sobre o que considerava um "sistema de mistérios que existe aqui": "O imperador, com uma impaciência como nunca vi, queria que eu partisse naquela semana! Mas sua impaciência só fazia aumentar minha desconfiança."

Suas suspeitas baseavam-se na opinião de alguns militares. Eles julgavam o sucesso final duvidoso. E grandes as possibilidades de um fracasso. Além disso, as informações sobre Assunção eram tão nebulosas quanto andar sobre o fio da navalha. Para se proteger, Gastão exigiu que o Conselho de Estado se responsabilizasse por sua indicação. "Feito", respondeu D. Pedro. Mas era preciso partir logo.

Isabel não perdeu tempo e apontou as contradições:

Meu querido Papai – Gastão chegou há três horas com a notícia de que Papai estava com um desejo vivíssimo de que ele fosse já para a guerra. Pois será possível que Papai, que ama tanto a Constituição, queira impor sua vontade aos ministros, ou que estes sejam bastante fracos de caráter para que um dia digam branco e outro dia preto! Teriam eles unanimemente e ao mesmo tempo mudado de parecer como Papai?

Acusou-o violentamente de querer matar o marido, pois ele estava debilitado e o médico recomendara que não pegasse nem chuva, nem sereno. Epidemias ceifavam vidas em Montevidéu. Os negócios da guerra cegavam o pai. Não queria Gastão fazendo o papel de "capitão do mato", caçando Lopez. E, ameaçava, iria segui-lo até o interno!

De nada adiantou. A opinião pública se dividiu: a nomeação era um favoritismo doméstico ou o príncipe era um "liberal francês", capaz de pôr fim ao drama que roía o país? Liberais e conservadores se digladiavam numa explicação. Em meio aos debates, Gastão partiu no dia 29 de março, não sem antes aconselhar à esposa que relesse as instruções que deixara quatro anos antes: "De modo geral ainda devem ser seguidas." Ele pôde levar todos os oficiais que escolheu e teve todas as atribuições concedidas antes a Caxias. Fazendo jus ao epíteto "liberal", escreveu à Europa com uma promessa: "Quanto à escravidão [...] se voltar vencedor do Paraguai vamos acabar com isso, a despeito de todos os 'conservadores da terra'." Partiu pela segunda vez...

CAPÍTULO V

A estrada de poeira e ossos

Batalha de Campo Grande

Pedro Américo de Figueiredo e Mello, 1871.
Coleção Museu Imperial/Ibram/MinC

> ❝ Apesar das inúmeras dificuldades que enfrentou, Gastão se fez respeitado pelo exército e ganhou o apoio do general Osório durante a Guerra do Paraguai. ❞

Nos meses que antecederam a partida de Gastão para o front, o imperador trocou várias cartas com seus ministros. Ficava patente a situação que o genro teria que enfrentar. O fato de Lopez ter se escondido traria maiores sacrifícios. Por isso, muitos militares achavam que o fim da guerra deveria ser decidido diplomaticamente. Caxias era um deles: "Depois da jornada de Tebiquari, seja o que for o resultado, já não nos fica mal tratar de paz." O então marquês dizia-se cansado: "Desde o último tiro não quero estar aqui nem mais um dia." D. Pedro, por sua vez, temia que se criassem esperanças "cuja desilusão seria muito penosa". Obcecava-o "o extermínio contra o bárbaro tirano". Insistiu com Caxias inúmeras vezes para que ele não deixasse o comando das forças. "Mais um sacrifício", pedia. Acreditava que todos deviam "concorrer para o fim patriótico de concluir a guerra e que ela terminasse com honra para o Brasil". Em vão... O velho general, além de doente, tinha profundo desprezo pelos políticos, "casacas", fazedores de discursos em louvor "dos militares que têm a sorte de não morrer na guerra".

Com a negativa, o estupor tomou conta do governo. "Não temos cessado de pensar sobre os meios de remediar os males resultantes da retirada do marquês de Caxias", ponderava o ministro Cotegipe. Choviam preocupações. A "caçada no mato cansara o espírito dos bravos", diziam alguns. Falava-se em debandada dos oficiais de Cavalaria. Porém, era preciso acabar com o que Cotegipe chamava de "um resto de guerra".

Não se sabe até que ponto Gastão imaginava-se como solução ou estava a par dos problemas. Sua experiência era limitada: fora apenas um oficial subalterno na guerra do Marrocos. Mas sua educação e valores de honra falaram mais alto. Um Orléans não fugiria à luta. O destino deles se fabricava nas casernas. O mesmo Cotegipe, que passou a nutrir pelo príncipe simpatias, afirmava que ele deixara o Rio de Janeiro bem compenetrado da necessidade de imprimir vigor aos batalhões: "Sua Alteza precisará antes de quem o contenha, do que de quem o estimule." Guerreiro virtuoso, ia sacrificar sua energia à pátria recém-adquirida. Enquanto isso, a imprensa alfinetava o governo sobre a "interminável guerra".

Depois de chorar bastante e rezar na capela, Isabel se conformou. A paixão pelo marido alimentava cartas longas e diárias com o registro de todas as horas do dia: costura, harpa, piano, crochê e pintura. "Desejo de todo o meu coração que essa carta te encontre como partiu: com boa saúde, bonito de corpo e de rosto [...] fiz minhas preces pensando nos bons tempos que, espero, hão de voltar logo." E amorosa: "Quando terei a felicidade de dormir com você em nossa pequena cama de Laranjeiras?" Voltou à casa dos pais. Moça não podia ficar só. Ao fim das cartas, beijava-o de todos os jeitos: "Na boquinha, nas duas faces, nos belos olhos."

Após passar por Montevidéu, Gastão chegou a Assunção a 14 de abril de 1869. A capital da República do Paraguai tornara-se a base das operações. Mais de 8 mil homens o esperavam em formação. Teve banquete em que os oficiais ora brindavam à "morte da hidra", ora à "inglória campanha". Mas a maioria, até os doentes, se entusiasmou com sua chegada: "Contentes e cheios de esperança", anunciava a Nemours. A imprensa criticou a presença do príncipe, pois temia-se que ela incentivasse a reorganização de um vice--reinado no Prata. Intrigas corriam...

As forças brasileiras acampavam em Luque e seus arredores. Uma linha férrea ligava as cidades. Ao longo das estradas, estendia-se a mataria rala dos potreiros. Aqui e ali acácias, macaúbas e carandaís. Depois da derrota de Lomas Valentinas, Lopez se escondeu na cordilheira. Contava com suas brechas e desfiladeiros para atacar os brasileiros de emboscada. No dia 16, uma ordem do dia nomeava os novos ajudantes de Gastão e incitava os soldados "a restituir a paz e a segurança indispensáveis ao desenvolvimento". Invocando Marte – o deus da guerra, hábito dos Orléans –, encerrou o discurso com vivas ao imperador, à nação brasileira e aos aliados. Gastão encontrou bom armamento, soldados descansados e bocas de fogo convenientes. A cavalhada, porém, era pouca e magra. Pediu solução. Mas a lentidão que ele criticava em Caxias logo teve explicação. Todo o fervor do soldado esfriava diante da administração e da deliberação dos burocratas. Encontrava ali o primeiro círculo do inferno. Entre abril e julho estudou sem parar um plano para esmagar Lopez. Queria conhecer os caminhos e a topografia. O general Osório, que tivera a mandíbula esmagada na batalha de Avaí, amarrou um lenço sob a barba e foi acompanhar o príncipe.

A estadia em Luque permitiu-lhe o contato com os chefes aliados e a multiplicação de providências. Ele não perdia oportunidade de falar em público. Tinha horrível sotaque: "*o senhorrr... perrrigosíssimo...*", e voz com tom de choro. Usava seus dotes oratórios e falava por horas, sem *parrarr*.

Contou Alfredo d'Escragnolle Taunay, futuro visconde de Taunay e grande amigo de D. Pedro, que Gastão chamou-o para uma reunião particular. Ele foi convidado a acompanhar o príncipe, que lhe prometeu o cargo de major. Mas ofereceu-lhe, também, melindrosa comissão, tornar-se correspondente de conhecido jornal carioca, enviando *regularrrmente* notícias interessantes. Sim, respondeu o jovem Taunay. Estava encarregado de enviá-las ao *Jornal do Commercio*. Não, retrucou Gastão. Tinham que ser remetidas para *A Reforma*, órgão do Partido Liberal, que rinha entre seus redatores o famoso escritor Joaquim Manoel de Macedo. Revanche contra os conservadores que retardaram sua atuação por anos? Taunay recusou polidamente. Não foi mais convidado para a mesa do príncipe.

Como insuflar energia ao Exército nesse "resto de guerra"? Como transcender a figura de Caxias, fantasma dos sucessos guerreiros e valorizar o papel secundário que lhe tinham imposto? Gastão era incansável. Fazia contínuos e repetidos reconhecimentos do terreno. Multiplicava o interrogatório de prisioneiros por ele mesmo. Exibia coragem e sangue-frio, aproximando-se o mais possível das tropas inimigas. Investigava pessoalmente o estado sanitário das tropas. Não recuava diante dos piores serviços. E, de propósito ou não, identificava-se com as posições do Partido Liberal. Sua saúde não ia bem. De longe, o pai se preocupava. Admoestava Isabel: "A repetição dos resfriados de Gastão acabará por alterar o estado dos órgãos respiratórios e há de se tornar um perigo."

Como na Espanha, a garganta se inflamava. Podia pegar malária. Tinha calos e frieiras nos pés: "Que tirasse as botas e ficasse deitado", ordenava Nemours. Entre os louros, colhia espinhos. Por coincidência, *A Reforma* publicou um cáustico artigo em que cutucava o lendário general Osório: como conseguia ficar sob as ordens de um mocinho que da guerra só conhecia a parte diletante? Afinal, a campanha do Marrocos tinha sido um passeio... Quanta injustiça em não se nascer príncipe!

Gastão ficou arrasado. Logo entendeu que o partido estava cindido entre os mais e os menos liberais. Na Corte, D. Pedro proibiu Isabel de ler artigos que não os publicados nos jornais oficiais. Ela escrevia ao marido, queixosa! Por que não?!

Em Luque, viu de perto a cara do Exército: quadros da primeira linha, da Guarda Nacional ou do corpo de voluntários. Gente de todas as cores. De todos os tipos: do negro alforriado ao capoeira, do prisioneiro liberto ao caboclo dos sertões, de enfermeiras como D. Ana Nery a rameiras. "Mistura de cores de pele e de tipos os mais diferentes", como ele definiu a população brasileira. Os arranjos para as operações ativas começaram. Afinal, dizia a sabedoria popular, a rato velho, gato novo!

Sobre sua passagem, Taunay registrou:

Durante todo o tempo de sua estadia em Luque, desenvolveu o príncipe grande atividade e demonstrou belas qualidades de administrador e organizador, fazendo frequentes viagens a Assunção, informando-se de tudo, conferenciando com os chefes aliados e o ministro brasileiro Conselheiro Paranhos e tomando e ordenando providências adequadas em todos os sentidos.

Ciente das lacunas que o filho tinha que enfrentar, Nemours fustigava Isabel. Escrevia-lhe carta atrás de carta: morando no palácio junto com o imperador, "você pode lembrar tudo o que Gastão pede e tudo o que o Exército precisa". Que obtivesse dos ministros a "execução dos pedidos" do marido. Era preciso "falar e repetir as coisas até obtê-las", insistia. Das notícias que Gastão lhe enviava, sabia que "tudo estava para ser refeito no Exército". Precisava-se de homens, meios de transporte e munição. Faltavam cavalos. Que ela cobrasse! "Assim você o ajudará a realizar suas tarefas e contribuir ao sucesso das armas de seu país."

A guerra que parecia adormecida acordou. De Assunção a Aquidabã, Gastão encontrou focos de resistência. A linha férrea os conduziu para o interior. O que sobrava do inimigo se espalhava e escondia. Nas manhãs, o sol se erguia como uma laranja de sangue. E, à tarde, brumas prateadas eram rasgadas pelo movimento do uniforme sujo das tropas. Os oficiais aliados passeavam seu tédio entre as tendas. Mas a ocupação de Piraiá e Paraguari em fins de maio acuou o "Monstro", como chamavam Lopez. Osório, por seu lado, apoiava-o: "Comanda-nos um príncipe tão patriota, tão devotado à causa do Brasil quanto o melhor brasileiro, ilustre por sua ascendência, ilustre por suas virtudes." Adorado pela tropa e conhecido por seu destemor, Osório foi ouvido. Unidos por sólida amizade, o jovem e o velho levantaram as tropas. Mas Gastão queixava-se da falta de colaboração dos generais aliados. Começaram discussões que se arrastaram por meses: onde e como atacar?

Alfredo Taunay atestou a coragem de Gastão nas incessantes incursões que faziam em busca de rastros de Lopez: "Um dia após o outro mostrou o príncipe grande habilidade estratégica, paciência de experimentado capitão, indiscutível coragem e notável sangue--frio." Eles chegavam tão perto do inimigo que era possível distinguir suas feições. As balas raspavam as cabeças. Gastão sabia ser valente e não temia a morte. Ele recebia o concerto dos sons da guerra como uma homenagem.

A 30 de julho, o príncipe escreveu ao imperador: "Tenho para mim que o inimigo não oferecerá resistência até Ibitimi. De ali, seguiremos até São José e depois regressaremos a Valenzuela e Peribebuí. E então o problema estará resolvido e Ascurra cercado." Já era tempo. Cotegipe não cessava de lembrar a D. Pedro que o país estava sem dinheiro. Na manhã do dia 12 de agosto, Gastão fincava a bandeira do 23º Batalhão de Voluntários no alto de *Perrribebuí*: um feito de armas rápido e muito bonito, segundo ele. Em poucos minutos, uma luta renhida deixou quinhentos feridos do lado aliado. Prosseguiram. Agora iam sem Osório, cujas lesões se agravaram e que nunca deixou de elogiar o conde d'Eu.

Em meados de agosto, encontraram o segundo círculo do inferno: Caacupê. A localidade parecia de um impudor sinistro. Abandonada de tudo o que vivesse. Na aldeia se arrastavam velhos, mulheres e crianças famintas. Cerca de seiscentos moribundos jaziam cobertos de vermes e moscas que atacavam as partes favoritas: as feridas abertas e as mucosas mais sensíveis. Cadáveres se amontoavam: ninguém tinha forças para cavar sepulturas. Era uma das táticas do Monstro: a terra e a gente arrasadas. A bandeira da morte flutuava sobre as cabeças curvadas. Cavalgando pela picada por onde Lopez teria fugido, Gastão teve que enfrentar as descargas inimigas. Não hesitou: sacou da espada e foi em frente. Reações assim granjeavam-lhe a admiração dos soldados: "Sua Alteza mostrou ainda desta vez que era descendente de raça valente e entusiasta conservando-se o dia todo ao alcance dos tiros inimigos", contou um deles, presente à batalha de Campo Grande. Enfrentou o fogo que os paraguaios tocavam nas planícies secas e a fome, pois os suprimentos chegavam atrasados. Comia churrasco com farinha.

Em setembro, mostrou o quanto tinha de liberal. Enviou um ofício aos membros do governo provisório da República do

Paraguai abolindo a escravidão. No texto, dizia que por diversas vezes cruzara com indivíduos dizendo-se escravos e pedindo-lhe liberdade. O que dizer da "sorte destes infelizes" quando se tratava da emancipação de todo o país? "Se lhe concedeis a liberdade, que eles imploram, rompereis solenemente com uma instituição que foi desgraçadamente legada a vários povos da livre América por muitos séculos de despotismo e de deplorável ignorância." Os proprietários seriam posteriormente indenizados...

O ato inspirou comentários: "Não me surpreende o que me contas acerca do liberalismo do conde d'Eu. Eu quase previa que havia de ser assim. Os elementos a serviço de suas ambições eram muito visíveis para qualquer um os desconhecer" escrevia Francisco Inácio de Carvalho Moreira, o barão de Penedo, a Cotegipe. De Londres, onde representou o Brasil na Questão Christie, Penedo se ria das intenções de Gastão: "Nessa terra, onde todas as ambições políticas, todo o alarido dos partidos, se acalmam com uma pasta de ministro, é de se esperar que não sejam sérias as consequências do liberalismo do conde d'Eu, como à primeira vista nos parece."

Em outubro, Gastão sofreu um revés que arranhou o prestígio tão duramente conquistado. Sua pressa em ir de Rosário para Santo Estanislau deixou as tropas sem rancho, sem comida. Ele decidira abrir nova concorrência para o abastecimento, pois corriam boatos de que os fornecedores, Lesica e Lanus, "protegidos por Caxias", teriam tido lucros fabulosos, lesivos ao tesouro nacional.

No dia da licitação, ninguém se apresentou. Ao se dar conta do resultado da desastrada resolução, escreveu, desesperado, a José Maria da Silva Paranhos, visconde do Rio Branco, enviado por D. Pedro para organizar o governo provisório no Paraguai: "Quer dizer que há dois dias que o Exército não come: isso nunca se tinha visto e agora ocorre nas barrancas do rio Paraguai?!" E ao sogro: "Situação piorou com a crise alimentícia que o Exército como tal nunca sentiu." "Hoje se nos acabou a última rês e para substituí-la não temos nem uma libra de charque, nem de farinha, nem de coisíssima nenhuma." Gastão estava em choque. Sentiu-se totalmente desamparado. Seus homens devoravam laranjas amargas, palmitos e frutos do mato. A diarreia causada por tal dieta dizimava as tropas. Tampouco havia forragem para os animais.

A baixa das águas dos rios que funcionavam como estradas para o abastecimento das tropas, somada à má vontade dos fornecedores, detonou a crise. Ele emagrecia junto com as tropas. Nas fotografias que enviou a Isabel, não se reconhecia mais o jovem delgado e elegante, mas um oficial cansado, de barba crescida, farda amassada e botas sujas. Ele também não comia, não dormia, afundava em depressão. Envelheceu também a olhos vistos!

No círculo infernal seguinte, Caraguataí, mais crianças e mulheres esqueléticas, restos de casas e embarcações carbonizadas e os horrores da fome. Lopez não deixava nada atrás de si. Pela frente, rochas, pântanos e matas aguardavam os batalhões brasileiros. Doravante, seriam ciladas sinistras. Gastão começou a dar mostras de exaustão. Na Corte, responderam: Não voltasse sem Lopez preso! E o imperador: "Estou certo que você não deixará o fim da guerra indeciso." Ou seja, era obrigatório pôr um fim na operação, não mais militar, mas agora policial. Tratava-se de caçar um bandido.

Quinze mil homens exaustos e a certeza de uma má estrela não deixavam Gastão repousar. Desde o episódio da falta de alimentos, do qual, segundo Rio Branco, resultaram os "maiores e mais prolongados sofrimentos para nossa gente", ele não era mais o mesmo. Perdera a "energia interior". Nervoso, ele costumava adoecer quando os problemas se amontoavam. Já fora assim na Espanha. Levou consigo até médico particular: "Tem muito cuidado, eu te peço, meu amorzinho", gemia a esposa. Ele estava irritadiço, instável e desanimado. Diante das insignificantes questões sobre as quais Isabel lhe escrevia, respondia áspero: "Compare esses problemas com os meus!"

Segundo Rio Branco, em carta a Cotegipe:

A impressão destes fatos foi tão grande no ânimo de Sua Alteza, e desde então observo que ele passou do otimismo que hoje me censura em suas cartas ao pessimismo que me causaria os mais graves

A estrada de poeira e ossos 109

receios, se não fosse em mim tão robusta a convicção de que Lopes não pode senão fugir, e que sua restauração é impossível.

O príncipe se deprimia, mas reagia. Acusava Lanus, "grande culpado pela procrastinação da guerra". "Alguém há de ser responsável perante Deus e o Brasil de tantas desgraças. E Vossa Excelência não quer que sejam os fornecedores", esbravejava com Rio Branco. A fome dos soldados seria apenas uma ponta do iceberg: queria 3 mil bois em vinte dias e a garantia de subsistência por três meses. Ah! A fome: um dos cavaleiros do Apocalipse. Saltara das páginas do Antigo Testamento para anunciar o fim dos tempos. Cavalgava um cavalo negro e trazia uma balança nas mãos para pesar os grãos. Mas não havia nenhum nos campos paraguaios. A gente morria com a boca cheia de capim.

No fim de outubro, com o fantasma inalcançável de Lopez em fuga, sua autoconfiança desapareceu. Descrevia o inimigo como um "cacique selvagem oculto num canto do próprio território brasileiro". Desejoso de escapar dos círculos do inferno seguintes, Gastão escreveu ao governo: exigia que se declarasse o fim da guerra e que o grosso das tropas por ele comandadas voltasse ao Brasil. Não fora o que fizera Caxias? Ameaçou demitir-se: "Se me for negado voltar ao Rio com esses primeiros voluntários o tomarei como uma ofensa gratuita", escreveu a Rio Branco.

Isabel fez o que pôde para que sua solicitação fosse atendida. Para ela também, "a guerra estava acabada". Trombava com o imperador, que respondeu ao genro: "Não!" "Não pare, que então todos puxarão para trás por diferentes motivos [...] anime você os que o rodeiam [...] a guerra não se faz sem sacrifícios. [...] Minhas palavras não são de egoísta: quem me dera partilhar todos esses trabalhos", procurava consolar.

Para aumentar sua angústia, Nemours lhe escrevia ainda sobre *Perrribebuí*, "o sucesso é magnífico e a glória também". Enquanto o príncipe afundava em depressão, o pai parecia querer mais. Todos já sabiam do feito. Na América do Sul e, graças ao *Times*, na Europa também. Até a *Revue des Deux Mondes*, enfim, deu um artigo favorável ao império brasileiro! Cabeças coroadas o cumprimentavam. Pipocavam balas no Chaco paraguaio e nas cartas do pai repetiam-se as palavras: "vitória", "conquista", "honra"! Isso até Nemours saber da posição de D. Pedro. E, aí, voltou a cutucar Isabel: que enviassem ao filho cavalos, mulas e víveres. Mais homens para prevenir o desastre. "Um Exército paralisado pela fome! Que notícias tristes." Que agilizasse as operações, também, pois era do Rio de Janeiro que tudo dependia. Até a tenda de Gastão era atravessada pela chuva: até quando?! A impaciência do sogro aumentava a angústia da nora. Os sentimentos de ambos aumentavam o mal-estar do príncipe, cujas feridas internas só cresciam.

Gastão avaliava as dificuldades de seguir alimentando as tropas enquanto corria atrás de Lopez. Melhor ocupar as fronteiras, deixar ali alguns homens e declarar o fim do conflito. Insistia: "Do contrário, será uma guerra que cairá no ridículo; eis qual a recompensa de tantos sacrifícios." Amargurava-se. A Argélia fora conquistada em vinte anos pelo pai e os tios. Mas a luta contara com menos problemas do que aqueles que ele enfrentava!

Sua ansiedade crescente se traduziu num desejo. Queria "recompensa por tantos sacrifícios". Queria voltar à Corte com todos os voluntários da pátria, num lindo cortejo digno das melhores demonstrações cívicas e marciais. Queria viver o triunfo que seu pai e tios tiveram ao voltar do Norte da África: bandeiras, hinos, aplausos. Queria reconhecimento como o que viu ter os espanhóis depois das vitórias no Marrocos. Arcos, luminárias, coroa de louros, tudo, enfim, que consolidasse as vitórias de Campo Grande e *Perrribebuí.*

Quando se esperava que ele colocasse um termo à guerra, pois, além das vidas perdidas, ela custava uma fortuna ao país, Gastão queria "descansar". Foi mal compreendido. Segundo Cotegipe, o príncipe lhe dera uma prova de sua leviandade:

> Apesar das ordens positivas do governo, ele não remeteu os voluntários necessários para a perseguição de Lopez, porque os queria trazer de uma vez, desembarcando triunfantemente no Rio de

A estrada de poeira e ossos   111

Janeiro. Chegou a reunir no Rosário, acampados sob as barracas, cerca de nove mil homens para voltar com ele.

De lá, o príncipe escreveu a André Rebouças: "Prepare-me, com os amigos, uma grande recepção." Disse a todos que a guerra iria durar anos e que por isso precisava de uma licença de três meses. Seu abatimento causava paralisação total. Dizia-se reduzido à "imbecilidade". "Perdeu totalmente a cabeça", queixava-se Cotegipe, deixando, ainda, escapar: "O imperador disse-me, afinal, tem medo dos príncipes. Deixou-se dominar por eles. Do duque de Saxe nem conseguiu que deixasse um dos netos educarem-se no Brasil: lá estão na Europa estes príncipes estrangeiros."

Ser estrangeiro era um problema. Pior era "ser francês". Apesar dos modismos, caso abrisse o dicionário, Gastão veria que "francês" era sinônimo de falso e "sair à francesa" era deixar um ambiente sem despedir-se de quem o convidou. As maneiras requintadas ou polidas usadas em Paris eram vistas como gestos de dissimulação e preciosismo. Franceses eram as modistas e os cabeleireiros que atulhavam com seu luxo e desperdício as ruas comerciais das capitais, provocando o endividamento dos clientes. Francesas eram as *cocottes*, prostitutas ociosas que roubavam a paz das famílias. A *civilité* era confundida com a pretensão dos franceses em ser o modelo dos povos. A origem do conde d'Eu não era vista com os melhores olhos pelas camadas populares.

Em meio a tantos problemas, ainda apareceu um bizarro diálogo, reproduzido por Alfredo Taunay em suas memórias:

– Sua Arteza me preguntou: Então, sr. Coroné, o sinhô é casado?

– Sim, sinhô.

– E quantos fios tem?

– Nenhum, minha muié é como a de Vossa Arteza, *machorra*!

– Que é *machorra*? – perguntou o moço, abrindo uns oiões.

– Como ele não sabia, fui lhe ensinando: *machorra* é égua que não pare!

Machorra ou não, Isabel o adorava e enchia-o de carinhos: "Meu bem-amado do coração, onde você estaria nessa hora? Quando te reverei meu queridinho [...] quando poderei te beijar sem ser nas cartas?" Assinava "Sua pombinha, sua bonitinha, sua engraçadinha." Era correspondida: "Minha bem-amada." Ele lhe enviava fios da barba e ela retribuía com cachos de cabelo. Ela recebia "dois urubus e uma onça", para o zoológico do jardim. Se não os quisesse, podia matá-los, acrescentava Gastão. Ele pedia livros: *O eremita de Muquém*, de Bernardo Guimarães. Ou *A lanterna mágica* e o controvertido *Vítimas-algozes*, romance de Joaquim Manoel de Macedo. Nele, o autor descrevia os desdobramentos da cruel escravidão: os cativos deviam ser libertados, não por motivos humanitários, mas porque introduziam a corrupção no seio das famílias. Isabel, porém, estava proibida de folheá-lo. A personagem Lucinda "tinha coisas feias". Romântico, Gastão comparava seu casamento ao romance de Hermano e Florinda, que ficaram dois anos sem se falar, amando-se: "Me faz pensar mais especialmente em ti e na alegria que teremos de nos rever", escrevia o saudoso marido.

No final de novembro, Gastão tinha certeza de que Lopez não ocupava mais nenhum povoado no Paraguai. A guerra estava no fim. Começaram a receber refugiados e desertores atrás de migalhas. Dirigindo-se a Iguatemi, os brasileiros encontraram cerca de 4 mil paraguaios: esqueléticos, sem munição. Pensou-se em mandar índios guaicurus perseguir o que sobrou do inimigo que andava afogado no sangue que Lopez continuava a derramar. Panadero, serra de Maracaju, onde se esconderia?

Os boatos corriam as coxilhas. No início de dezembro, Gastão embrenhou-se por picadas em plena mata. Atacados por insetos, pararam a beira do Curuguati. Ele escrevia a todos sobre a necessidade de pôr fim à busca ao "criminoso foragido" e implantar uma ocupação militar. O governo de Lopez não existia mais, martelava. Também insistia em mandar de volta 13 batalhões de voluntários. Mas indignava-se diante das respostas: a Corte ia recebê-los de maneira mesquinha. Quanto desprezo com "os campeões da luta pela pátria".

Se o desprezavam no Brasil, o mesmo não acontecia na Europa. Escrevendo a Nemours, o príncipe lhe agradecia por ter feito circular litografias e notícias de suas vitórias. Os jornais da Corte multiplicavam imagens do "glorioso general", que Isabel recortava carinhosamente e enviava para o sogro. Até a rainha da Inglaterra se mostrara sensível, Gastão envaidecia-se. Mas queixava-se ao pai: "Advertiram-me, no Rio, que o ministério não queria que eu chegasse com batalhões organizados, sob o pretexto de que isso seria perigoso devido ao meu *prestígio* e minhas *ideias revolucionárias!* Mal pude acreditar." Só poderiam desembarcar em grupos de 1.600 homens e que as bandeiras e músicos só viessem no segundo contingente. Não haveria "as solenidades sem as quais o fim de uma grande guerra torna-se incompleto". As injustiças e os abusos cometidos por certos militares de alto coturno contra os "pés espalhados", os rasos, iam tornando Gastão "cada vez mais revolucionário". No Rio de Janeiro, os grupos se dividiam. Havia os que exigiam a continuação da guerra até a prisão de Lopez e esses lembravam ao príncipe que ele mesmo quisera partir. E havia os amigos, que queriam trazê-lo de volta. Rebouças era um deles. D. Pedro, por outro lado, achava que o genro parecia estar "debandando"!

Em fevereiro de 1870, escreveu a D. Pedro. Confessava-se sem energia e cansado de tentar hipóteses. Não sabia o que esperar, antes de abril. Lopez haveria de se internar, fugindo na direção norte. Mas ele não estava disposto a aceitar a tarefa dessa caçada sem fim: "Eu estou resolvido, por um sentimento de honra e de companheirismo, a ficar enquanto aqui houver Voluntários da Pátria; mas, depois disso, considerar-me-ei livre" pois a tarefa atual não foi aquela combinada com os aliados nem a que ele esperava, quando veio para o Brasil. E terminava: "Perdoe-me, Vossa Majestade, este desabafo, expressão do modo pelo qual encaro o estado de coisas e dos sentimentos que me acabrunham desde que vim de Curupaiti."

Na Corte, a *Folha Fluminense* publicava uma charge em que os exércitos apareciam cobertos de teias de aranha, os homens dormindo a sono solto. E, enquanto Gastão se queixava, Lopez passou para o lado oriental da serra de Maracaju. Porém, o cerco do general Câmera, que Gastão enviara às vizinhanças de Aquidabã, ia dar bons frutos. O príncipe escreveu a Osório para dizer-lhe que o Monstro estava entre Aquidabã e Apa. Levava mil homens consigo: crianças e velhos mortos-vivos. Seria a hora? No dia 4 de março, a bordo do vapor que levava seu nome, *Conde d'Eu*, na direção de Conceição, Gastão recebeu a notícia. Estava no camarote, lendo, quando ouviu os gritos: "Ele morreu, morreu... Morreu Lopez!!!" Começou a tremer, contou a Isabel! A notícia chegou por um capitão gaúcho, "sujo e sem galões", num barco de abastecimento. Mas trouxe o prêmio: o ofício escrito a lápis que Gastão leu com voz emocionada, no salão de bordo. Explosões de contentamento! Lopez expirara sob os golpes de lança de um caporal do 19º de Cavalaria. Seu nome: Chico Diabo. Com ele, falecera o filho adolescente. Correram glosas: "Do diabo, Chico deu cabo, o cabo Chico Diabo."

A vila de Conceição os recebeu com festas e luminárias. As canhoneiras disparavam em sinal de alegria. Um chefe político que tivera a família degolada por Lopez ofereceu um baile. Dançou-se toda a noite. Rosário também se iluminou. Os batalhões marchavam com música à frente. E Gastão: "Agora, sim, posso esquecer as fomes de Capivari e São Joaquim." Ao sogro pediu desculpas por escrito pelas "criançadas" que fizera. De Isabel recebeu a cartinha carinhosa: "Que alegria, que felicidade! Oh!, meu querido! A guerra acabou de fato, de fato e tão bem!" Ela passara esses últimos meses indo muito ao teatro, fazendo tapeçaria e regime – não comia mais batatas –, queixando-se do calor e rezando quando havia trovoadas forres.

Em meados de março, Gastão enviou o pedido de demissão do comando das forças brasileiras e o ministro da Guerra concedeu-lhe autorização para voltar. Em abril, lançou a ordem do dia de despedida, num adeus solene às tropas. Ali extravasou a dor da perda de amigos, lembrou a vitória contra 16 mil inimigos, sublinhou os sofrimentos: o frio, as febres, o calor, as traiçoeiras barrancas, a fome, o morticínio da metralha e do ferro das lanças. Glórias duramente alcançadas graças à fidelidade, à bravura e à resignação das tropas brasileiras. Pedia-lhes, apenas, que se lembrassem dele com benevolência. Despediu-se como "antigo general e constante amigo". E foi, de fato, amigo dos seus irmãos em armas. Nunca deixou de receber quem o procurasse, instituíra audiências semanais, impediu penas de morte. Sua polidez para com oficiais e praças, e sua piedade para com prisioneiros e multidões famintas eram conhecidas. No dia 29 de abril de 1870, o príncipe fez sua entrada triunfal no Rio de Janeiro. Foi arrebatado de bordo, como um herói. Atravessou a multidão delirante. Enfim, a glória! D. Pedro, a imperatriz, a Corte em peso o aguardava. Não havia onde se pôr os pés. "Não foi entusiasmo, foi delírio", registrou Rebouças. As festas em Laranjeiras encheram a tarde e a noite. E houve intermináveis comissões de boas-vindas, discursos e desfiles. Bandeiras e girândolas enchiam os ares. As praças iluminadas reuniam o povo. Junto com Isabel, e durante cinco dias, recebeu as tão desejadas homenagens. Gastão escreveu à irmã:

A recepção foi soberba: era verdadeiramente um magnífico espetáculo a rua Direita e a rua do Ouvidor esta manhã. Duvido que em algum país, talvez a Inglaterra, possa se encontrar uma semelhante unanimidade nas demonstrações.

O povo o recebeu de braços abertos e com explosiva gratidão: as senhoras fluminenses lhe entregaram uma coroa de ouro de presente. Em coretos, grupos cantavam loas ao herói: "Salve luzeiro da guerra/ Íris bendito da paz/ sorris à brasileira terra/ depois da luta vivaz!" Em sua homenagem, escravos foram alforriados "por todos os modos possíveis", contava *A Vida Fluminense*. Galerias de flores se armaram no seu caminho. Os teatros encenaram as batalhas: Ascurra, Peribebuí, celebrando a "coragem do intrépido general [...] contra o tirano do Paraguai". Tudo era festa!

Amiga de Isabel, a condessa de Barral exprimiu os sentimentos que deveriam lhe ir na alma: "Com que prazer o receba ela, talvez, hoje, em seus braços." E ao imperador, que com ela conheceu o amor: "Você não me diz nada do encontro dos esposos – pobre princesa! Pode ela resistir em se atirar nos braços de seu marido diante de todos?! Mas como devem suspirar por se encontrarem a sós!!" De fato, Gastão advertiu Isabel: iria a todas as festas, mas queria dormir "chez nous".

O severo Nemours preocupava-se com os detalhes: nas fotografias que Gastão fosse tirar de novo, só aparecesse "de perfil". Ele ficava melhor. E sobre o quadro que o pintor Pedro Américo se ofereceu para realizar sobre a batalha de Campo Grande, desaconselhava: "Não gosto dele, é do gênero fantástico e este tipo de pintura cobre sempre o herói de ridículo." E tinha razão. O pintor escolheu retratar exatamente o momento em que os comandados contêm o ímpeto do comandante! Um azar...

Havia quem não gostasse desse retorno triunfal: o ministério. Afinal, Gastão representava as temidas "ideias revolucionárias". Talvez por isso, a sugestão da família em fazê-lo duque de Santa Cruz, pelas vitórias na Guerra do Paraguai, foi discretamente esquecida por D. Pedro: ele achava que não se devia "mexer nesse negócio", como explicou à irmã, Francisca de Joinville. Aliás, o sogro também se embaraçava com as posições do príncipe. Não era ele o imperador cinzento, sempre neutro em política, esforçando-se ao máximo para permanecer fora e acima dos partidos? Não vivia D. Pedro imerso em pequenos cálculos à espreita de vícios e virtudes dos que o cercavam? A decisão oportuna para acalmar as interpretações liberais era a de que todos iriam viajar. A começar pelos jovens. Fossem logo embora e preparassem a viagem dos velhos. Más línguas diziam que Gastão "ia exibir-se na Europa como o terminador da Guerra do Paraguai e exterminador de Lopez". Outros, que Isabel "tinha incômodos de saúde". Sua esterilidade dava pano para manga.

O resto do ano anunciou várias rachaduras no dique dos conservadores. Na imprensa, não faltaram jornalistas que compararam o brilho dos festejos com a indiferença com que foram acolhidos "sem um viva, sem um foguete, sem um versinho, os desvalidos que voltaram trazendo em seus mutilados corpos" as provas de sua dedicação à luta. Os oficiais queixavam-se de "ingratidão cruel" e esquecimento por parte do governo. Elogiava-se o príncipe "protetor dos soldados". A assistência aos militares feridos assim como o fim da escravidão eram discutidos, sobretudo nos jornais liberais:

> Sem deixar de considerar muito louváveis todas essas manifestações de gratidão pública, não posso eximir-me ao dever de declarar que, no meu entender, resultado mais real e civilizador é o da libertação. [...] Esta arranca dos ombros de algumas dezenas de infelizes o manto da escravidão [...] que tolhe a liberdade de ação e de pensamento, martirizando o corpo e aniquilando o espírito.

O *Jornal do Commercio* respondia à *Reforma*: "Como libertaria a população servil?... Anarquizando o Império?" José de Alencar alfinetava o imperador, que, em sua Fala do Trono, não dissera uma palavra sobre o assunto. No Senado, comparavam as realizações de Gastão às de Caxias e Osório. O ministro da Guerra recebia todas as críticas. Falava-se abertamente em República. Organizou-se uma festa no campo de Santana que o povo rejeitou. Não foi ninguém. À noite, militares percorreram as ruas dando vivas a Gastão e à família imperial. E "foras ao gabinete conservador". Gritos de "morra Muritiba" ecoavam nas esquinas. A Guarda Nacional ofereceu um baile em homenagem ao príncipe e, diante de tudo, "o imperador fingia uma indiferença soberana", disse um observador.

A guerra, marcada por conflitos sangrentos e batalhas cruéis, não depusera apenas o dirigente do Paraguai. Destruiu o Estado e deixou um saldo elevadíssimo de perdas humanas: entre 800 mil e 1.300.000 pessoas. O acordo aliado era jocosamente chamado de "tríplice infâmia". A imagem do Império brasileiro saía chamuscada, dentro e fora do país. A guerra também deu frutos no cenário nacional. O Exército, que antes era o abrigo de malfeitores e desocupados, não só triplicou seus efetivos, mas, gloriosos, seus soldados encontraram na profissão de armas a possibilidade de ascensão social. Tendo lutado lado a lado com soldados negros, os militares não mais perseguiriam os escravos fugidos. Das fileiras do

Exército sairiam os simpatizantes da República e da abolição. Não por acaso, em 1870, nasceriam o Partido Republicano e a Sociedade de Libertação e a Sociedade Emancipadora do Elemento Servil. Muitos começaram a se preocupar com os destinos do Império. Cotegipe, por exemplo, recebeu carta do barão de Penedo, seu amigo, em que este concluía:

O Paraguai fica reduzido a mulheres e nós a mendigos. Outras questões virão após e quem sabe o que fará um Exército composto de voluntários altaneiros e indisciplinados. A questão da escravidão bate-nos à porta e desorganizará o trabalho. Tudo isso me impressiona e faz-me esmorecer.

Do outro lado do Atlântico, também havia quem se preocupasse com o futuro. Antevendo a guerra contra a Prússia e os movimentos de Napoleão III, Nemours anunciava: "A Europa vai ser presa de terríveis calamidades, das quais não se podem prever nem a duração nem os resultados."

Mas, entre São Cristóvão e Laranjeiras, bonança. E faziam-se as malas novamente...

CAPÍTULO VI **Fluxos e refluxos**

Isabel com o filho Pedro

Henschel & Benque, 1876.
Coleção Museu Imperial/Ibram/MinC

❛No dia 14 de outubro, depois de sua bolsa arrebentar enquanto fabricava sorvetes, Isabel entrou em trabalho de parto: 13 horas! Gastão desesperava-se. 'Eu nunca vi um casal mais apaixonado e mais unido, eles se amam como se fossem bons burgueses', disse sobre o casal, o obstetra. Gordo de quatro quilos e meio, Pedro de Alcântara, príncipe do Grão-Pará, dito 'Baby', nasceu de fórceps. ❜

Enquanto a esterilidade de Isabel despertava todo tipo de preocupação, uma gestação ia em curso. Esta muito mais lenta e de fruto mais complexo. Era a "cidade africana" que amadurecia no ventre da Corte. Uma cidade que não aparecia na correspondência de Gastão com a Europa. Que não se ouvia nos corredores de Laranjeiras ou São Cristóvão. Ela crescia, se avolumava, tornava-se pouco a pouco incômoda. Os "pretos", como os chamava a imperatriz Teresa Cristina, ou "negros", como os queria Isabel, estavam em toda parte. Até no "salão de piano" do palácio dos príncipes. O engenheiro André Rebouças frequentava as reuniões sociais que aí aconteciam. Durante a guerra, trocara cartas com Gastão e, agora, com Isabel, impressões musicais e livros: amigo íntimo do casal.

Não eram os personagens do ruidoso livro *Vítimas-algozes* – os cativos traidores, as mulatas concubinas, os moleques maliciosos – os moradores da cidade africanizada. Mas gente de carne e osso. Gente cujas vozes ecoavam nos zungus, nas quitandas e nas *casas de angu*. Ali, o perfume que escapava das marmitas de ferro convidava à conversa. Num caco de barro, a banana dava sabor complementar ao pirão de farinha cozido com miúdos e azeite de dendê, degustado em círculo, entre risadas e chistes. O creme dourado era compartilhado por crioulos, africanos, livres e escravos. Os pontos de venda estavam espalhados e serviam de local de encontro para quem fugia de um senhor injusto, para trabalhadores artesãos e prestadores de serviços que enchiam as ruas com seus gritos. Para os que compravam ou ganhavam sua liberdade e lá iam discorrer sobre projetos futuros: a abertura de um pequeno comércio, a compra de uma roça, a execução de um roubo. Não à toa, a expressão "angu de caroço" era sinônimo de confusão.

Confusão que teria as bênçãos dos *zungus*: casas modestas de onde escapava a música dos atabaques e onde os pais de santo distribuíam proteção. Em cujos quartos alugados se abrigavam os procurados pela polícia. Onde se dava a iniciação de neófitos ou "aprendizes", cujas cabeças raspadas e reclusão remetiam aos rituais ancestrais, de difícil compreensão para as autoridades brancas. Ali se reuniam as "ministras, mães de santos, chefes de mandinga e rainhas", nas palavras de um delegado que invadiu uma dessas "casas de dar fortuna", de predizer o futuro. Nas *quitandas* – outra palavra banto – acotovelavam-se ervanários, onde pontificavam curandeiros que comerciavam ervas medicinais e "ferros velhos", onde se comprava e vendia toda espécie de objetos usados, fossem camas ou roupas, panelas ou gargalheiras para escravos fujões. Muitos negros possuíam escravos: cativos eram um investimento como outro qualquer. Em trajes típicos, as pretas-minas vendiam patuás, bonecas de pano e misteriosos filtros. Enfim, estava em gestação uma babel que exprimia a riqueza de outra vida urbana, diferente e longe da que se vivia no bairro de Botafogo.

Na cidade negra, acotovelavam-se também os ex-soldados da guerra: ex-escravos, criminosos, desordeiros, que agora exibiam uniformes, medalhas e o título de defensores do Império, "heróis da pátria". O conflito com antigos desafetos, perseguidores, senhores despertava sentimentos de medo e suspeita. As ruas voltaram a ser palco dos elaborados golpes dos capoeiras, dessa vez envergando fardas imperiais. Os temidos malabaristas eram protegidos por sua condição militar, mas também pela hierarquia das corporações. Tal como os soldados negros durante a guerra civil americana, livres e libertos ganharam um reconhecimento antes desconhecido. Eles teriam um papel imprevisível na cena que se abria depois do fim da guerra. Pois, aliados dos conservadores que lhes garantiram a liberdade, os negros iam servir-lhes como um exército clandestino nas cidades: tornaram-se capangas armados. Sim, porque, a partir de 1870, uma nova conjuntura política se forjava no país. Despejados do poder por pressão de Caxias, os liberais partiram para a oposição aberta ao poder centralizador do monarca. Um braço do partido fundou um jornal diário destinado a ter grande circulação, *A República*, enquanto o imperador ironizava: "O novo clube republicano não é senão novo tomo do já existente."

Não se sabe se Gastão via a questão emancipatória escapar entre os dedos dos liberais. Ele que tanto acalentara uma solução para o assunto. Ele que, herdeiro de liberais franceses, queria limpar "a mancha", "o cancro", "a gangrena" do rosto do Brasil. A aliança com os negros, porém, não saía das mãos dos conservadores. Depois de derrubar o gabinete liberal, conduzido por Zacarias de Góis e Vasconcellos, em 1868, e de aplaudir o papel dos soldados libertos e cativos na guerra, Caxias os condecorou. O prestígio deles era grande dentro e fora do Exército. A parceria que dera certo na guerra ia continuar.

Enquanto isso, as Sociedades Emancipadoras surgiam em toda parte. Abolição e República eram palavras que andavam juntas. Os que defendiam a liberdade dos cativos sentiam desfazer-se a capa que protegia a Monarquia. Aos que reclamavam a Gastão uma atitude em favor da emancipação dos escravos – afinal ele era o libertador no Paraguai –, ele respondia: ela seria gradual e felizmente assegurada pelo espírito liberal e cristão dos brasileiros. O Poder Legislativo já estudava projetos de lei nesse sentido.

Sim, porque o problema da escravidão continuava portas afora. Era fogueira mal apagada. Era gangrena e só podia piorar. A existência resguardada em Laranjeiras ajudava Gastão a esquecer o sentimento de culpa de ter saído vivo de combates onde tantos deixaram a pele. A viagem para a Europa funcionava como prêmio.

Afinal, quando ele quis ir, foi "bombardeado por injustas interpretações, exagerados boatos e invenções!'". Agora, era tempo de viver o alívio de ter escapado. Mas escapado com sequelas: asma, diarreias, malária, agravamento da surdez. Da Europa continuavam a chegar notícias transmitidas pelo velho professor Gauthier, cronista dos feitos da família: os tios na Espanha em situação péssima. A Monarquia ia cair... A cunhada Sofia, depois do segundo parto, se esvaía em disenteria. Nemours em busca de um marido para a filha, Margarida. Gusty matara um urso – que façanha! Embarcaram no dia 23 de agosto no cruzeiro que fazia paradas em Salvador e Recife. Em ambas as cidades, "não faltaram vivas nem foguetes", registrou Isabel. O povo "corria de todos os lados para nos ver [...] fomos entusiasticamente recebidos".

Mas a última carta de Gauthier não veio a tempo. Ele avisava: ao chegar à Europa teriam dolorosas surpresas. "As calamidades que se abateram sobre o nosso desafortunado povo ultrapassam em rapidez e grandeza as preocupações mais pessimistas." As cidades de Estrasburgo e Metz já estavam sitiadas. Mal chegaram a Lisboa, souberam da queda de Paris. A guerra franco-prussiana (1870-71) chegava ao auge. O príncipe de Joinville, o duque de Aumale e o de Chartres escreveram ao ministro da Guerra de Napoleão III: queriam bater-se pela França. Foram recusados.

O casal d'Eu rumou para Londres: a Bushy House os aguardava. Uma vida regulada como um relógio. Quem alinhava os ponteiros? Nemours, sempre. Tinha instalado o filho Alençon e a nora Sofia nos aposentos do primeiro andar. Os quartos eram mais ensolarados e agradáveis nos longos invernos. A moça não se interessou pela decoração. Cretone e papel de parede bastaram. Quando estava na Inglaterra, que detestava, atacava no piano peças de Wagner, dando largas ao seu temperamento exaltado.

Na primeira semana de setembro, anunciou-se a derrota oficial de Napoleão III em Sedan e a proclamação da República. Com a queda do inimigo, os três veteranos Orléans atravessaram a fronteira, na tentativa de se incorporar ao Exército. O modelo de virilidade da família se impunha. Recém-saído da Guerra do Paraguai,

Gastão se veria às voltas com esmagadores exemplos dos parentes. Chartres engajou-se sob nome falso, com a cumplicidade do Estado-Maior. Quando os prussianos souberam de sua presença, sem conseguir localizá-lo, procuraram-no. Resposta da família: "Se o fizerem prisioneiro, fuzilem-no, enforquem-no, queimem-no se quiserem. Ele está cumprindo seu dever e não diremos sob que nome se esconde." Heroísmo puro! Joinville, sob o nome falso de "coronel Lutteroth", lutou no batalhão da Loire até ser descoberto e reenviado, frustradíssimo, de volta a Londres.

O irmão Alençon ficou bloqueado às margens do lago Starnberg e foi obrigado a conviver com a alegria dos cunhados Wittelsbach ao anúncio de cada derrota francesa. Nemours não lhe deu descanso. Teve que ir até o sul da Bélgica para tentar se alistar. Diante das dificuldades, ele voltou ao Tirol austríaco, onde ficou sob a proteção da cunhada, a imperatriz Sissi. Confessou a Gastão: "Não temos nem meios nem entusiasmo para fazer a guerra." Que o pai não o ouvisse.

Bastante alheia a toda essa frenética movimentação, Isabel escrevia ao "Papai" sobre a programação que lhe preparava a condessa de Barral. Eram tantas visitas agendadas que a tia Francisca queixava-se que a única maneira de ver D. Pedro seria viajar com ele. A princesa tinha aulas de pintura e, no dia 2 de dezembro, aniversário do imperador, reuniu-se com alguns patrícios na Legação do Brasil. Ousou: foi decotada e usou joias! Teve almoço com a rainha Vitória, que lhe pareceu "não mais velha, mas mais gorda". A soberana cumprimentou Gastão pelos feitos na guerra.

No dia 18 de janeiro de 1871, humilhação suprema: na Galeria de Espelhos do Palácio de Versalhes foi proclamado o Império alemão – o *II Reich*. Os tiros cessaram em Paris. Dois terços da França estavam ocupados. A perda da Alsácia e de uma parte da Lorena além da indenização de 5 milhões de francos foram o pesado tributo que se pagou.

Na mesma época, a irmã Leopoldina, que se encontrava em Viena, escreveu-lhe que viesse vê-la. As saudades eram grandes e a separação penosa para ambas. No caminho, Isabel recebeu a notícia: "A maninha estava com tifo." Ao chegar, ouviu o pior diagnóstico. E também foi proibida de visitá-la: "Estar tão perto dela e não poder vê-la", soluçava a princesa. Nos três dias que se sucederam à extrema-unção, pôde entrar no quarto. Leopoldina não percebia mais sua presença. "Eu não tenho ânimo de fazer nada senão rezar e chorar", Isabel escrevia aos pais. E pedia-lhes pelo amor de Deus que não ficassem doentes: "Lembrem-se que ainda têm uma filha que tanto os ama!" Leopoldina fechou os olhos aos 23 anos, no dia 7 de fevereiro de 1871. Deixou Gusty – "um corpo sem alma!" – com quatro filhos nos braços. Gauthier descreveu a cerimônia do enterro como dilacerante. E definiu: "Foi uma súbita e dolorosa catástrofe." "Venham! Venham! Sua chegada será grande consolo para seus pais que tanto lhe querem!", gemia D. Pedro.

O casal voltou, passando novamente por Londres e Paris, que vivia os sangrentos dias da Comuna. Fugiram apavorados para Versalhes, onde morava a condessa de Barral. Dali seguiram para a Espanha e Portugal. Em Lisboa, embarcaram de volta para o Brasil. A 1º de maio, desembarcaram na cidade africana. De nada adiantaram os pedidos de Gastão ao sogro:

> Mais da metade da nossa licença já passou sem o sentirmos, e será doloroso vermo-la findar tão depressa, no momento em que a estação melhorando nos permitiria talvez ir a algumas águas [...] se pois a partida de V. M. tiver que ser adiada, o suplico que nos prolongue, pelo número de meses que julgar, a licença que nos deu.

O imperador bem poderia querer ficar no país e resolver a crise política ou deixar findar a situação crítica na Europa. Podia, ainda, pensar nos tratamentos para a esterilidade da filha. Mas não. Ele queria partir: "Persisto na viagem; sobretudo por causa de sua mãe." Pobre Teresa Cristina. Ao chegar à Europa, ele a ignorou olimpicamente.

Pois em maio, depois de nomear um novo gabinete liderado pelo visconde do Rio Branco, encarregado de um programa de reformas, inclusive da extinção gradual da escravidão, foi a vez de o casal imperial partir. Quando se iniciassem os debates sobre a abolição, D. Pedro estaria longe. Corria que não voltaria se algumas leis não fossem aprovadas. Diante dos temores de Rio Branco, o imperador respondeu: "Fique tranquilo, nada receie e tudo há de correr bem." A imprensa liberal semeava vendaval: ausentar-se não significava abrir mão da coroa? Que ele levasse consigo seus "poderes majestáticos" e deixasse governar os ministros. E, com veladas ameaças: "O príncipe não vai ser em breve um simples marechal do Exército e esposo de nossa futura imperatriz, mas regente de fato na ausência do imperador!" Boatos vazavam de todos os lados. D. Pedro fez ouvidos moucos e deixou o país nas mãos de uma jovem inexperiente. Mas uma inexperiência que não o preocupava, como ficou claro num memorando de conselhos que lhe deixou:

> Para que qualquer ministério não tenha o menor ciúme da ingerência de minha filha nos negócios públicos é indispensável que meu genro, aliás, conselheiro natural de minha filha, proceda de modo que não se possa ter certeza de que ele influiu, por seus conselhos, nas opiniões de minha filha.

Em outras palavras, que Gastão ficasse nos bastidores. Não foi sequer autorizado a caminhar ao lado de Isabel quando ela prestou juramento no cargo de regente. Gastão preferiu ficar em casa. Outra tentativa de acompanhá-la ao Paço foi bloqueada por Rio Branco. Até as promoções com que premiou seus companheiros de armas eram adiadas pelo ministério.

A seção de "publicações a pedido" em grandes jornais como o *do Commercio* bombardeava com recados para "Sua Alteza Imperial, a Princesa Regente": se ela fosse impedida de governar, quem a substituiria? O conde d'Eu? Para resolver os problemas do "elemento servil", um ministério conciliador, composto por "homens distintos e caracteres sérios" não seria melhor do que as "nulidades" atuais? Queixas eram feitas "em nome da lavoura e do comércio". E depois havia quem resistisse às mudanças pretendidas:

"O ministério não conhece o abismo horrível para o qual marcha com precipitação o país e por isso cuida na nossa salvação! Senhora! Pelo que mais prezais neste mundo, pelo que há de mais sagrado, vos peço, salve o Brasil!" Assinava-se: "Um velho que vos adora."

No dia 3 de junho, Isabel teve o primeiro despacho com o gabinete. Aos 25 anos, sentou-se com sete ministros, todos com diploma superior e experientes em assuntos políticos. Escreveu ao pai:

> Ontem teve lugar meu primeiro despacho, mas primeiro que lhe diga que quando Papai partiu pareceu-me coisa tão esquisita ver-me assim do pé para a mão uma espécie de imperador sem mudar de pele, sem ter uma barba, sem ter uma barriga muito grande. Perdoe, isso é uma maldade. [...] Quando entrei na sala fiquei abismada, cinco enormes pastas recheadas, algumas de uma maneira monstruosa, estavam-me esperando. Felizmente a coisa foi mais fácil do que julguei à primeira vista...

De fato, eram cartas simples e pedidos de baronatos e viscondados. As "boas penas de ganso" resolveram o problema. "A caranguejola por ora vai indo e espero bem entregá-la antes que vá abaixo", resumia. No dia seguinte, iria ao Paço receber depurações. Se interpelada, daria "respostas lacônicas como as suas", completava.

Ao cabo de trinta dias, a princesa explicava ao sogro:

> Quanto aos negócios do governo, eu temia muito que me atormentassem mais do que me atormentam. Enquanto não ocorrer mudança de ministério, nem dissolução ou recesso das Câmaras, tudo se manterá na rotina, que me obriga a sair de casa só um dia para receber petições, ouvir o que algumas pessoas têm a me dizer ou para a audiência com os ministros. Mas teria muito mais dificuldade se não contasse com o meu bom Gastão, que me ajuda muito e me dá ótimos conselhos.

Conselhos que ela não podia ou não queria aplicar. Quanto à escravidão, por exemplo, Nemours cobrava sistematicamente de Gastão uma atitude. Ele tentava acalmar o pai: as desculpas para adiar a emancipação estavam se esgotando. E dava notícias sobre as votações da Lei do Ventre Livre que aconteciam entre muita confusão e grosseria!

Havia uma expectativa de que a viagem do imperador criasse – como imaginou Alençon – "um aumento de atividades interessantes" para os príncipes. Se essas fossem ir ao circo do Mestre Chiarini, à exposição de flores ou às festas do Club Fluminense, como noticiavam os jornais, quem sabe... Joaquim Nabuco, que já se destacava como abolicionista, chegou a aventar a hipótese de que, com a viagem, o imperador tentava popularizar o reinado da filha. A lei a ser votada lhe daria prestígio interno e externo. E em época em que as monarquias europeias ruíam, as instituições deviam parecer sólidas no Brasil.

De fato, a liberdade de imprensa era inegável. As charges e piadas se multiplicavam: duas negras conversando e a legenda: "Tia Joana, *vuncê* me explica como é que minha barriga fica livre?" Outra imagem: uma escrava deitada sobre a mesa e um casal serrando-lhe a barriga: "Alguns senhores, reconhecendo o inconveniente de ficarem suas escravas com a liberdade na barriga, empregaram este meio."

A condessa de Barral corrigia Isabel: que não escrevesse para a Europa falando em *ventre libre* ou em *liberté du ventre*. Parecia dor de barriga. Mas em lei dos recém-nascidos. Assinada no dia 28 de setembro e com o nome de Lei Rio Branco, esta rezava: Os filhos de mulher escrava que nascessem daquela data em diante seriam considerados livres. Criados pelos senhores de suas mães até a idade de 8 anos, ou os senhores receberiam indenização do Estado quando a criança atingisse essa idade ou o menor trabalharia até completar 21 anos. Se entregues a instituições de caridade, também trabalhavam até a idade adulta, podendo ser alugados para serviços diversos. Enfim, eram dez artigos que permitiam a exploração do "filho do ventre livre" até sua maioridade.

A repercussão, segundo Gastão em carta ao pai, foi excelente: "A votação da lei foi recebida com entusiasmo pelo público; desde então só há felicitações por esse motivo e as vozes da oposição não se fazem mais ouvir [...] o povo que enchia as tribunas e galerias e todo o espaço livre por trás do recinto irrompeu em grandes aplausos e aclamações" que a campainha da mesa diretora não conseguia calar.

Embora a assinatura no papel fosse sua, Isabel não teve papel ativo na luta dentro da Câmara dos Deputados. Ali, no entanto, mediram-se forças. Unida e renhida, a oposição retirava seus membros da sala para evitar a votação. "Furiosa e indecente", apostava na escravidão, queixava-se a princesa. Conseguia constranger. Ela hesitava. Até escreveu ao pai sobre a conveniência de aprovar a lei aquele ano, "já que falta tão pouco tempo para o encerramento, e os espíritos dos fazendeiros andam tão agitados".

A lei foi imediatamente denunciada como portadora da temida calamidade: a abolição total! Ou, segundo outras vozes, era simples contemporização. Era literalmente para "inglês ver". Não mudava nada na vida dos escravos, senão na pequena proporção de alforriados. Mas fazia crer à Europa que era o primeiro passo para a libertação dos cativos. Novamente, a *Revue des Deux Mondes* não poupou o Império do Brasil: "A nova lei era necessária, mas é incompleta e inconsequente, eis a verdade", denunciava o articulista. Os jornais continuavam cheios de notícias de transações de compra e venda de escravos: mucamas, moleques, peças, pardinhos, até "raparigas de casa de família" – para diferenciar de outras. A cidade africana estava nas folhas. A verdade é que, na sucessão de governos, ora liberais, ora conservadores, ao arbítrio do imperador, todos eram mais ou menos escravistas.

Não faltava inteligência a Isabel. Mas decidir não era seu papel. Mulheres de certa classe social não resolviam coisa alguma. Era Gastão quem lhe "fazia grande parte da papinha", sobrando-lhe tempo para dormir, passear e ler romances – como ela mesma contava ao imperador. A única vez em que, durante a regência, tomou uma iniciativa foi ao determinar que, no aniversário do pai, os soldados estariam dispensados de marchar debaixo "do sol ardentíssimo" de verão. Mas, no Natal, ganhou de presente críticas azedas. Era acusada de estar "inteiramente alheia a tudo o que se passasse nas regiões ministeriais". De retirar-se para Petrópolis a fim de gozar "da vida do campo e dos prazeres simples". De não ter vontade, pois "não queria nem mais nem menos" do que quisessem os ministros de seu pai.

Sim, o imperador estava fora, mas não soltava "a ponta do fio com que conduzia a vida política". Ele rebaixou a Monarquia, não deixando Isabel governar. Ela ficou "com o papel inglório de assinar atos comezinhos de expediente". O pai deixou-lhe "um artefato administrativo com a proibição expressa de alterar a mais insignificante das peças". As "eleições falseadas e a corrupção dos partidos" eram resultado da "alquimia imperial". Sim, pois D. Pedro deixara em seu lugar um "simulacro de autoridade, levando consigo a autoridade do poder". Pior: questionava-se publicamente a "segurança das monarquias hereditárias". Isabel seria um desapontamento para o povo, "essa grande e velha criança que sonhava com castelos imaginários aguardando a inauguração de um novo reinado [...] uma era de prosperidades", rosnavam os jornais.

Ferida, faltava, porém, quem lhe atingisse o calcanhar. O dardo veio nas páginas de *A República*:

[...] acontece que a dinastia dos Bragança nem o estímulo de paternidade pode alegar para pretender, na América, a perpetuidade de sua raça e de sua sucessão. Os primogênitos masculinos têm sido, quase todos, feridos pela morte! De longa data anda essa tradição de morte ligada à tradição da casa imperial. Por efeito dessa intervenção do destino, coube a sucessão direta do trono à princesa Isabel. Ao seu consórcio ficou vinculada a suprema esperança de sua casa. Fiadora do trono, a ela cabia garantir por sua descendência a sucessão da coroa, a perpetuidade da raça. Eis porém que uma nova intervenção da sorte roubou também à família essa esperança e deixa-a imergida na sombria preocupação do futuro. A herdeira do trono é estéril! A Providência estancou no seio régio a fonte da sucessão. Tirou

O castelo de papel

ao trono essa garantia e à própria herdeira da coroa o estímulo que a poderia impelir, a ela ou ao seu augusto esposo, a lutar, se fosse preciso, pela conservação do trono.

Tudo é, pois, incerteza e sombras em torno da imperial família. A casa tradicional de São Cristóvão, tão vasta para uma família pequena, parece já imensa ante o vácuo que a morte por um lado e a esterilidade por outro cavam aos pés do trono. Naqueles corredores escuros e longos passeiam apenas os fantasmas do passado, sem que a presença risonha de uma criança predestinada encha de alegria e de esperanças o coração da família imperial.

No horizonte da Monarquia, só dois pontos alvejam: a extinção por ordem natural ou a despedida fria, despedida eterna para uma viagem voluntária ou para um exílio forçado, sem deixar atrás de si nem uma saudade, nem uma esperança! Castigo fatal a uma raça e a um sistema que só se distingue pela esterilidade e pela morte...

Terríveis palavras que não se sabe se a princesa leu. Gastão censurava-lhe livros e jornais com "assunto feio". Mas sabedora de que podia sofrer críticas, Isabel recusou a ereção de um monumento em sua homenagem com o dinheiro público. Foi aplaudida: "Eram os nobres sentimentos da jovem princesa a quem Deus ajude na persecução de tão nobre marcha."

E a marcha seria longa. A do "elemento servil", como eram chamados os escravos, estava apenas começando. A "caranguejola" pesava. Animada? Ela tinha outros planos e, por isso, queixava-se das audiências – "quando me vir livre de tais negócios, darei graças a Deus". A tia Francisca escrevia alertando para que se fizesse atenção aos "progressos republicanos". "O mano Pedro confiava demais nas disposições monárquicas do país." Cuidado! E a princesa viu de perto os problemas criados pelo temperamento do pai: "O meu maior fantasma é o tal poder pessoal de que o acusam. [...] Não se julgue tão infalível... mostre-se mais confiante neles [os ministros]." D. Pedro não recompensava os amigos pessoais e premiava os inimigos. Era uma forma de silenciá-los. E o que dizer da lentidão dos projetos nunca assinados? Os de construção de estradas de ferro, de saneamento e distribuição de água? A 30 de março de 1872, seus pais chegaram da Europa. A Corte recebeu os imperadores sem grandes manifestações de alegria. Por seu lado, Isabel exultava em colocar um fim à sua regência. Os jornais da situação louvaram o fato de nada ter dado errado. "Previsível", "provisório", "justo" e "digno" foram os adjetivos empregados para definir sua atuação. O imperador não consultou a filha sobre o que teria ocorrido em sua ausência. Tal como antes da viagem, Isabel e Gastão foram afastados do poder. Na Europa, havia expectativas de que a regência tivesse dado espaço ao casal. Ledo engano. Em carta ao general Dumas, seu amigo, Gastão confessou sobre D. Pedro:

> Sempre sombrio. O contrário do que eu esperava. Retornou com a mesma reserva taciturna que o senhor conhece, e da qual não sai a não ser quando há ocasiões nas quais tem especial interesse.
>
> Temos, nós, parte no Conselho do governo? Absolutamente, não! Deste ponto de vista a regência não mudou nada ao estado de coisas anteriores. O imperador observa rigorosamente a reserva que o senhor conheceu, há oito anos. Não vemos os ministros e, consequentemente, jamais sabemos de alguma coisa que não seja pelos jornais. Reconheço que não pode ser diferente, por conta das ideias brasileiras e do mistério regular que cerca todas as coisas. Não me queixo, pois a regência provou que não tenho nenhuma vocação para assuntos do governo. Ocupações, aliás, não me faltam, e apesar de não terem importância ou atrativos, não é do meu estilo abandonar as tarefas de que me encarregam por mínimas que sejam.

A postura do sogro, cercada de "mistérios", a complexa situação política, a falta de apetite pelo poder, enfim, afastavam o jovem casal dos círculos políticos. Isabel e Gastão pareciam prisioneiros da resignação do mutismo. Na verdade, viam-se diante de outras preocupações. O bom entendimento e o carinho que nutriam um pelo outro não se desdobravam em filhos. Durante esse ano, houve até um suspense. O médico lhes disse que havia mais "probabilidade de sim do que não". Errou. "É insuportável", desabafou Isabel. *A República* parecia ter acertado seus prognósticos. O resultado foi que D. Pedro desembarcou trazendo consigo dois filhos de Leopoldina: Pedro e Augustinho. Não se conhece a reação do casal. Visível, porém, foi a aproximação de Isabel com a Igreja católica. Desde que Leopoldina morrera, aliviava-se na bondade divina – "A fé é a única consolação para semelhante perda". A Imaculada Conceição e o Sagrado Coração de Jesus eram os aliados preferidos para promessas e milagres. Isabel levava uma vida em que o consolo da religião vinha compensar a desolação de não ter progenitura. O casal estava decidido a voltar à Europa em busca de cuidados. Ela para sua esterilidade, ele para os achaques, muitos deles psicossomáticos: "Estou certa que ele sofre; mas a imaginação pode muito fazer e, assim, aumentar os incômodos", ela escrevia ao sogro.

Sofrimento e fé, irmãos siameses, então. Um tinha o outro pela mão. O casal ia cuidar do corpo, mas da alma também. Num momento histórico que Joaquim Nabuco qualificou como de "progresso de costumes públicos", Isabel abraçou uma Igreja que se opunha à modernidade. Que negava as descobertas de Darwin, cuja teoria era considerada o "dedo de Satã". Seu chefe, o papa Pio IX, afirmava que "seria condenável pretender que a Igreja se reconciliasse com o mundo moderno". Ao contrário, era preciso recusá-lo. Acreditava, também, que existiam razões justas para a escravidão. E que vender, comprar, trocar ou dar cativos não contrariavam o direito divino nem o natural. Afinal, a desigualdade entre os homens correspondia à vontade de Deus. A uns cabia mandar. A outros, obedecer. Não satisfeito, Pio IX proclamou a "infalibilidade papal".

Os fiéis se alimentavam de uma imprensa que circulava e tinha enorme tiragem: o *Pequeno Mensageiro do Coração de Maria*, o *Boletim da Cruzada Eucarística*, o *Amigo do Clero* etc. Peregrinações arrastavam multidões. Cabeças baixas e terço na mão, todos rezavam nos santuários. Mas o ultramontanismo era mais do que uma teologia. Era igualmente uma visão da história e uma filosofia política. Seus princípios valiam para a sociedade como um todo. A começar pelo princípio da autoridade, fora do qual só havia caos e confusão. O liberalismo e o racionalismo empurravam para a destruição da ordem natural desejada por Deus. O individualismo era o triunfo do egoísmo e da anarquia, fonte de injustiça, capaz de engendrar a dominação dos ricos sobre os pobres. O socialismo era o grande demônio e, para combatê-lo, fundou-se um partido "católico".

Na França, tal partido dividia-se entre orleanistas – favoráveis ao retorno da família ao trono –, legitimistas – apoiavam os Bourbon na figura do conde de Chambord, Henrique V – e liberais. Uma das lideranças do movimento era o bispo da cidade de Orléans, Dupanloup, amigo pessoal da condessa de Barral. Ela corria as igrejas para ouvir seus sermões. Ele celebrou o casamento de Margarida – finalmente Nemours arranjou-lhe um marido – com o rico príncipe polonês Ladislas Czartoryski. Mergulhada no clima ultramontano, a cunhada de Isabel, Sofia, viveria crises místicas em que misturava peregrinações à gruta de Lourdes e correspondência com um diretor espiritual a quem abria seu coração de esposa. Coração negro de tristeza e frustrações. Corria que Alençon não tinha muita disposição para preencher seus deveres conjugais. Em maio de 1878, quando os príncipes voltavam à Europa, Sofia rompia com a família do marido. Foi morar bem longe do sogro, cujo temperamento enérgico detestava. E passou a falar pouco com as cunhadas. E muito com padres.

Em junho de 1872, o banimento da família Orléans foi revogado. Era o fim de um pesadelo de 23 anos. Podiam voltar a Paris. E, no final do verão, seus bens começavam a ser restituídos. Mas só pela metade. Os liberais Orléans não se importaram: "Eram sacrifícios que as infelicidades da pátria impunham a todo bom cidadão." Repartiram as riquezas. Salvaram o Castelo d'Eu. E começaram a discutir uma questão que os ocuparia nos próximos anos: a fusão das duas famílias Orléans e Bourbon.

Isabel e Gastão mergulharam na *gaité parisienne*: *grands magasins*, ópera, o teatro da Porte Saint-Martin. "Mas que vida a de Paris!", dizia ela. E ele para o sogro: "Paris é linda, nenhuma outra cidade tem tanto encanto e estou feliz por revê-la." Rever os mercados de flores com suas cores, o Jardin des Plantes ou do Luxemburgo, o museu do Louvre e seus velhos quadros, o Quartier Latin e a faculdade de direito. O rio Sena, amarronzado, recebia os esgotos e, em diversos pontos, as lavadeiras se reuniam em barcas próprias para o seu trabalho. E havia as *guinguettes*, com música e riso, e o bairro industrial, com suas chaminés. Velozes caleches cruzavam as ruas, iluminadas à noite por bicos de gás. Viram de perto, também, o que era a democracia republicana. O conservador Thiers, eleito presidente depois da queda de Napoleão III, estava sendo substituído pelo legitimista marechal Mac-Mahon, que dirigiu a repressão contra a Comuna. O clima era de exaltação dos valores morais e de vigilância contra um possível renascimento do movimento operário. O mesmo que assustava o papa Pio IX, por suas ideias comunistas e socialistas.

O casal aproveitou para consultar um especialista. A recomendação é de que fossem para os Pireneus: em Bagnères-de-Luchon corriam 48 fontes de água sulfúrea. No Brasil, os exames mais íntimos eram vistos como indecentes, a medicina não intervinha nas "enfermidades femininas" e os cursos de obstetrícia e ginecologia só seriam criados a partir de 1879, mas, na França, o assunto era tratado seriamente.

A *Pequena Bíblia dos jovens esposos*, a ser lida depois de rezar algumas ave-marias, prodigalizava conselhos conjugais. O alvo do casamento era a perpetuação da espécie, que deveria realizar-se evitando ao máximo o prazer dos sentidos. Os cristãos tinham que se adaptar à lei da Igreja: casar-se era adestrar a castidade. A esposa estéril era considerada um ser incompleto que jamais deveria provar o gosto da conjugalidade. Mas havia outros detalhes. Nada de aparecer de boné na hora de deitar: isso podia ridicularizar o homem. Tampouco, encher a cabeça com ideias que levassem à "excitação cerebral". Quanto às mulheres, era sempre bom combinar o papel de parede do quarto com a cor dos cabelos. Para os maridos "exaustos", dietas à base de quinino, vinho Madeira e leite de cabra fresco. Para elas, banhos, águas e tudo o mais que remetesse à umidade do útero. O que acontecia na cama? Carícias eram permitidas? Em que posições fazia-se amor? Fazia-se muito ou pouco? Sobre todos os assuntos, os médicos legiferavam e descreviam em detalhes como devia se passar o momento solene: o da concepção. Dele dependeriam o futuro da criança, seu sexo, sua força, sua inteligência. Nada podia ser deixado ao acaso. O coito devia ser rápido, limpo, eficaz. Acabado, a esposa devia manter-se em *more canino* – posição do cão – por vinte minutos. Depois, deitar-se lentamente, contraindo as nádegas, recomendava o best-seller *Higiene e fisiologia do casamento*.

Passaram dois meses em Luchon, seguidos de uma peregrinação a Lourdes. Isabel comprou medalhas milagrosas que distribuiu. Teve seu pedido atendido. De Veneza, em novembro de 1873, Gastão escreveu ao sogro: Isabel queixava-se de tonteira, fastio e mal-estar. E no mês seguinte, ela avisava: "Meu papai reze bem por sua filhinha e netinho, pois agora quase que estou certa da coisa." A "coisa": não se falava em gestação, palavra que remetia ao coito. Em janeiro, um conhecido obstetra francês, o doutor Depaul, confirmava a gravidez de três meses. De novo, fé e sofrimento: como atravessar o Atlântico? Isabel "inquieta, assustada, preocupada": Gastão usava e abusava das palavras para sensibilizar o sogro. Juntava os pareceres médicos desaconselhando viagens. Por que não dar à luz na embaixada brasileira?

Nada! D. Pedro batia pé no artigo segundo do contrato nupcial: a criança tinha que ser brasileira. "Mas o risco de perdê-lo e mesmo de fazê-lo sofrer nos retém", explicava Isabel, arrastando os pés para não embarcar. Pedia-lhe que ponderasse os "riscos e perigos". Queria partir só depois de julho. O pai respondia: "Profundamente sentiria que meu neto, herdeiro presuntivo, nascesse fora do Brasil." Pouco servia Isabel implorar: além de perder o neto, poderia perder a filha, "pois não sei como resistiria à perda de todas as minhas esperanças atuais".

138   O castelo de papel

Até a tia Francisca de Joinville tentou interferir. Escreveu ao "caro Mano": a viagem também lhe fazia medo. De novo, intransigência. A questão foi submetida ao Conselho de Estado, que concordou com o imperador. Parir na Europa? Só se houvesse certeza de virtual desastre na viagem. Gastão não discutiu mais. Embarcaram em maio: "Deus e a Virgem Maria e todos os Santos me ajudem", orava a gestante. Imagina-se o quanto rezou. Chegaram, instalaram-se em Laranjeiras e Isabel passou a aguardar o parto. Grávida de oito meses, trouxera consigo uma parteira francesa. Na noite do dia 25 de julho, sentiu as primeiras contrações. Chamaram quatro médicos para atendê-la. Pela manhã, constatou-se que o bebê corria risco de asfixia. Os médicos foram incapazes de dar uma solução: mãe e filho passaram cinquenta horas em dores e sofrimento.

Enquanto isso, o povo corria aos jornais em busca de notícias. Nunca dantes se fez tanto silêncio sobre a saúde de um membro da família imperial, causando "natural ansiedade na população". Contrariando a regra, boletins não eram emitidos sobre o estado de saúde de Isabel. "Corriam ontem versões mais ou menos desagradáveis sobre o estado de nossa augusta princesa." As pessoas invadiam as redações. Exigiam notícias! "As mais sinistras, corriam rápido", alertava o *Diário do Rio de Janeiro*.

No começo da noite de 27 de julho, horas amargas! A criança foi batizada mediante a inserção de uma seringa, cheia de água benta esvaziada no útero: "Tive a consolação de ver batizada nossa querida filhinha", disse Isabel à mãe Teresa Cristina. Virou anjo ao pé da Virgem. Depois, extraíram o corpo para salvar a vida da princesa. A operação, chamada de embriotomia, valia-se de ferros, entre os quais um perfurador craniano, para extrair o feto. Em carta a Gauthier, Gastão lamentou:

"Nossa filhinha nasceu na hora certa, perfeitamente desenvolvida, com uma grande quantidade de cabelos louros e cacheados, extraordinariamente compridos e densos." Chamaram-na Luísa Vitória, em homenagem aos avôs paternos.

Os jornais encheram-se de manchetes: "Não aprouve à Divina Providência que o Brasil saudasse hoje o nascimento da princesa do Grão-Pará!" O pequeno corpo foi colocado num caixão de zinco forrado de cedro e veludo carmesim e conduzido por coche ao Convento da Ajuda. Ali, cercada por um povo enlutado, enterrou-se a menina. Quanto à sofrida Isabel, "seu estado físico era satisfatório" e o moral, "excelente", segundo os boletins oficiais, ou melhor, "cinzentos". Seria isso possível?

CAPÍTULO VII

A suave e perigosa deriva

Isabel e Gastão com o filho Pedro

Alberto Henschel, 1876.
Coleção Museu Imperial/Ibram/MinC

> O braço paralisado de Pedro foi tratado com eletricidade. Ele preocupou toda a família. A tia Francisca escrevia: 'Sinto de saber que o filhinho dos Gastões ainda não podia mexer seu bracinho. Que dizem os médicos?' Eles diziam muito. Era o momento em que a medicina aprendia a usar a eletricidade para curar problemas motores.

Nenhuma mãe escaparia ilesa da horrível provação pela qual passou Isabel. Ela buscou alívio nas ocupações domésticas – bolos, biscoitos, costuras –, reuniões sociais e atividades religiosas. A condessa de Barral estava do seu lado, desde as primeiras horas do dia, para distraí-la. O marido amoroso sofria junto e entendeu: era preciso tirá-la de Laranjeiras. Em setembro de 1874, mudaram-se para uma casa térrea e modesta em Petrópolis. Das janelas viam-se "o bonito vale do Palatinato com suas casas de colonos [...] e louras crianças brincando diante delas", nas palavras de um jornalista. Na serra, o casal levava "vida doce e tranquila". À sua volta, amigas de infância, diplomatas estrangeiros, famílias a serviço da Corte. Passeavam pelas amenas alamedas do Passeio Público, jogavam *croquet*, divertiam-se. Os dias se sucediam redondos, girando como uma roda regular e pacífica.

Longe do imperador, pareciam ter encontrado um ponto de equilíbrio. Pouco acompanhavam a política ou as questões graves em que mergulhava o Império. Não viam chegar as transformações. Mudanças tão claras quanto os trovões de uma tempestade galopando na serra. Não duvidavam de nada... O vilarejo de camponeses alemães e ar afrancesado, verdadeira utopia do que o Brasil queria ser, os fazia esquecer a realidade do Rio de Janeiro:

uma cidade longe dos modelos civilizatórios europeus. Onde pululavam a sujeira, o cheiro de merda, o pregão dos ambulantes, o trânsito das carroças e dos bondes puxados por burros, o mercado das negras que vendiam frutas e peixes, os primeiros acordes do maxixe. E, pior, cidade dos escravos. Isabel mal lia os papéis que o pai lhe enviava. Não acompanhava, por exemplo, a formação de um espaço em que as vozes da insatisfação se fariam ouvir. Era o tempo do gabinete Rio Branco, o patrono da modernização conservadora. Uma modernização que visava implantar a infraestrutura e o pessoal técnico capaz de expandir o capitalismo no país. Ele instalou telégrafos e ferrovias e barateou o custo dos jornais. A expansão das comunicações criou o que Isabel não percebeu: um espaço em que descontentes podiam se expressar. Sobretudo os marginalizados pelas instituições políticas imperiais. Armava-se o palco em que se defrontariam os conservadores favoráveis à Monarquia, à escravidão e à religião de Estado e seus contestadores.

Longe dos temas políticos, a princesa encontrou um refúgio para a sua dor na Igreja. Ali reencontrava a fonte de candura na qual se banhavam os fiéis. Ali se certificava da ligação natural entre Deus e os homens. Missas, confissões, participação em devoções, lavagem do chão, decoração com flores, vésperas. A Adoração da Eucaristia, por exemplo, tomava-lhe o dia inteiro. No mês de maio, mês de Maria, dedicou-se às festividades que a asseguravam e protegiam sob o manto da Virgem. Consagrou o décimo aniversário de casamento a "Nosso Senhor". Decidiu, também, construir igreja nova em estilo gótico às margens do rio Ipiranga.

De novo, a princesa não notava que sua piedade, junto com a batina dos padres, não cheirava bem. Muitos políticos eram maçons, inclusive o visconde de Rio Branco, chefe do gabinete conservador, ou o liberal Silveira Martins. Às palavras de um bispo ultramontano que desejava que um governo católico aprovasse e condenasse tudo o que a Igreja católica aprovasse ou condenasse, Silveira Martins respondia: "Os liberais são homens que não querem escravizar o Estado à Igreja." Nem se degradar, sujeitando-se a Roma.

Em 1870, teve início a Questão Religiosa, transposição para os trópicos da luta entre a posição do papa e o mundo liberal. Multiplicaram-se as tensões entre bispos católicos e fiéis maçons: a esses seria negada a absolvição, enterro em campo santo e decretada sua expulsão de irmandades e confrarias. O governo reagiu. Isso não! Seria uma intervenção no poder temporal, na vida de cidadãos e na Constituição. Bispos revoltosos foram presos e condenados a quatro anos de trabalhos forçados. Diante da condenação, o papa escreveu a D. Pedro ameaçando-o com castigos divinos. No Senado e na Câmara, os partidos se dividiram. O tom das vozes subiu. Os progressistas pressionavam: seriam escravos ou não de Roma?

Depois de condenar, o imperador acabou por anistiar os bispos ultramontanos. E por quê? Os jornais da oposição explicavam: por beatices da princesa. Uma charge na revista *O Mequetrefe* intitulada "A anistia" mostrava o perfil de Isabel eclipsando o Sol, no qual estava escrito "Liberdade". Embora não tivesse agido diretamente – ela chegou a dizer que os bispos tinham que ser "mais prudentes" –, a fama se lhe colou na pele. "Beata" e contra o progresso do país! Pudera, ela escrevera ao pai implorando: "Lá vai este apelo, meu Papai, e este pedido pela liberdade dos bispos." O do Pará alimentava boatos. Espalhava que ela chorava, noite e dia, pelos prelados condenados.

Para Isabel, a liturgia ultramontana pacificava, criando proteção contra ameaças desconhecidas. Aproximava o céu da terra, prometendo aos bons católicos a felicidade na vida eterna. Mas também aqui embaixo. Para a princesa, a fé curava. E novo milagre se fez: ela engravidou. A criança ia nascer em outubro de 1875: "Eu estou bem, meu queridinho, e nosso queridinho também está", escrevia ao marido. "Reze muito por ele e por sua queridona que o beija de todo o coração."

Para a Igreja católica, então, a dor aos olhos de Deus, sobretudo a dor física, foi objeto de inúmeras justificativas. Ela era um exercício de virtude. Era aceitação, passividade, resignação diante da condição humana. Ninguém seria infeliz se não o merecesse, confirmava santo Agostinho. A comunhão com Deus passava necessariamente pelo sofrimento. Na época em que Isabel enterrara sua filhinha, anestésicos e analgésicos começavam a ser descobertos. Na Inglaterra e França eram largamente usados nos partos, opondo-se à passagem do Gênesis: "darás à luz entre dores." Ora, Deus não adormeceu Adão para extrair-lhe Eva das costelas? O éter era utilizado para relaxar os músculos uterinos. A "eterização" entrava na moda. A inalação de clorofórmio, também. Depois do parto de Luísa Vitória, Isabel consolou-se com a Igreja, mas quis para seu novo rebento as vantagens da medicina em curso. Sim, Deus dava a dor, mas dava o remédio para curá-la. Ele viria na forma de um obstetra.

Isabel não titubeou: queria a presença do médico que conhecera em Paris, o dr. Jean Henri Depaul. Gastão, que já conhecia os meandros da mentalidade brasileira, não hesitou em afirmar:

Este convite a um sábio estrangeiro será muito malvisto pelos brasileiros em geral, e talvez atraia sobre nós censuras muito amargas. Por isso tomamos a resolução de nos isolar para evitar falar nesse assunto desagradável.

Pior, o assunto seria como um tapa na cara, confirmou a Barral. Mas dado por mão de mestre.

O isolamento incluiu o imperador. No aniversário de morte de Luísa Vitória, ele quis ir visitá-la. Ela escreveu a Gastão: "Longe de me distrair, isso só vai me incomodar. Por isso, tu podes dizer a ele que eu prefiro passar esses dias sozinha, com a minha tristeza [...] eu lhe peço que, em todo caso, não venha a Petrópolis nesses dias." Para não haver dúvidas, princesa escreveu à mãe. Que não lhe aparecessem entre 26 e 28 de julho. Alguém tinha que pagar pela morte da menina. Os horrores do parto anterior assustavam-na. Isabel vivia mergulhada em mutismo e insônia. Temia que o pai interditasse a vinda do médico estrangeiro. Coube a Gastão anunciar que importaria um obstetra. Ele chegou ao final de setembro trazendo segurança para a parturiente. Mas munição para a imprensa também. Só valiam os médicos franceses? Os jornais moveram uma "odiosa campanha" contra o casal.

No dia 14 de outubro, depois de sua bolsa arrebentar enquanto fabricava sorvetes, Isabel entrou em trabalho de parto: 13 horas! Gastão desesperava-se.

"Eu nunca vi um casal mais apaixonado e mais unido, eles se amam como se fossem bons burgueses. Ansioso, agitado, com suor na testa, o conde ia de um lado para outro no cômodo contíguo ao quarto da esposa. Entrava a toda hora para beijar-lhe a mão e recomendar que tivesse coragem, o que era desnecessário", comentou Depaul com um jornalista.

Gordo de quatro quilos e meio, Pedro de Alcântara Luiz Philippe Maria Gastão Miguel Gabriel Raphael Gonzaga, príncipe do Grão-Pará, dito Baby, nasceu de fórceps. A condessa de Barral deu detalhes: ele ficou algum tempo sem respirar. Massagearam-no, esfregaram-no, banharam-no, fizeram respiração boca a boca. Não foi fácil trazê-lo à vida. A asfixia deixou marcas: Baby não moveria o braço esquerdo: "Abençoai, meu querido pai, nosso caro bebê e em vossas orações não vos esqueçais de pedir ao Bom Deus que seu bracinho se restabeleça. É o único ponto negro que perturba nossa alegria", escrevia Gastão ao pai.

Princesa Isabel? Não. Isabel mãe: "Que vos direi de toda a minha felicidade de ter nossa querida criancinha. Durante tanto tempo pareceu-me ser isso apenas um belo sonho. Começo agora a pensar que é uma bela realidade." Debruçada sobre o berço, via "Pedrinho começar a chupar o dedo com gosto". Derretia-se: "Ele já sorri muito bem!!!" A alegria e o alívio de ter dado um herdeiro ao trono do Brasil resultaram em festa. Foguetes, mensagens de felicidades, *Te Deums*, ações de graças e um baile no Paço Isabel em dezembro.

O cotidiano entrou no ritmo normal. E, algum tempo depois, Isabel registrou:

A vida aqui deixa mais tempo para tudo. *Avis au lecteur*:[1] De manhã levanto-me às seis e meia e passeio, a maior parte das vezes de carro. Almoçamos às nove e jantamos às quatro. Do meio-dia às três, enquanto Baby dorme, é que posso melhor ler, escrever ou desenhar. Depois do jantar tornamos a sair à noite, divertimo-nos com Baby, todos sentados a uma mesa no seu bilhar, vendo pinturas, contando histórias de que Baby já gosta muito – ou distraindo-nos de qualquer outro jeito. Às sete e meia o caturra vai tomar seu leite e pão com manteiga; eu o fricciono e, afinal, dorme. Nós grandes tomamos nosso chá e vamos dormir lá pelas nove e meia.

Eram mesmo como os "bons burgueses".

O braço paralisado, ou "mão seca", como se dizia na época, foi tratado com eletricidade. Ele preocupara toda a família. A tia Francisca escrevia: "Sinto de saber que o filhinho dos Gastões ainda não podia mexer seu bracinho. Que dizem os médicos?" Eles diziam muito. Era o momento em que a medicina aprendia a usar a eletricidade para curar problemas motores.

Mas elétrico mesmo estava o ambiente político. Desde o início de 1875, os negócios públicos iam mal. Bancos fecharam as portas. O Mauá quebrou, arrastando um passivo de 100 mil contos, entre os quais um empréstimo do Tesouro de 7 mil contos. A crise comercial crescia. Caiu o ministério conservador dirigido pelo visconde de Rio Branco, minado pela aprovação da Lei do Ventre Livre. Ainda havia muitos escravistas. A pedido do imperador, o duque de Caxias substituiu Paranhos. Tudo para evitar a subida dos liberais. As relações do casal com D. Pedro não melhoravam. Convidado a visitar Campos e Macaé com o sogro, Gastão queixava-se ao pai: "Foi extenuante, como tudo que faz o imperador, e estou contrariado de ter que acompanhá-lo a Sorocaba, na semana que vem."

Os imperantes partiram para os Estados Unidos e Gastão se preocupava com a Questão Religiosa. Sabia que ela feriria de morte a Monarquia. Torcia pela paz entre os poderes, mas sabia também

---

1 *Avis au lecteur*: aviso ao leitor, em francês.

que o novo ministério não ia mudar "a marcha anterior". A encíclica do papa contra os maçons resultou "nas diatribes mais grosseiras [...] o sentimento antirreligioso é a única coisa que apaixona o público brasileiro e não se encontra nenhuma voz para defender as ideias católicas. Isso ainda vai dar muito pano para manga", queixava-se ao pai. Pudera! Havia caça às bruxas dentro das irmandades. Interditavam-se os templos que não quisessem excluir os maçons de seu meio. Por outro lado, lutava-se pelo fim da educação religiosa obrigatória. Seis ministros preferiram se demitir a receber o novo núncio enviado pelo papa. Os estudantes ameaçavam pôr fogo na cidade se o governo não impedisse a vinda do enviado de Roma. Católico era sinônimo de "fanático". Ou seja, Isabel, com suas devoções, era uma! Os padres e fiéis ultramontanos atacavam os maçons, mas eram incapazes de pregar contra a escravidão, criticava Joaquim Nabuco.

A imprensa multiplicava caricaturas ferozes nas quais o santo papa e os bispos eram pintados como "figuras ignóbeis". Na *Revista Ilustrada*, por exemplo, uma caricatura estampava o papa sentado em seu trono. Ajoelhados e contritos, os ministros, entre os quais Caxias. A legenda esclarecia: "O governo de Sua Alteza a Regente parece que, de joelhos, com as mãos postas e em angélico êxtase pede misericórdia a Pio IX e invoca seu poder para aniquilar *a canalha brasileira*!!!" O texto exortava o velho general a não deixar voltar os tempos da Inquisição. *O Mequetrefe* caricaturava carta do imperador à princesa:

Filhinha!
Estou na Califórnia!!!!!
Que terra, que terra!!!!!
Cuidado com teu marido.
Ando meio desconfiado que ele quer me passar as palhetas na coroa.
Não abandones os padres.
Na questão religiosa, tu hás de ser sempre o meu triunfo.

150 O castelo de papel

"Nada do que tenha caráter religioso é poupado: as irmãs de caridade, as conferências de São Vicente de Paulo, os missionários capuchinhos, que vêm evangelizar o interior, todos representados como instituições criminosas e perigosas para a tranquilidade do Brasil", escrevia Gastão ao pai.

E defendendo a esposa: "A princesa é acusada todos os dias de sacrificar a dignidade nacional aos seus sentimentos religiosos que ela mal pode manifestar, evitando naturalmente esse tema de conversa, só indo à missa aos domingos, não tendo confessor e diretor espiritual fixo." Cioso das consequências, prosseguia:

> E o que há de terrível é que tais declarações parecem formar um concerto unânime. Não há jornal quotidiano ou ilustrado que, como na França, não tenha compromisso com essa abominável cruzada, repetindo as mesmas injúrias. Até em conversas não se ousa tomar a defesa das instituições atacadas. Essa propaganda antirreligiosa pesa sobre todas as classes da sociedade como uma espécie de terrorismo. É muito inquietante. Os padres não podem aparecer nas ruas do Rio sem expor-se a ser vaiados ou a receber batatas e cebolas na cabeça.

E "o jornal *Família Maçônica lamenta que não lhes lancem pedras*", sublinhava!

No carnaval de 1877, aumentou a inquietação com as demonstrações antirreligiosas. Uma imagem da Virgem de Lourdes foi arrastada pelas ruas, para riso do povo. "É um fogo que dorme sob as cinzas e só espera a ocasião de acender; isso nos abre tristes perspectivas", diagnosticava Gastão em carta à França. Diante da "disposição até das classes superiores da sociedade", a tendência de isolamento do casal se acentuava. Sentiam-se incompreendidos.

Da mesma forma que a sociedade dos séculos anteriores compartilhou crenças e valores comuns que justificavam a Monarquia, nesse meado de século se forjava um espírito republicano. Espírito que rejeitava a tutela católica e monárquica. Sem dúvida, a maioria de brasileiros era católica. Mas, sobretudo nas capitais, a gente não aceitava mais que a Igreja coroasse reis, se aliasse aos privilegiados e fulminasse sua liberdade. A incompatibilidade entre os valores republicanos – liberdade, igualdade, fé na ciência, secularização da sociedade, liberdade religiosa – e a tradição romana antiliberal e antidemocrática, que inspirava tanto a lei quanto a moral individual, estava no centro do conflito. Gastão percebia. Isabel, não. Não, pois estava focada no filho. Morando em Petrópolis, só cuidava dele. A regência? Seu pai lhe deixara um conjunto de recomendações em tom pessimista. Que ela aguentasse no cargo. Não havia orientação precisa. Para piorar, o novo gabinete a ignorava. Não lhe propunham reformas, nem ela aos ministros.

Em carta ao pai, dava notícias sobre a festa na igreja, a comutação de duas penas de morte, alguns perdões a condenados e confessava: "Gostaria também de poder empurrar os melhoramentos do país. Estradas de ferro, colonização etc. Mas o carro é pesado e não sei se terei força para ajudar no que for possível. Deus o queira." Não estava disposta a criar um estilo de governo nem a inovar. Explicava ao pai que agora tinha seu "filhinho". Queria ver seus progressos, pois o "tempo passava depressa". Sua preferência não era a regência, mas Baby.

E, alimentando a fama de "fanática", visitava igrejas à noite com Gastão. Se o marido se afastava em pequenas viagens, ela se lamentava imediatamente:

> Tenho de me queixar a ti, meu pobre querido, do aborrecimento destas tardes. Passei mais de uma hora sem fazer outra coisa senão abrir e ler cartas, papéis e porta-fólios. Ainda não tive tempo de ler uma linha de jornal nem de estar presente ao jantar do Baby querido! Agora o estou ouvindo falar e fazer barulho no quarto!

O príncipe via a tempestade chegando. Em cartas ao pai, angustiava-se com os destinos da nação. O que dizer da reforma para evitar fraude nas eleições? E abria-se: "Neste país, as reformas não deixam o povo nem frio, nem quente." O editorial de *O Globo* concordava: a sociedade estava afetada pelo mal profundo que era a indiferença. Ninguém fiscalizava abusos! *O Apóstolo*, por sua vez,

152   O castelo de papel

reclamava da falta de segurança e da propaganda revolucionária de *A Reforma*. A quadra era de agitação. No centro da cidade multiplicavam-se os "rolos de capoeiras". "A capoeira é a grama das nossas ruas; a enxada da polícia arranca de um lado, e ela cresce do outro", rezingava o *Diário do Rio*. Eram os cativos e libertos a serviço de agitadores. Eram os negros com os quais Gastão se preocupara depois da Guerra do Paraguai. Eles não ajudavam a construir a ordem, mas a desordem. Em princípios de 1876, Gastão definia a situação:

> Em política, nada de novo, e eu espero que essa trégua dure até o mês de outubro, época marcada por eleições e que, segundo o costume, não deixarão de provocar aqui e ali desordens e mortes, vista a exaltação dos partidos; um fazendo todos os esforços para tomar o poder e o outro, decidido a não recuar. [...] Aqui, o governo tem a pretensão de parecer neutro na luta. Mas, na prática, como é difícil de manter tamanha neutralidade! Sobretudo neste país onde os fios da administração se emaranham com as menores questões pessoais: direito de voto, isenção de recrutamento, nomeação de notários, de tabeliães, de guardas de prisão, de inspetores de escola primária, sem falar de agentes da polícia intitulados de inspetores de quarteirão!

O novelo emaranhado da administração era o clientelismo. Ele era a força que fazia funcionar o bipartidarismo regido pelo poder moderador da Coroa. Ele significou a arte de fazer pactos graças à rede de poder que se alternava entre os partidos, Conservador e Liberal. E, dependendo das circunstâncias, uma facção apoiava a outra só para garantir sua fatia no bolo. O governo era visto como "um arranjo entre amigos". Valia de tudo: fraudes, subornos, "derrubadas", permitindo às diferentes facções morder na carne do poder. Pior, já se distribuíam rendas vitalícias em favor de filhos, genros, parentes ou protegidos dos magnatas da política. Era a "empregomania".

E Gastão até provou que gosto tinha. Em visita a Barbacena, Minas Gerais, por ocasião de uma "exposição hortícula", teve que atender ao que chamava de audiência pública de "lamentações e elucubrações": o barão que queria ser visconde, o industrial que pedia proteção para construir uma usina, "357 pedidos de esmolas", um senhorzinho com um projeto de igreja, outro reclamando do atraso na construção das linhas férreas, o professor da escola queixando-se dos seus alunos. Chegou outubro e Gastão acertou. A lei não evitou o pior. Desordens, feridos, rivalidades. O prestígio do imperador despencava. Como substituta do pai, Isabel não gozava de melhor imagem. Em resposta, tornou-se suscetível, estressada, nervosa. Ele também não ia bem. Desde a guerra, sua saúde piorava: febres, tosse, infecções. Apesar de sua discrição, o príncipe era chamado pejorativamente de "o francês". Suspeitavam que ele estava por trás da inação de Isabel. Acusavam-no de não se adaptar à terra da esposa. A insatisfação aumentava entre os "progressistas". O republicanismo contagiava a juventude e os estudantes. Tudo era culpa da Coroa: a falta de escolas e de educação, as indigentes redes ferroviárias ou telegráficas ligando as regiões, a ausência de civilização.

Que os príncipes olhassem o vizinho: a Argentina crescia a olhos vistos. Aqui, nada! Era verdade. Na Corte, tudo ficava mais visível: não havia água encanada e recolhia-se o líquido em bicas e chafarizes para o consumo doméstico e a higiene do corpo. O mau calçamento, a sujeira e a poeira, além do trânsito e do abuso de cocheiros provocavam críticas mordazes. Os jornais comentavam a insegurança em que vivia a população. Os "ratoeiros" assaltavam os bondes, recém-inaugurados. Até a esposa de Saldanha da Gama teve um bracelete roubado! Os jogos de *gabizo* e *macumba* multiplicavam os criminosos. Crescia a prostituição: mulheres exibiam-se às janelas "vestidas somente com a própria pele", denunciava o *Diário*. A fumaça e "a poluição" sufocavam os moradores. A "fatal mania das desapropriações" indignava. Iam embora até os encantos da Tijuca? O comércio e a lavoura continuavam sob o jugo de pesados tributos, enquanto o governo autorizava despesas. Eram desoladoras as cifras da instrução: professorado incompetente e salários irrisórios.

Todo o ressentimento e frustrações de diferentes grupos políticos encontraram um bode expiatório no casal. "A população tem necessidade de se agitar, de se manifestar, que pode tornar-se perigosa na mão de um sedicioso", observava Gastão. Diante do muro que viam erguer entre eles e a opinião pública, decidiram: iam se afastar. Petrópolis seria o refúgio.

O repouso lhes fez bem. Em abril, Isabel engravidou. Mas, em maio, Gastão escreveu ao sogro: "Tínhamos resolvido descer para a Corte, talvez no dia 30 de maio, quando, no dia 28 à noite, apareceram-lhe de repente sinais análogos aos que precederam seu aborto no ano passado." Gastão suspendeu os despachos e a Fala do Trono. Esta poderia ser lida por um ministro. Isabel ficaria de cama. O marido a protegeu.

Ao pai, a princesa notificava que o Brasil não iria se apresentar na Exposição Universal de Paris, a vitrine do mundo: "As Câmaras têm gritado tanto por economias que os ministros ficaram com medo de propor no orçamento a verba para a Exposição. Não foi esta minha opinião, mas cedi." Ela não sabia dizer se havia "algo mais" por trás da resolução ou se era simples economia. Para ela, a política era coisa "tão intrincada".

Com naturalidade, misturava as informações práticas com saudades: "Meu papai, por que não me escreve mais?", perguntava qual criança. Estaria zangado com ela? "Diga-me que me ama como outrora que ficarei bem contente, meu querido papaizinho." Isabel já tinha 30 anos! Seguia embaralhando o público e o privado: "Já sei que não anda zangadinho [...] só faltam dois meses para a sua volta. Que belo!" E, a seguir, tratava como se nada fosse de uma das maiores crises que atravessou sua regência: "Adeusinho. Temos horrível falta d'água. Parece que não a há mais no céu. O meu concerto para as vítimas da seca deu 21 contos e o bazar vai produzindo igualmente bom resultado."

Seria possível que a regente não soubesse do horror que tomava conta das províncias do Norte? Acreditava que bastavam as "musicatas", tardes beneficentes que organizava em Petrópolis, enquanto ocorria a maior seca do século? Seu amigo Rebouças foi encarregado de fazer um relatório. Deu três sugestões, inclusive a criação de açudes e construção de estradas de ferro. Só sugestões. Nada saiu do papel. A população sertaneja, acostumada ao ritual de falta de chuvas, iniciou a retirada em direção às capitais. Em pouco mais de um ano, Fortaleza pulou de 21 mil habitantes para 114 mil: tornou-se "a metrópole da fome, capital de um pavoroso reino". Pais e filhos descarnados pareciam múmias em pé. Ataques ao imperador ausente? Vários: "Se no Egito houvesse seca, estamos certos de que teria lá estado e comunicaria à academia francesa o resultado de seus estudos", dizia um jornal. A inépcia das medidas desqualificou a princesa. A fotomontagem, recém-descoberta, enchia as páginas de revistas e folhas para denunciar os horrores da catástrofe. Jornalistas como José do Patrocínio e Bordalo Pinheiro fustigavam o desempenho do governo em *O Besouro* e a *Gazeta de Notícias*. Imagens fotográficas valiam mais do que mil palavras. Escrevia Patrocínio:

> Criancinhas nuas e seminuas, com o rosto escaveirado, cabelos emaranhados sobre crânios enegrecidos pelo pó das longas jornadas, com as omoplatas e vértebras cobertas apenas por pele ressequida, ventres desmesurados, pés inchados [...] vagam sozinhas ou em grupos, tossindo a sua anemia e invocando, com voz fraquíssima, o nome de Deus em socorro da orfandade.

Não à toa, Isabel escrevia ao pai que "a leitura dos jornais é que é o meu pesadelo. Felizmente, tenho quem os leia por mim e me diga o que há de mais importante", referindo-se a quem lhe preparava "as papinhas". Se nada via ou ouvia, teve sorte. Pois a imprensa não tinha mais limites. Livre de censura, não lhe dava sossego. Um articulista perguntava-lhe se, para os sedentos, traria "água de Lourdes", referindo-se ao santuário português. *O Mequetrefe* deu de publicar irônicos telegramas:

– Minha querida Filha!

– Tenho estranhado a ausência de notícias tuas.

– Por que não telegrafas?

– Economias do teu marido, talvez...

– Deixa-te de cerimônias, manda o Cotegipe pagar.

– Tudo no fim dá certo!

– O Estado paga sempre.

– Isso de orçamentos e verbas é asneira. Se o dinheiro não chegar para telegramas, crie-se um imposto e verás como o povo paga, sem tugir, nem mugir.

As sátiras revelavam que as tensões entre o imperador e seu genro tinham se tornado públicas:

– Minha filha!

– Os *yankees* estão admirados do meu saber.

– Um deles perguntou-me se isso era o resultado do método do Hudson.

– A respeito de economia, teu marido continua na teoria de gastar pouco para guardar muito?

– Deus o ajude.

– Nada de esmolas?

– Faz ele muito bem, eu as dei hoje e nem me conhecem.

Ou:

– Nenê.

– Teu avô tem sido causa de admiração dos povos do Novo Mundo.

– Todos me pedem cabelos como recordação e eu, cedendo, tenho medo de chegar aí sem barbas.

– Estimarei estejas mais gordinho.

– Eu estou assim.

– Teu pai?

– Sempre econômico?

– Adeus, estou com sono.

Ainda:

– Meu genro!

– Não grites muito, ouviste?

– Por ora, ainda sou aí alguma coisa!

– O Salvador de Mendonça manda te pedir perdão de ter te chamado valete de espadas da Guerra do Paraguai.

– Este meu genro está prontinho.

– Falta ainda arrumar muita gente que por aí anda.

José do Patrocínio, que durante meses publicou o quinzenário satírico *Os Ferrões*, juntou-se ao clube republicano, onde convivia com Quintino Bocaiuva, Lopes Ferrão, Pardal Mallet, entre outros. No início de sua carreira jornalística, usara as páginas de *A Gazeta* para admoestar a princesa de forma elegante. Os versos, porém, ameaçavam, sem cerimônias. Afinal, os republicanos tinham em comum a paixão pela liberdade, pela razão e pela ciência. E a vigilância contra a Igreja. Eis o que ele dizia:

Filha da livre América, tu erras!
O silêncio fatal em que te encerras
Desperta a grande voz da multidão.
E o século em que vens pedir comédia
É filho de Sieyès,[2] da *Enciclopédia*,
Dessa protagonista da tragédia, chamada Convenção.
Por que queres algemar o pensamento?
Ergue-te, despovoa o firmamento.
Por que pedir excomunhão a Roma?
Quando da paz a doce aurora assoma
No céu da consciência universal.
E no labor divino da ciência
Rompe os tristes andrajos da consciência.
Senhora! Insultas o brasileiro povo.
Larga fronte em que o sol do mundo novo
Esculpiu epopeias colossais.
Queres ver o gigante levantar-se
E ao choque do combate esboroar-se,
No sangue e na poeira, misturar-se o trono de teus pais.

---

2 Referência a Emmanuel-Joseph Sieyès (1748-1836), político, escritor e eclesiástico, que votou pela morte de Luís XVI e escreveu *A Constituinte burguesa*, em que defende a ideia de um contrato social baseado no poder constituinte.

158 O castelo de papel

Quem lia isso? Em 1871, apenas 29% da população era alfabetizada. Porém, as notícias circulavam por toda a cidade. Tanto entre a elite como entre as classes mais baixas, livres ou cativas, por meio de conversas informais. Nas ruas e praças, zungus e botequins, cafés e teatros, tudo se sabia. As sessões de "a pedidos" escoavam também críticas. Podiam ser expressas opiniões ousadas, pois tais cartas eram anônimas.

O espírito republicano que impregnava muitas delas se inspirava em referências filosóficas e dispunha de forças organizadas fora do partido recém-fundado no Brasil. A mais forte inspiração vinha da maçonaria. Instituição filantrópica e filosófica, ela tinha por objetivo a busca da verdade e a prática da solidariedade. Trabalhava pelo aperfeiçoamento moral e material da humanidade. Tolerância, respeito aos outros e a si mesmo e absoluta liberdade de consciência eram princípios proclamados. Os boletins oficiais do Grande Oriente participaram dos debates sobre a Questão Religiosa com muitos eclesiásticos maçons dando suas opiniões. Para muitos deles, a "excomunhão não passava de feitiçaria"!

A abolição da escravidão se incorporou a essas bandeiras e foi defendida por muitos outros obreiros, como também são chamados os maçons, que circulavam nas lojas da Corte. Foi de um deles, Saldanha da Gama, o grito: "Que a emancipação dos escravos saia do seio da maçonaria!" Porém o tráfico interno continuava e não faltavam recursos para burlar a lei. Até falsificação de documentos, trocando a identidade de escravos mortos por vivos. No escritório da Sociedade Comanditária de Locação de Escravos ofereciam-se: "Um preto de 22 anos, lustrador carpinteiro; um moleque de 16 anos, copeiro e pajem, negrinhas e pardinhas para lidar com crianças", entre outros.

A *Gazeta de Notícias* destilava um discurso que procurava comover seus leitores sobre a sorte dos escravos desprotegidos. Desde 1876, abria as páginas para a propaganda abolicionista. Mas escancarava, também, a divisão que existia sobre o tema: ao mesmo tempo que publicava discursos pela emancipação, estampava anúncios de compra e venda de escravos. O assunto demorou alguns anos para ganhar músculos e unanimidade. Por enquanto, acreditava-se, comodamente, que a Lei do Ventre Livre extinguiria a escravidão. Não nasceriam mais escravos e os velhos morreriam. Os outros poderiam esperar. O nome de Isabel nem era associado à execução da lei. Eram tempos difíceis. O ministro e barão de Cotegipe chegou a escrever no *Diário do Rio de Janeiro*: "Tudo está estremecido: a ordem e a liberdade. Se o presente aflige, o futuro assusta." Não havia harmonia entre os brasileiros, pois não podia havê-la entre opressores e oprimidos. Questionava-se o sistema de governo. Para o monarca brasileiro só havia uma virtude: o servilismo, dizia-se.

José de Alencar, que frequentou o Palácio Laranjeiras, poupava os príncipes e apontava em seus artigos não a família imperial, mas a inércia do povo, a extinção dos partidos e o Parlamento decaído como problemas importantes. Para outros intelectuais, o poder pessoal do imperador era um polvo que tudo sufocava. Muitos achavam que os homens independentes eram agraciados com o ostracismo. Para os lacaios, a família imperial distribuía condecorações. De maneira geral, não havia fé na Coroa.

Nesse clima de insegurança e insatisfação, no qual brotavam ataques como água das pedras, Isabel não foi poupada. Se graças à maternidade e ao casamento ela conseguia ser feliz na vida privada, na vida pública tudo eram problemas. Os dardos mais venenosos vinham da imprensa oposicionista:

> Lamentamos de coração o estado desgraçado a que vai chegando o Brasil! Nenhum brasileiro ou mesmo estrangeiro que se interessar pela sorte do país deixará de conosco sentir os atos da Regente, que a par de estragar seu reinado cava a ruína da nação.

As ideias da "futura imperatriz" eram consideradas "extravagantes". Ela manuseava o poder pessoal do pai com "a vontade de uma fanática dama do Paço", referência à condessa de Barral, "íntima da Regente e dos jesuítas". Assinava qualquer coisa que lhe enviassem, se fosse vontade da amiga que se encontrava em Paris. Os "telegramas" caricaturais de *O Mequetrefe*, sempre assinados por *Père Pedre*, ou pai Pedro, não poupavam nem Baby: "Cuidado com a dentição [...] o estômago funciona bem?" Num francês arrevesado, pintavam Gastão: ele pensaria "*choses* incomodativas: o povo não quer ser governado por *ma femme*"... A regência era considerada "mais imperial do que o próprio imperador". A Fala do Trono foi entendida e reproduzida nos jornais sob o título de "Beatices". Isabel era considerada "noviça na arte de governar". O fato de ter mencionado no texto "o nascimento do Príncipe do Grão-Pará, duplo penhor de minha felicidade doméstica e da estabilidade de nossas instituições", provocou uma avalanche de protestos. Baby era apenas garantia de continuidade da dinastia. Não das instituições. E, emendando, martelava o articulista:

> Mas a dinastia não é senão um acidente na marcha das instituições e a prova é que a nossa lei fundamental previu a sua extinção e estabeleceu modo de substituí-la [...]. O penhor de que nós carecemos é outro. É que o chefe da atual dinastia tome a sério a sua augusta missão e ocupe-se mais do país que lhe delegou a sua soberania. Enquanto a Monarquia fizer a felicidade do povo, ela será inabalável. Mas, se ao contrário, o que não esperamos, ela nos conduzir à bancarrota, à corrupção, à miséria, então não lhe valeriam nem dez gerações.

O recado estava dado. Terceiro Reinado, nesse clima? Difícil. Tanto mais quando o governo da princesa foi "um desengano. Frustrou-se a legítima esperança que se podia ter em um novo reinado para a consolidação da Monarquia representativa". Segundo o articulista, nunca os anais da história apresentaram uma página mais "triste, mais humilhante, mais nefasta" do que a do ano que passara. Se ela não conseguia governar por suas próprias ideias – uma alfinetada em Gastão –, estaria comprometendo o futuro. Tais condições anunciavam "as vésperas das revoluções".

E batia a imprensa: no gabinete Caxias, o que se viu foi corrupção no auge, a miséria pública, "a predileção por mediocridades e a suspeita pela miudeza de detalhes", traço herdado de D. Pedro II. Se fosse para deixar a coroa ao filho, que Isabel não a transformasse em diadema de espinhos. Para concluir, "seria triste que o reinado de uma princesa jovem e inteligente fosse mais decrépito do que o de um soberano já no declínio". E que insistia em governar por telegramas. Em enviar ordens por escrito. "O despotismo do telegrama era o mais degradante de um povo livre." Que Isabel lembrasse a exigência da nação: ser governada por alguém que exercesse livremente suas atribuições constitucionais. Onde estava "sua vontade". Fora? E era de fora que se mandava no Brasil? E arrematava: "O Brasil não é propriedade de alguém. Ele tem milhões de reis!"

Graças à regência, o Império ia colher ventos e tempestades. Partia-se, como por encanto, a aura que envolvia a família imperial. A imagem foi arranhada por vários tropeços. Para uns, a Questão Religiosa mostrou a ponta de um iceberg: era preciso deixar de lado a Igreja e permitir ao país entrar na era da secularização. Para outros, a comoção gerada pelo assunto, inclusive com reações populares, difundiu uma imagem de intolerância. Prender padres, pobrezinhos?! Quanta impiedade.

Se havia um grupo de empresários e agricultores que apostava na imigração para substituir a mão de obra escrava, a inexistência de casamento civil complicava a vida dos estrangeiros. Os imigrantes qualificados preferiam a Argentina. *A Reforma* cobrava da princesa que prestasse atenção à questão. Por conta da miséria, da fome, das doenças e da imprevidência com que trabalhadores "industriosos" eram recebidos, o Império passava por bárbaro.

Uma "calamidade financeira" estava a caminho, com espantosa rapidez, trombeteavam as folhas. "Comissões itinerantes, inúteis e dispendiosas", que serviam para dar ao "estrangeiro deplorável ideia" dos critérios do governo, tinham levado o país para "a borda do abismo". A Regente foi avisada! Na defensiva, a Igreja fechou-se. Seu lema era conservadorismo. Até a festa da Penha, com suas alegres barraquinhas e ingestão de bebida alcoólica, foi esvaziada. Começou a perseguição aos batuques e aos terreiros de candomblé. Queriam calar os tambores.

Em contraste com os sobrados da Corte, nas partes baixas e alagadiças da cidade multiplicavam-se os casebres e mocambos.

Palhoças africanas, casinhas de sapê e barro e muitas infecções graças às péssimas condições de higiene. O mesmo nos cortiços, sendo que o maior deles se localizava próximo à estrada de ferro D. Pedro, na rua da Princesa (atual Barão de São Félix). Ironicamente, por ali se escoava a produção de café, "o ouro verde", vinda do vale do Paraíba e que seguia para portos americanos e Hamburgo, na Alemanha. Mas o que se via eram "antros", "flagelos", "uma vergonha", "lodo e porcaria", gritavam os médicos e sanitaristas. Ninguém os ouvia. Os navios e capitais estrangeiros evitavam o Rio. Preferiam Buenos Aires. Fugiam da escarlatina, da febre amarela e da tuberculose que os esperavam de braços abertos. Esvaziavam-se os negócios com o Império brasileiro.

O *Diário do Rio*, ligado ao Partido Conservador, tentou defender Isabel algumas vezes. Nunca com argumentos de fundo. Sempre de forma: os liberais eram acusados de "indelicados", de usar "expressões desrespeitosas", de "não felicitar pelo governo provisório", de não compreender suas "excelsas virtudes", de "fantasiar ofensas". Paradoxalmente, os argumentos de defesa poupavam Isabel. Mas acusavam o imperador: "Que descortesia para com a princesa imperial! Invocar de sua regência provisória, remédio aos erros e incúria de seu augusto pai!!"

Aliás, ele desembarcou no dia 26 de setembro pela manhã. Foi recebido com artigo de *O Globo*: "Voltais ao país, quando todos os que aqui vivemos só temos uma íntima e secreta aspiração: partir, emigrar!!!"

D. Pedro ignorou o casal de príncipes. Transposta a soleira da porta do Palácio, foi direto falar com os ministros. Não deu uma palavra à filha. Gabou-se aos próximos de não ter lhe enviado um único telegrama durante a viagem. Será que o imperador sabia dos "telegramas" inventados pelo *O Mequetrefe*? O conde d'Eu confirmou, mas em tom queixoso:

Ele não conversou com Isabel ou comigo, nem antes nem depois da regência, sobre política ou os assuntos do Estado. Não nos queixamos disso, pois temos horror à política. Mas não deixa de ser estranho que ele não tenha se informado sobre como se passaram tais e quais coisas durante a sua ausência.

Ainda fez publicar nos jornais da situação que não interferiu nos negócios do país durante sua viagem, eximindo-se de qualquer responsabilidade do que tivesse acontecido. A pressa em justificar--se caiu mal. Gastão, porém, respirou aliviado. Escreveu ao pai:

Quanto a nós, só resta dar graças a Deus de ter acabado com essa corveia e tê-la atravessado sem maiores incidentes; os únicos fatos realmente desagradáveis foram a calamidade da seca, contra a qual nada podíamos, e as manifestações de desapreço pelas questões e a missão do enviado do papa.

Afinal, ele sublinhava, era "uma vida de cão, essa de chefe de Estado no Brasil"!

E as tensões aumentaram com a chegada do sogro. Novamente, Isabel submergia na angustiante experiência da gestação. Escaldada com as experiências anteriores, não teve dúvidas. Queria ao seu lado a amiga condessa de Barral, assim como o médico francês, dr. Depaul. D. Pedro reagiu: não! Luísa de Barral confidenciou a Isabel: não recebeu uma palavra sequer de incentivo do imperador. Esse silêncio significava claramente que ela não devia vir de Paris para o Rio. Sobre o obstetra estrangeiro, novo silêncio. Silêncio que indicava falta de apoio.

Nessa época, todos os homens estavam destinados a ser maridos, pais e, indiretamente, obstetras. Sua intervenção médico-conjugal tinha que ser higiênica, tranquilizadora, terna. Eles deviam ajudar a esposa a ser simplesmente mulher e mãe, evitando frivolidades e agitação. E desenvolvendo as delícias do sedentarismo. No jardim familiar ela era a rosa. Nunca a gata.

Gastão somente cumpria seu papel de marido e se abria com o pai: Isabel talvez nem precisasse de Depaul, embora se sentisse muito insegura. Na verdade, não fosse o médico, Baby teria morrido. Um parto, então, era uma espécie de naufrágio: a gestante afundava em agonia, gritos, horror. E tinha que suportar os espasmos com sangue-frio. Ela não era mais do que um brinquedo na celebração trágica da dor e do papel que lhe foi assinalado. O parto era o resultado da punição universal: "Parirás com dor", dizia a Bíblia. Só a Virgem Maria, de quem Isabel era devota, concebeu sem homem e não sofreu ao dar à luz.

Os métodos dos médicos brasileiros davam medo: "colocavam a parturiente em posição de trabalho" antes do fim da dilatação. Faziam-na se esforçar ao máximo, provocando rasgaduras no períneo e, por vezes, no próprio útero. Apoiavam-se sobre o ventre para fazer descer a criança. Ajeitavam-na violentamente, de qualquer jeito: com os dedos em forma de pinça, puxando-a pelas orelhas, com os dedos na pequena boca, sacudindo-a de um lado para outro para fazer passar os ombros, não percebendo se havia cordão enrolado ao pescoço, estrangulando o nascituro. Fora assim com Luísa Vitória.

"Fiquei indignado com o imperador, que mostra uma vez mais a extensão de seu egoísmo para com a própria família." Para piorar, tal falta de solidariedade expunha o jovem casal às críticas da Corte, e mais, era "um sacrifício financeiro enorme e excessivamente indesejável", registrou Gastão.

Em fins de novembro, instalado em Petrópolis, o casal recebeu os sogros. Para sua surpresa, o imperador, "sombrio e silencioso", enfurnou-se no salão de bilhar. Durante duas horas não abriu a boca. "Convenhamos que é esquisito visitar as pessoas e não falar com elas", escreveu o príncipe à Barral. O pouco que falou foi para ser incisivo. Quase grosseiro. Enquanto Gastão se desmanchava em explicações sobre a necessária presença do dr. Depaul, ele cortou: "Você sabe qual a minha opinião sobre isso. Acho que é um erro." Cada vez que o genro abria a boca, ele interrompia a conversa dizendo: "Essa é a sua opinião!" O jovem casal estremecia...

Em dezembro, caiu o ministério conservador, no comando desde 1868. Subiam os liberais. Mudava alguma coisa? Segundo Gastão, estando lá o sogro para impor sua vontade, tanto fazia levar ao poder tal e qual homem de Estado. Mas a hora não era adequada para mudanças. Era uma ameaça à paz pública e ao acirramento dos ódios partidários. Em sua opinião, o que o Brasil menos precisava era de deputados e reformas legislativas. O ministro do Império o convidou para a sessão que definiria a dissolução do ministério. O príncipe foi de Petrópolis ao Rio. Ao chegar, surpresa desagradável: "O imperador o desaconselhou a comparecer à sessão, para não ter que dar opinião sobre matéria tão delicada." Com sugestões assim, melhor ficar longe da Corte. Ficava claro que D. Pedro mantinha o trono pela simples e milagrosa razão de que conseguia sentar-se nele. Por quanto tempo, ainda? Era claro: não se queriam mais reis ou imperadores.

O médico chegou. E a 26 de janeiro de 1878, pela manhã, nascia Luiz Maria Philippe Pedro de Alcântara Gastão Miguel Gabriel Raphael Gonzaga, em homenagem ao avô paterno, o duque de Nemours. Um parto fácil: "bem emocionante". A palavra felicidade parecia-lhes bem pequena para resumir o que sentiam. O casal estava "grato e alegre": "Ter dois filhos sadios depois de tantos contratempos, que me fizeram perder a esperança da paternidade, ultrapassa o que eu me atrevia a esperar", registrou o príncipe. E uma revelação: desapontou-se levemente. Pois preferia uma menina!

Depaul partiu, levando nas costas uma carrada de insultos. A imprensa não desculpou. E a classe médica menos ainda. Até em francês foram publicados artigos contra sua presença, considerada invasiva. Tudo isso dava uma "horrível impressão da hospitalidade brasileira", queixava-se Gastão. E, para o público insatisfeito com a Coroa, má impressão deles, príncipes, também!

Em correspondência com o pai e amigos, Gastão demonstrava sensata visão da situação que se armava. Em nenhum momento revelou, de sua parte ou da esposa, qualquer afinidade com as questões políticas. Ao contrário. Evitava compreendê-las, embora as definisse com clareza: crise da Monarquia, crise econômica, falta de civilidade. Sua maior preocupação era ter deixado boa imagem na Guerra do Paraguai. E deixara. Até o fim da vida, mesmo em jantares no clube republicano, o renomado general Osório não cansava de repetir: Gastão foi um herói. Portou-se como tal. Seus elogios inquestionáveis sobre o príncipe calavam qualquer tentativa de diminuí-lo.

Fora da vida militar, de curta mas honrosa duração, havia a familiar. E dessa, ele gostava. O segundo menino veio consolidar uma relação de profundo entrosamento. Diferentes de Pedro e Teresa Cristina, os príncipes eram felizes. Não precisavam da Corte ou de seus políticos. Fechavam-se contra um mundo que os hostilizava. Ele por ser "francês". Ela por ser considerada incompetente, fraca, beata. Longe do frio formalismo da maior parte dos casais de elite, eles gozavam de afeição sincera um pelo outro. Partilhavam amizade mútua, esse sentimento delicioso e pouco conhecido. O desinteresse que pautava a maior parte das alianças dinásticas – afinal, ela era o "negócio nº 2" – não medrou entre eles. Pois ambos eram pobres, jovens, *gauches*: ela feia, ele surdo. O amor não foi a causa, mas a consequência de sua união. E de uma união que se tornou uma forma de encontrar a felicidade pessoal.

Por isso mesmo, a 1º de maio de 1878, três meses depois do parto, Isabel e Gastão partiram com os dois filhos para a Europa. D. Pedro autorizou o casal a residir dois anos fora do Brasil. A desculpa era buscar tratamento para a "mão seca" de Baby. O casal deixava para trás um pesado passivo: dois abortos, um natimorto, duas gravidezes, 18 meses de regência e as críticas da imprensa. Certamente, o casal buscava sossego longe do imperador "cinzento" e da vida política. E perto de tudo que a velha Europa oferecia de melhor. Foram da sonolenta Petrópolis à borbulhante Paris...

CAPÍTULO VIII

Lições daqui e de lá

Rue de la Faisanderie: foi onde se instalaram. Um endereço dos mais chiques em Paris. Ali se erguia o antigo criatório de faisões no Castelo de la Muette, destruído durante a Revolução Francesa. Os chamados *hotels*, ou seja, casas palacianas, se distribuíam ao longo dos 810 metros da rua. Levavam o nome dos proprietários: o Watel-Dehaynin, o Desmarais, o Menard--Dorien. Todos luxuosos. Sete igrejas e três capelas reuniam os fiéis para o culto a Nossa Senhora de Passy e de Auteil. Os 52 hectares do Bois de Boulogne convidavam a passear por entre áleas, lagos e cascatas. Se a guerra contra os prussianos teve ali um dos seus campos de batalha mais ferozes, a natureza refizera tudo. Cavaleiros e amazonas percorriam as picadas entre carvalhos centenários. O hipódromo tinha sido inaugurado havia pouco tempo e atraía centenas de amantes do turfe. O pintor Manet os retratou: flor na lapela, redingote cinza e cartola.

Gastão voltava a Paris, de onde fora expulso aos 6 anos em 1848. Tudo tinha mudado na cidade! O pai o aguardava instalado na avenida do Bois de Boulogne, onde recebia a boa sociedade. Contrariamente à Paris que se modernizava, a família Orléans seguia um conservatório de tradições. Nela se exercia, com pequenas variações, a repetição dos códigos sociais que demarcavam os diferentes níveis de aristocracia e fortuna. Era a distinção: um sistema de signos, visíveis ou imperceptíveis, que separava a gente de sangue azul da poderosa burguesia emergente.

Entre os aristocratas, justificavam-se gestos insólitos alegando, por exemplo, que "eles eram comuns na Corte de França". Nos seus *hotels*, os valetes ainda serviam a mesa com calças curtas, meias de seda e *scarpins* de fivela. O arranjo das mesas obedecia às regras: um duque tinha que se sentar sempre à direita da dona da casa. E se havia vários duques, era preciso consultar o almanaque do *Gotha* para saber a data do registro do título. Os mais antigos tinham precedência. Um olhar ou um discreto sinal da mão dirigia as operações. Respeitavam-se a urbanidade de maneiras e a elegância da linguagem.

Por seu lado, a burguesia francesa resultava da união do grande capital com as altas funções de Estado. Diante dela, a aristocracia guardava sua posição. Vivia de lembranças e preconceitos e impunha *esnobismo* à vida mundana, como demonstram os romances de Marcel Proust. A cascata de desprezo que os aristocratas despejavam sobre os burgueses era visível. Códigos, conveniências, concorrência, pequenas guerras se declaravam nos salões, como os do duque de Nemours.

Entre móveis dourados revestidos de tapeçaria de Beauvais, quadros dos pintores Jules Noel ou Franz Winterhalter e painéis decorativos do realista Chaplin, circulavam os membros da família. Mas também políticos: Louis Adolphe Thiers, orleanista e presidente da República durante a Comuna. E seu sucessor, Mac--Mahon, marechal do Império com serviços no norte da África, ao lado de Nemours. Assim como o duque de Broglie, também monarquista e legatário de Mac-Mahon. E, como dizia uma observadora da época sobre a sociedade francesa, "quanto mais ela mudava, mais era a mesma coisa". Considerava-se normal receber a "direita" e a "esquerda" numa mesma recepção, como fazia, por exemplo, a princesa Liza Troubetzkoï.

Na época, também na França, o catolicismo se confrontava com o futuro. Enquanto na esfera intelectual a biologia e a arqueologia destruíam velhos dogmas, grupos se curvavam à intransigência do papado e conservavam-se extremamente antimodernos e antiliberais. Nas grandes cidades, a crescente incredulidade atingia, primeiro, as classes liberais. Depois, os funcionários, comerciantes, artesãos e empregados. Foram sobretudo os operários que se afastaram da Igreja. Entre eles pensava-se que padres defendiam os patrões e os ricos. Sem contar que o socialismo tomava a aparência de uma nova religião com suas festas – o Primeiro de Maio –, seus cantos, ajuntamentos e a promessa de outro mundo, aqui embaixo. Mais e mais famílias enterravam seus mortos sem a bênção da Igreja. Os livres-pensadores seguiam combatendo a influência católica. A fratura espiritual opunha católicos e não católicos em debates encarniçados.

O severo Nemours, que fora criado pela mãe para ser um segundo "são Luís rei de França", adorava a liturgia católica, suas tradições e rituais. Ele não perdia um. Os sermões da Semana Santa estavam na moda. O jornal *Le Figaro* descrevia a massa de fiéis elegantes que se amontoava sob a abóbada da catedral de Notre Dame. Havia até "guardiões de cadeiras". As grandes damas cantavam os ofícios do mês de Maria. E se tornavam notícia de jornal: "ontem *Madame* de Dreux-Brézé acompanhada do organista cantou o *Recordare* da missa de *Réquiem* de Verdi".

Nos círculos aristocráticos, contrarrevolucionários em política e intransigentes em matéria de religião, se encontravam personalidades ativas como Nemours. Gente que tentava desempoeirar a Igreja para melhor conservá-la. Fundavam-se "círculos operários", animavam-se grupos de estudo para jovens, organizavam-se quermesses ou peregrinações com destino especializado. O santuário de Lourdes tinha até filial na Bélgica. Os chamados "homens de obras" ofereciam uma parte de seu tempo e de seus bens para causas católicas: escolas para aprendizes e até colônias de férias para crianças pobres. Cinematógrafo, teatro e esporte se associavam às orações.

As mulheres Orléans também funcionavam como bastião contra a secularização acelerada. Dentre seus princípios morais estava o de fazer caridade. A atividade era por vezes ostentatória.

Pertencia-se às sociedades de beneficência como se era membro de um clube privado: Sociedade de São Vicente de Paulo, Amigos da Caridade etc. A consciência de classe, mas também o receio de motins populares, encorajava a atitude. Isabel aproveitou para fundar a Sociedade Beneficente Brasileira, para dar socorro aos compatriotas empobrecidos na França.

Mergulhada em depressão, a cunhada Sofia-Carlota também aderiu ao ultramontanismo. A correspondência com seu diretor espiritual mencionava o "vazio terrível", o "profundo abismo", a "tristeza difícil de ultrapassar" que habitavam sua vida. O buraco no coração, só Jesus podia preencher. Fé e histeria andavam lado a lado. Depois da peregrinação a Lourdes, Sofia deixou de lado a melancolia em que vivia. Trocou a vida mundana de Paris pela caridade ativa: ia visitar doentes nos hospitais e consolava-os. Reconciliou-se com o sogro e até deixava seus filhos brincarem com os primos. Pouco antes dessa crise mística, ela os tinha deixado com o avô e partido para a Baviera. Arrastou os pés para voltar. Razões do coração – mas não o de Jesus.

Nemours quase enlouqueceu de raiva. Exigiu de Alençon que vigiasse melhor a esposa. Que ele colocasse um espião em sua intimidade, na forma de uma dama de honra que lhe contasse cada passo dado pela jovem mulher. Em seu entendimento, Sofia-Carlota era como um cavalo de boca delicada. Para segurá-lo, só mão firme.

Esmagado entre as crises da mulher e a rigidez do pai, Alençon definhava. Corriam rumores de que atentara contra a própria vida em três ocasiões. Seu excessivo sofrimento desaguava na decisão de autodestruir-se. Era um grito de socorro contra a falta de comunicação. Chegou a deixar um testamento espiritual para os filhos. O que evitou o suicídio? Seu sentimento religioso. E o dever de não abandonar moralmente uma esposa frágil e crianças que teriam grande necessidade dele. Suicídios estavam muito difundidos então. Os suicídios de homens eram três a quatro vezes mais numerosos do que o de mulheres. Aconteciam pela manhã ou à noite. De preferência, nos longos e tenebrosos invernos.

Isabel era o extremo oposto de Sofia-Carlota. E a situação familiar que encontrou em Paris só a fez aderir mais à sociedade católica: seus padres, seus fiéis, sua imprensa. Os príncipes descobriam, porém, que Sofia-Carlota e Alençon não eram os únicos problemas da família. Chiquita, a filha dos queridos tios Joinville, atravessava um período difícil com o marido, Roberto, duque de Chartres. Ele estava completamente enrabichado por uma das cortesãs da época: Virgínia Oldoíni, condessa de Castiglione. Ela o recebia num salão ao lado do quarto e o chamava carinhosamente de "meu príncipe canalha"! Roberto encontrava a amante em Cannes e mandava a esposa para Luneville ou Saint-Firmin. Chiquita, sempre apaixonada, costumava justificar: "Não há quase maridos que não façam pequenas bobagens." A Castiglione não era exatamente "pequena". Os primos condes de Paris, Maria Isabel e Luís Filipe, já não dividiam o mesmo quarto no Castelo d'Eu, que, nessa época, reformavam. E a vida familiar se apresentava como um mar de rosas com muitos espinhos.

A república na qual o casal de príncipes mergulhou não era só um regime político, mas um estado de espírito, uma cultura, uma visão de mundo. Ser republicano significava rejeitar o regime imperial, o poder pessoal, o arbítrio. Autores e obras sobre o assunto não faltavam. Os espíritos eram modelados por jornais, revistas, sociedades e lojas maçônicas. E, para quem saía de uma sociedade escravista, surpresa! A França estava em pleno regime de igualdade. A mobilidade social era um fato. Todos podiam subir na vida. Não existia mais regime censitário, nem direito divino. Os livres-pensadores combatiam a influência católica.

Rumores de Restauração monárquica? Sim. Corria que os dois ramos da Casa de França, o dos Bourbon e o dos Orléans se uniriam. François Guizot, primeiro-ministro quando houve a revolução de 1848, trabalhou para o restabelecimento da Monarquia constitucional até o fim da vida, em 1874. Nemours e Joinville chegaram a ir visitar o conde de Chambord em seu castelo de Froshsdorf, na Áustria. O sonho de uma Monarquia única era também o do presidente Thiers. Mas Chambord recusou-se a abandonar a bandeira da família: branca. Foi preciso aguardar sua morte, em 1883, para que os partidários da Monarquia se reunissem. Seria o fim da briga entre orleanistas, legitimistas – partidários do duque de Chambord – e bonapartistas. Os orleanistas carregavam a tradição de uma Monarquia constitucional, parlamentar e secularizada, mais adequada aos tempos. E que tempos! Se no Rio de Janeiro não havia sossego nas ruas, tampouco em Paris. Os arquivos da Justiça regurgitavam de processos. Era uma sociedade de "som e fúria": disputas, querelas de casal, injúrias, palavrões trocados através das janelas, protagonistas que gostavam de resolver os problemas na mão. Ou na faca. O alcoolismo era uma praga e a delinquência, até infantil, ocupava os jornais. Se no Rio temiam-se os "ratoeiros", em Paris o perigo eram os "apaches". Nos bulevares dos excluídos, o ar cheirava a vinho barato. As imundícies vazavam do Sena para dentro das casas. A lama cheirava a urina, tabaco e suor. A umidade, o frio e a fome tudo decompunham, gente e coisas.

No oposto da miséria e da fumaça dos bairros operários, borbulhava a vida mundana. Ela não perdia o luxo. E a República democrática continuava uma festa para as cabeças coroadas, os herdeiros e ricaços, chamados de *gens du monde* – os emergentes. A princesa de Sagan recebia para bailes à fantasia com temas: dos animais, dos camponeses. Cinco mil convites eram expedidos e os salões de baile enchiam-se de mulheres elegantérrimas, como a condessa de Montreuil vestida de sultana; a baronesa de Poilly, de odalisca; Madame Henri Schneider, de rainha da noite; e uma beleza brasileira, Madame Haritoff, fantasiada de "escrava conduzida ao mercado, cabelos castanho-dourados, soltos até os joelhos e coberta de turquesas e diamantes". As chamadas "entradas", em que os convidados paravam à porta para serem apresentados, permitiam exibir a riqueza de trajes e joias: pérolas, diamantes, pedras preciosas, veludos e sedas.

Muitos convidados entravam em grupo, fazendo passos de dança ou mímicas: um espetáculo. Os escravos que Isabel e Gastão viam fantasiados eram apenas comediantes negros a serviço da festa. Tais bailes custavam caro. Para ficar num exemplo, um deles, oferecido pela baronesa de Rothschild, custou 110 mil francos. Na época, uma doméstica ganhava 30 francos por mês e uma família de pequenos comerciantes vivia com 2 mil francos por ano. Mas os príncipes não gostavam ou não podiam gostar de mundanidades. Eram pobres e estavam endividados. Difícil acompanhar o trem de vida que a aristocracia levava nas capitais europeias. E ser da casa imperial brasileira também não chamava atenção. O país era conhecido pela opereta de Jacques Offenbach, *A vida parisiense*, sucesso no teatro do Palais Royal, em que um dos personagens, certo Pompadie Matadores, alguém rico, porém sem educação, de mau gosto e provinciano, era *le brésilien*. Ele representava os "barões de chocolate" – como eram chamados os morenos ricos. Em junho, Isabel comentava com D. Pedro: "Paris está cheia de príncipes, verdadeiro flagelo uns para os outros, e nesta categoria me coloco para com os demais. Não precisa dizer que só falo com príncipes quando somos estranhos uns para os outros." Segundo um seu biógrafo, Isabel se isolava de uma classe a que pertencia como futura imperatriz, além de dispensar possíveis alianças que lhe poderiam ser úteis.

Tampouco se preocupava com os pais. Eles tinham passado a outro plano em sua vida de mãe e dona de casa. A correspondência se limitava às notícias sobre atividades culturais e sociais. Enquanto isso, D. Pedro adoecia. E o Império mostrava os sinais de que não ia durar muito. Seu aparato já era considerado ridículo: "Aboliu-se o beija-mão, mas se conserva o costume de andar o chefe de Estado em carruagem puxada por seis animais nas ruas estreitas da cidade a toda a disparada."

Percorrendo os novos bulevares e os *grands magasins* que tinham aberto suas portas, oferecendo todo tipo de produto, Isabel parecia desconhecer – pelo menos na correspondência – que a situação financeira do Império era penosa. Choviam clamores: do Legislativo, da imprensa do povo. O redator de *O Cruzeiro* explicava: despesas colossais agravaram o orçamento, acarretando dívidas. Os impostos sufocavam a vida do povo. O Conselho de Estado

176   O castelo de papel

decidiu emitir moeda nos exercícios de 1878-79. E contra as epidemias, o "vômito negro" e a "pele de lixa" deixada pela varíola? Quase nada. Mas, em compensação, o governo contratara um estabelecimento de banhos públicos para ensinar ginástica e natação. Seiscentos banhos destinados "aos mais sujos" eram de graça. Um irreverente cronista da *Gazeta de Notícias* ironizava: "Rua esfregada, transeunte ensaboado. Adeus febre amarela!!!"

Enquanto isso, a princesa alugava fiacres para passear. A condessa de Barral escrevia ao imperador: "Sua filha veio me buscar para ir com ela fazer compras." Ou anunciava "recepção em Passy", o que queria dizer, "na casa do conde d'Eu". Ou, ainda, iam juntas à missa na igreja de São Felipe Du Roule, ouvir pregar padres pró e contra a última encíclica do papa.

A vida em Paris oferecia diversões bem diferentes das da Corte tropical. No Rio, a praça de touros instalada na rua Marquês de Abrantes divertia as famílias. O mesmo, no Museu da Ótica, que exibia quadros da Guerra do Paraguai e cenas bíblicas. A entrada custava 300 réis. O artista Blondin fazia acrobacias no circo. Nas festas juninas, o sucesso eram os balões e fogos. O teatro atraía todo tipo de público. Eram sete casas em funcionamento. As companhias portuguesas levavam dramas. O público aplaudiu a *Fosca*, de Carlos Gomes. *A lâmpada maravilhosa*, por sua vez, era um espetáculo de mágicas. Na semana do Carnaval, os anúncios ofereciam "máscaras de cera e fantasia de diabo em veludo e cetim"! "Os hábitos do nosso povo vão se decididamente transformando", dizia um cronista!

Com esse cardápio de entretenimento, não dava para ter saudades da Corte. Mesmo uma amiga, a baronesa de Estrela, concordava: sem mundanismo, sem arte, sem moda, sem equipagens, sem festas, sem flores, sem bibelôs, a Corte era um "exército mortífero contra a gente alegre". Daí os brasileiros, portadores dos grandes nomes do Império, preferirem viver na Inglaterra, França ou Bélgica.

De início, Isabel escrevia aos pais uma vez por semana: "As saudades são muitas e tomara já o mês de julho." Ou ao pai: "Seja prudente e que mamãe se lembre de seu cataplasma." Na descrição de

Gastão, D. Pedro andava cansado, com dificuldade para caminhar e sofria de tosse persistente. Pouco a pouco, seguia uma carta a cada três semanas. Depois, apenas uma por mês. A correspondência rareava. As cartas de Isabel não continham nenhuma questão ou interesse pelo que se passava no Brasil. No máximo, ela comentava falecimentos de conhecidos. Ocupava-se, sem parar, na companhia da condessa de Barral e das tias, Francisca e Januária.

Na mesma época, D. Pedro começava a dar sinais da enfermidade que o mataria anos depois. Os diplomatas estrangeiros comentavam que seu diabetes se agravara assustadoramente. Seus inimigos não duvidavam: ele estava senil. O ministério hesitava: mandavam ou não buscar Isabel para substituir o pai?

Teresa Cristina confidenciava às amigas: "Pode fazer bem ideia da falta que minha filha Isabel me faz, particularmente nesta ocasião. Ela mandou-me ontem um telegrama de Nice, pedindo notícias do pai – o que logo mandei."

Com boas ou más informações, o casal de príncipes não mudou seu programa. No verão de 1878, rumaram para Aix-les-Bains, na Alta Savoia. Era a cidade dos aristocratas. De Vitória da Inglaterra a Constantino da Grécia ou a Leopoldo da Bélgica, todos vinham procurar as benesses das águas termais que jorravam de torneiras douradas. As pessoas, gente rica e sem preocupações, murmuravam, nadavam, ronronavam. O Hotel Palace Astoria oferecia boa mesa. E, para maior diversão, construíram-se um campo de golfe, um hipódromo e quadras de tênis. O esporte se tornava moda.

Época em que a viagem era um luxo só para ricos, eles aproveitavam as linhas férreas que deixavam para trás estradas lamacentas e cruzavam a Europa sem dificuldades. De lá, zarparam para Villers-sur-Mer, perto de Deauville. Fundada por um empresário, Felix Pigeory, em 1856, e animada pela moda lançada pela duquesa de Berry de "ir aos banhos de mar", mais familiar e menos *chic* que a vizinha, a cidadezinha oferecia os banhos quentes e frios com água salina, passeios na praia onde se erguiam falésias e casinhas em estilo eclético, misturando o estilo regional e histórico. Era bom para Baby. Seguiram-se estadias na Itália. Visitaram as maravilhas de Florença: os afrescos de Fra Angélico na igreja de São Marcos, o Palácio Pitti. E, no caminho de volta, outra cidade na moda: Cannes. À beira-mar, entre castelos que pareciam ter saído de contos de Walter Scott, cruzaram com lordes ingleses e com a aristocracia russa. Nascia o turismo: a viagem de prazer, cujo destino variava de acordo com o nível social, o bolso e as estações do ano. Passou-se um ano e meio. Isabel escreveu ao pai:

> Gastão lhe escreve por este paquete para lhe pedir uma prorrogação de licença para nossa estada na Europa por mais um ano. Ele lhe dá as razões e Papai sabe que ele tem juízo. Creia que este pedido nos faz muita pena, e que, se o fazemos, é porque se trata do futuro do nosso querido Pedrinho. Julgo-o essencial porque mais tarde seria difícil por várias razões voltar à Europa. Muita e muita pena tenho, mas não me recuse, meu bom Papaizinho.

Queriam ficar mais um pouco. Em compensação, não voltariam tão cedo à Europa. "Eu não hesito em me comprometer, se Vossa Majestade julgar aconselhável, a não solicitar nova licença para sair do Brasil até cinco anos depois do regresso", prometia Gastão. D. Pedro concordou: "É para o bem de meu neto, e basta."

Apesar dos inúmeros tratamentos, o braço e a "mão seca" de Baby não melhoraram. Seu temperamento alegre não escondia, porém, uma profunda dificuldade para o aprendizado. Ele não gostava de estudar. Gastão dava notícia ao avô: "As lições de leitura continuam diariamente, embora com bastante resistência por parte dele, e, portanto, paciência por parte da mamãe: hoje chegou a ler lobo, vaca, camelo."

Gastão se irritava com a vida social que levavam. Definia-a como "a agitada monotonia de Paris". Fugia das festas que Nemours oferecia. "Isabel, que tem mais disposição, lá fica em muito boa saúde." E fugia para a Villers-sur-Mer ou para Orléans. A situação financeira do casal o preocupava. Ambos, cada qual de seu lado, estavam endividados. A aquisição da casa de Petrópolis e as obras para embelezá-la, as viagens do dr. Depaul para o Brasil e as custosas viagens à Europa faziam Gastão confessar à amiga condessa de Barral: "Quando penso nessa estada em Paris e no modo estúpido e odioso como preenchemos a maior parte dela com futilidades, isso quase me reconcilia com a ideia de voltar ao Brasil." A Barral, por sua vez, não se melindrava em escrever à imperatriz Teresa Cristina anunciando em bom português que, em Paris, "estavam todos muito pobres". Inclusive sua filha. E que mesmo os presentes que Isabel escolhia para oferecer eram baratos: "Bem vê que pelo preço não pode ser coisa muito boa, mas ficou bonitinho", dizia a Barral sobre um deles, dado a uma afilhada. Nos asilos que visitavam, a princesa distribuía pedaços de pão de ló.

O retorno foi abortado por uma notícia. Isabel escreveu ao marido em fins de janeiro de 1881:

> Escrevo somente para te contar que *Monsieur* Depaul me anunciou esta manhã que estou grávida, e mais provavelmente de dois meses a dois meses e meio. Estou muito feliz e tu também vais ficar, tenho certeza.

Ele ficou feliz, mas decidiu que teriam a criança em Paris. Em carta, Isabel anunciou a D. Pedro o atraso na viagem de volta:

> Pense, meu querido Papai, nesta sua filhinha que tanto o ama, pense na saúde dela também, mas, sobretudo, na dor que teria se, por uma viagem, visse de novo frustradas novas esperanças. Você me ama muito, eu sei, meu Papai, escute-me... A saúde do Pedro não nos obriga mais a pedir prolongação maior, e assim, no fim do ano nos terá por lá. Contamos com o novo bom sucesso lá pelo dia 15 de agosto.

O príncipe Antônio Gastão Philippe Francisco de Assis Maria Miguel Gabriel Raphael Gonzaga de Orléans e Bragança nasceu a 8 de agosto e foi batizado vinte dias depois. A condessa de Barral enviou a Teresa Cristina um minucioso relatório sobre as condições do nascimento: de fórceps e bem-sucedido depois de 24 horas de trabalho de parto. "A princesa está ótima, e os meninos encantados com a chegada de mais um irmãozinho. O Conde d'Eu, como sempre, ficou tão comovido que mal podia consigo. Enfim, parabéns, parabéns!"

Em meados de novembro, voltavam ao Brasil com a família aumentada. Embarcaram em Lisboa e chegaram ao Rio de Janeiro a 10 de dezembro de 1881. Gastão escreveu ao pai: "Aqui, neste momento, as coisas não vão tão mal, e apesar de meu pessimismo eu não creio que seja preciso prever catástrofes sérias para este ano." Só não disse a Nemours que encontrou um país diferente do que deixou. Havia um dado novo: a campanha pelo fim da escravidão.

Ao tocar em Recife, foram recebidos por uma imensa manifestação promovida pelos abolicionistas. Ao som de bandas de música e foguetório, apelavam à princesa: completasse agora o que principiara. Em visita ao Liceu de Artes e Ofícios, uma comissão da Sociedade Pernambucana Contra a Escravidão lhe entregou um abaixo-assinado pedindo a extinção do elemento servil. Na Bahia, encontraram a mesma situação. Vivia-se a era dos comícios: oradores populares e gritos em favor da "eleição direta" faziam estremecer o edifício político que caía junto com os nomes que o tinham erguido: Osório, Caxias, Rio Branco.

No Rio de Janeiro, amigos íntimos, como Rebouças, aderiam à campanha abolicionista. E alguns mentores tinham escolhido a princesa como instrumento de ação. Isabel, que passara dois anos longe do Brasil, circulando entre Passy e Auteuil, distante das questões brasileiras, fora nomeada para pôr um fim ao mal. Uma das razões? A doença do imperador incentivava os políticos a olhar em outra direção.

D. Pedro, que queria se tratar na Europa, resignou-se a ficar no Brasil. O imperador também estranhava as hostilidades contra o regime. Chegou a dizer que havia quase quarenta anos presidia o governo sem que tivesse que disparar um só tiro contra o povo. Mas agora era diferente. Observador lúcido do que se passou na Europa e agora se gestava no Brasil, Gastão confessava:

Quanto mais penso, mais duvido que cheguemos, eu e meus filhos, a nos aclimatarmos de um modo definitivo no Brasil, tanto em virtude da situação política, essencialmente precária, difícil e penosa. E se tornará mesmo impossível se desgraçadamente nos faltar o imperador antes mesmo que meu filho esteja na idade de tomar por si mesmo partido, quanto por causa do clima, destrutivo para saúdes delicadas, que é agora, talvez o principal inconveniente.

Na imprensa, as elites intelectuais exaltavam o "progresso" e a "civilização", bem como a necessidade de eliminar a escravidão, responsável pelo "atraso do Império". Tais justificativas tentavam sensibilizar os setores escravistas sobre as consequências nefastas da manutenção do cativeiro. O mais importante era dar esse passo sem traumas. Sem assassinatos, violências ou destruição de bens e plantações. O movimento ganhou as ruas. Manifestações, tais como festas beneficentes, quermesses e *meetings*, ocupavam as primeiras páginas: seria o fim do "cancro que roía o Império".

A imprensa feminina também ouvia o "brado dos escravos". Maria Firmina dos Reis, Chiquinha Gonzaga e Narcisa Amália Campos, entre outras, começavam a escrever sobre o assunto. Não só na Corte, mas até na capital da longínqua província de Goiás, senhoras de elite organizavam representações teatrais e concertos para arrecadar fundos para alforrias. Neles, o piano, instrumento de preferência das *iaiás*, era a arma mais usada na luta.

O jovem baiano Rui Barbosa teve a brilhante ideia de sensibilizar as mulheres, especialmente "as mães de família", com uma argumentação de teor religioso. Se o papel das mulheres em qualquer sociedade católica era o de ser distribuidora de caridade, que as brasileiras atuassem como "irmãs dos escravos": "Sabeis a narrativa evangélica de Lázaro e Jesus. Pela caridade, pela origem comum, pelo comum destino, sois como Maria, irmãs dos que em vida jazem na sepultura da escravidão."

Mulheres e escravos, ele argumentava, se solidarizavam no sofrimento. Afinal, ambos eram as partes inferiores da sociedade. Ora, a ideia de fazer caridade a esses pobres irmãos, de imitar

Maria, cabia como uma luva em Isabel, que, na França, vira o peso das instituições de benemerência como lenitivo para as dores sociais. Rui deu outro argumento, esse associado à moda da jardinagem entre mulheres. Nele, o escravo se associava ao mundo vasto, silencioso e isolado das plantas:

> Vede a folhagem risonha do laranjal. De dia é todo oxigênio, que avivanta perfumes inofensivos; de noite, sob essas exalações balsâmicas, insinua-se o carbono que asfixia [...] não há nada mais inocente que o lírio amorável dos vales. Entretanto povoais deles a alcova e... bem pode ser que não acordeis mais.

Livre, o escravo era um aliado. Cativo, um potencial assassino. Todo o cuidado era pouco. Que mensagem direta para essas frágeis criaturas – as mulheres! A resposta não tardou. Acarapé foi a primeira comarca do país a libertar todos os escravos. No Ceará, um grupo de 24 damas fundou uma Sociedade das Cearenses Libertadoras. Pernambuco seguiu o exemplo, com a fundação da sociedade Aves Libertas. Multiplicavam-se as alforrias. O ato era público. Cada novo cidadão era aclamado com salva de palmas. Artigos, todos assinados por mulheres, enchiam as páginas do jornal, intitulado o *Vinte e Cinco de Março*, em homenagem à alforria generalizada que ocorrera no Ceará:

> Já é tempo de tomarmos parte na grandiosa luta que ora se levanta em nosso país! Já é tempo de mostrarmos que no nosso sexo também o querer é poder [...] todas as brasileiras deveriam expurgar o seu lar de tão feia nódoa.

A mobilização coletiva ajudava a ultrapassar a barreira doméstica. A honra e a virtude, valores supremos da sociedade, podiam ser colocadas a serviço da abolição. E o assunto impregnava o cotidiano. Crianças eram batizadas com o nome de abolicionistas renomados. Outras conseguiam, com pedidos insistentes aos pais,

Lições daqui e de lá 183

a alforria de seus escravos. O gesto significava ter bom coração. Os velhos pretos libertos eram tratados por eles com todo o carinho: *Mãe* Domingas, *Mãe* Maria, *Pai* Francisco. E, no seu colo, ouviam histórias de lobisomem e papa-figo. Os pequenos que tinham visto cativos maltratados no tronco se tornavam abolicionistas convictos. Já havia até quem achasse a ideia de "civilização misturada" uma coisa boa. E que, ao receber escravos em herança, os libertasse: "Deus me livre de fazer a infelicidade de tanta gente", diziam! "Compaixão" e "pena" eram adjetivos ligados à sorte dos cativos. E o sentimento religioso era um nome provisório para "progresso". Enquanto os príncipes estavam na Europa, o país mudara. Impossível não perceber. Mesmo em Petrópolis, para onde fugiram assim que puderam. Mas Isabel não aderiu de pronto aos abolicionistas. Tinha outros planos. O casal ia ao Rio cumprir compromissos e voltava de trem, no mesmo dia. A ampliação do palácio oferecia-lhes conforto: "Agora os quartos são bem espaçosos e ficam no segundo andar", explicava Gastão ao sogro. A educação dos filhos ocupava-lhes quase o tempo todo. O programa? Cavalgadas pela manhã, aulas de música à tarde. "Os três estão muito bem, meu maior prazer é cuidar deles." E, depois deles, cuidar da casa e do jardim. Um professor positivista, o "doutor" Ramiz Galvão, foi nomeado aio dos príncipes e lhes dava aulas. Viam os pais da princesa aos domingos, pois eles subiam a Petrópolis para almoçar.

O imperador, cada vez mais abatido, febril ou trêmulo. Sua doença não inspirava Isabel a pensar em política ou em sucessão. Gastão também não ia tão bem: emagreceu, enrugou. Muitas coisas "o agitavam". Mas os longos anos de convivência tinham construído um sólido edifício conjugal: "Adeus, meu bem-amado, só espero que tua ausência não dure muito", escrevia quando ele se afastava para pequenas viagens. Nada de brigas ou discussões. Dormiam juntos.

A Igreja e a música continuavam ocupações importantes que caminhavam de mãos dadas. No mês de maio, a princesa não perdia uma devoção. Aulas de violino e piano com um professor afro--cubano incentivavam-na a cantar as vésperas com "senhoras e

184 O castelo de papel

senhoritas". Animava o coro do *Stabat Mater* um padre francês que, segundo ela, "roubara a clientela" do anterior. Também se esmerava na educação religiosa dos filhos. O interesse pela música se alargou. Isabel e Gastão passaram a patrocinar óperas e concertos. Ela dava palpites na atividade musical da cidade: "Este ano, o que tivemos aqui foi medíocre", escrevia ao sogro. Nem de longe as "boas horas" passadas em Paris. Nas festas que oferecia, ela tocava piano com muito desembaraço. Nos meses de inverno, ofereciam uma *soirée* de 15 em 15 dias, no Paço Isabel. Um diplomata descreveu o evento:

> Habitam eles uma bela casa em Botafogo. [...] O vestíbulo serve de salão e separa duas salas que são os apartamentos de recepção. Na sala à esquerda ficam as senhoras sentadas ao longo da parede. A imperatriz e a princesa ali se encontram. Os homens enchem as duas outras salas e o gabinete do conde d'Eu. Não havia muita gente. A princesa fazia música. Acompanhava ao piano um violinista havanês, com três quartos de sangue negro. Depois do concerto, começaram as danças, momento em que me esquivei.

Nada de muito sofisticado. Para evitar ter que convidar muita gente, não faziam convites por escrito. Reuniam só os amigos, ou melhor, as amigas de sempre, Mariquinha Tosta e Amandinha Dória, presentes em outras duas atividades: a jardinagem, em voga entre burguesas do mundo todo, e as obras de caridade, tal como Isabel vira serem praticadas na Europa. Ela colecionava orquídeas e animava concertos em prol da Associação Hortícola de Petrópolis. Também a construção da nova paróquia de Petrópolis mereceu atenção. No início de 1882, tornou-se patrona da Comissão das Senhoras da Instrução Pública e da Associação da Infância Desamparada. Recebiam pouco em casa. Membros do corpo diplomático, os camaristas que prestavam serviços semanais ao imperador, membros do mundo financeiro ou envolvidos com atividades caritativas, dignitários locais, eram sempre os mesmos convidados. À meia-noite soava o sinal para que todos se retirassem. Assuntos públicos? Segundo Gastão, esses lhes eram "totalmente estranhos".

Diante da ameaça de uma viagem do imperador à Europa, para tratar dos males que o fustigavam, a observação de Gastão não surpreendeu: "Se isso se realizar, há de ser bem desagradável e entediante para nós."

Em 1883, o assunto da abolição era metralhado de todos os lados. Desde darwinistas que propugnavam o fim da escravidão em favor de uma "raça melhor" para o Brasil até o jornal *Abolicionista*, que respondia: "Interessa-nos pouco saber se o negro é biológica ou sociologicamente inferior ao branco. Nada justifica que centenas de negros trabalhem para um branco." E ainda havia anúncios: "Martinha vem por meio destas linhas pedir a uma sociedade libertadora 600$ para sua liberdade, pois sua senhora não lhe pode dar, por ser muito pobre." Joaquim Nabuco arrematava: o problema era o cativeiro. Seu livro *O abolicionismo* era vendido com o slogan: "Leia e tenha inteligência e boa-fé para unir-se aos combatentes da liberdade e da dignidade humana." Nos centros urbanos, empreiteiros, bacharéis, pequenos industriais e militares juntavam-se à corrente. "Sem liberdade não há indústria", conclamava Rebouças. Até os clubes carnavalescos saíam às ruas para angariar recursos.

E na cidade negra nasciam "quilombos abolicionistas": havia um no final do Leblon. Chegava-se lá pela Companhia de Ferro--Carril. Mais longe, em Jacarepaguá, escondia-se o quilombo de Camorim, que se alcançava por trem a vapor. Havia um em São Cristóvão, o Senna; outro no Engenho Novo, o Raymundo; outro na Penha, o do Padre Ricardo... Eram muitos. O primeiro era mantido pela Confederação Abolicionista, que tinha por lema "a escravidão é um roubo". Ela reunia jornalistas como José do Patrocínio, o capitalista João Klapp, o imigrante português e vendedor de malas Seixas de Magalhães. Rebouças era o tesoureiro e no seu livro de contas mantinha uma rubrica intitulada "auxílio a escravizados em certas condições".

O movimento abolicionista tomou a sociedade de tal maneira que conservadores e liberais se uniam pela causa. O imperador nomeou um novo gabinete, encarregando-o de acelerar a medida

186 O castelo de papel

que propunha a libertação de todos os escravos com 60 anos ou mais, a proibição do tráfico interprovincial e aumento de fundos para a libertação dos escravos. Isabel e Gastão não tiveram nenhuma participação nesses fatos, salvo uma doação que fizeram ao livro de ouro criado pela Câmara Municipal de Petrópolis. O tio Joinville cobrava que fizessem alguma coisa contra "a instituição tornada universalmente odiosa". Só o Brasil e Cuba escravistas, reclamava! Os políticos, contudo, achavam que o casal tinha simpatia pelo tema. Gastão libertara escravos no Paraguai, não? Lá. Aqui, era diferente... Escrevendo ao pai, ele demonstrava os riscos da abolição:

> A dois meses de hoje, o ministério tomou por plataforma a libertação sem indenização dos escravos de 60 anos. O efeito moral disso é gravíssimo e faz a alegria dos agitadores profissionais que já reclamam, em todos os tons, medidas de emancipação geral. O resultado foi uma aparente vantagem, pois eles se colocaram ao lado do governo e tiveram que abandonar, pelo menos nesse momento, a ideia republicana, que consequentemente não encontra mais lugar na imprensa, nem nas manifestações eleitorais. Em compensação, a medida proposta suscitou na classe bastante influente dos proprietários agrícolas um grande descontentamento com o imperador. Escreveu-se até, num canto perdido da província, que se tramava um atentado contra a sua pessoa. Mas eu não acredito. A verdade é que o déficit não para de crescer, assim com a colossal depreciação do papel-moeda e da propriedade fundiária; e que será necessário, cedo ou tarde, voltar às tendências conservadoras, o que poderá constituir-se num momento de perigosa crise. [...] Mas desde então, aliás, desde 1870, o espírito de republicanismo e a insubordinação se propagam surdamente. Por outro lado, a reforma eleitoral feita em 1880 foi uma medida benfeitora; ao suprimir a eleição em dois turnos, ela limitou, por uma classificação minuciosa, o corpo eleitoral que se tornou quase censitário. Resultou que a influência das classes que tinham o que perder aumentou muito e o governo privou-se dos votos do populacho ignaro que era, até então, uma arma poderosa da qual ele fazia mau uso.

Mas, para Gastão, estava claro: as dificuldades os levariam um dia a abandonar o país. E, com o pai, se abria: "Não alimento o menor desejo de terminar meus dias no Brasil..."

Em 1884, soou o alarme. Convencido de que era preciso deixar "a letárgica rotina de Petrópolis", ele propôs que fizessem uma viagem ao Sul. Avisou que não iria só. Depois de muito arrastar os pés, Isabel concordou em acompanhá-lo. Destino: Rio Grande do Sul, com passagem por São Paulo, Santa Catarina e Paraná. Seria coincidência o jornal *A Tribuna* ter estampado o nome da princesa em letras garrafais, por ocasião do aniversário da Lei do Ventre Livre: "Glórias à sereníssima princesa imperial cuja augusta mão teve a dita de assinar a lei que não deixou mais nascer escravo o brasileiro"?

Mas foi o único. Não houve maiores manifestações de reconhecimento. Com a explosão do movimento abolicionista, faltava cooptar gente de peso para lhe dar mais velocidade. Na época, a população do país contava, mais ou menos, 13 milhões de pessoas. Cerca de 700 mil eram escravos e, desses, 300 mil trabalhavam na lavoura. Por que não introduzir o trabalho livre e ampliar a Lei dos Sexagenários, de 28/9/1885, que extinguia gradualmente a escravidão? O casal parecia não ouvir os debates que pipocavam na Câmara de Campinas, ali ao lado, e que opinavam sobre a questão servil: o que fazer com os velhos libertos, criar-lhes asilos? Quem lhes forneceria alimentos e habitação? Seria bom ou mau negócio livrar-se deles? Iam-se os anéis e ficavam os dedos? A que custo? Opiniões enchiam os jornais.

Sobre a viagem, Isabel fez apenas anotações cosméticas. Em Rio Claro, na fazenda do conde de Três Rios, rabiscou: "Tudo muito bem arranjado, excelentes máquinas da casa MacHardy e muita ordem por toda parte." Anotava as espécies de flores que via nos jardins paulistanos, os gramados à inglesa, os concertos "soporíferos", jantares e pescarias. Mas ignorava a disputa sobre a extinção do cativeiro. Era o olhar de uma dona de casa, não de uma política. Todos lhe ofereceram recepção cordial. "Estou contente por ter tomado a decisão de vir", afirmava. Em Itu, entregou 14 cartas de libertação arranjadas por meio do fundo de emancipação: esmolas da boa católica, já disse um biógrafo.

Na correspondência, Isabel ignorava que, meses antes, revoltas de escravos tinham varrido o oeste de São Paulo, notadamente Araras, Campinas e São João da Boa Vista. Os chefes de polícia prometiam incursões para prender "insurgentes e criminosos". O desgoverno da mão de obra era o pesadelo das fazendas. Corriam murmúrios sobre a organização de sedições. Falava-se até mesmo de uma revolta geral! Os senhores se sentiam sentados sobre um vulcão. O tráfico interno, trazendo cativos do Norte, só acentuou os conflitos. Hábitos e etnias diferentes injetavam tensões dentro dos plantéis. De todos os lados, medravam problemas. Não faltavam relatórios de polícia dando conta de que homens livres orquestravam fugas em massa nas senzalas.

Isabel nunca esteve tão perto de perceber que os escravos estavam lutando por sua liberdade. Que eles odiavam os feitores e desejavam ter sua terra, ganhar seu pão, construindo um modo de vida alternativo. A cidade de Santos se tornou um grande quilombo, onde se escondiam os fugidos do eixo Rio de Janeiro-São Paulo. Nela, o populacho, indignado contra as autoridades, tomava em armas para defender os cativos. Nomes como o de Luís Gama – falecido em 1882 – e Antônio Bento entusiasmavam as sociedades abolicionistas. Os "caifazes", seguidores deste último, percorriam o interior "seduzindo escravos das fazendas contra seus senhores", queixavam-se as autoridades. Isabel teria passado, sem nada ver, ao largo da onda negra?!

Ao regressarem, Gastão fez um relatório. O câmbio despencava, o comércio parado, o público se agitava e panfletos sediciosos eram distribuídos pelas ruas. "Vai ser difícil prever como sairemos destes estragos. Está nas mãos do imperador e ele está bastante acabrunhado. Nunca o vi tão sombrio e abatido." No dia 12 de maio, assim como ocorrera na França, o populacho se reuniu à frente da Câmara ameaçando com violência os deputados hostis aos liberais. A passagem da atriz Sarah Bernhardt pela Corte desviou um pouco as atenções. Mas Gastão e Isabel se recusaram a participar de "divertimentos". Desculpavam-se polidamente ao recusar os convites. Setembro anunciou nova crise ministerial. O imperador voltou a apoiar os conservadores. Era esperado, dizia Gastão. Seu pavor era que Isabel tivesse que assumir nova regência. Diante da hipótese de uma viagem do cada vez mais doente D. Pedro à Europa, ele escreveu a Nemours: "Esse projeto, ainda mal definido, nos preocupa e contraria muito sob todos os aspectos."

Os bispos, gradativamente, passaram a falar em favor da emancipação, por motivos morais. Dom Antônio Maria de Sá e Benevides, por exemplo, não escondia seus sentimentos: "Para vergonha nossa, só no Brasil se conserva ainda!" E clamava: "Ajudem o movimento de libertação que tantas almas generosas eficazmente promovem." Em março de 1886, ao completar 64 anos, a imperatriz Teresa Cristina presidiu uma solenidade de gala na qual distribuiu 176 alforrias. O dinheiro saiu do livro de ouro pertencente à Câmara Municipal do Rio de Janeiro. A mesma Câmara pediu à princesa que se pusesse à frente da coleta. Gato escaldado, Gastão houve por bem consultar a opinião do ministério. Resposta:

> O gabinete não aconselha que Sua Alteza a Princesa Imperial lhe preste o grande prestígio de sua posição e de suas virtudes [...] antes guarde a neutralidade de alguma forma imposta às Altas Personagens isentas de responsabilidade.

O casal não teve participação no assunto que absorveu o ano de 1886. Tinham outros planos, longe do pânico que dominava as zonas cafeicultoras: queriam voltar à Europa. Por apenas seis meses. Baby, agora com 11 anos, não podia passar muito tempo longe dos estudos. Consultaram o imperador. Ele respondeu que fossem e voltassem logo, pois também queria viajar. E alfinetou: entre outros inconvenientes, as viagens causavam despesas excessivas!

Os príncipes embarcaram no dia 5 de janeiro de 1887. D. Pedro registrou: "A partida de meus filhos e netinhos foi-me muito dolorosa." Para o povo, foi um adeus impessoal.

A Semana ironizou:

> Eu nunca vi uma pobre senhora indefesa ser agredida por tanto beijo na sua mão aristocrática. Senhoras, cavalheiros e louras crianças disputavam a mão principesca que há de sustar um dia as rédeas da cavalgadura retórica do Estado, para nela depor o ósculo respeitoso de sua aderência ao sistema monárquico que infelizmente nos rege. [...] Fazia um calor de mil diabos e o sr. conde d'Eu [...] muito vermelho, muito suado, despede aqui, sorri ali, tropeça acolá, gritando de vez em quando: *Senhorr Barron* de Ivinheima!

As notícias importantes eram outras. Não a viagem dos príncipes. Na primeira quadra do ano, os jornais destacavam o florescimento da indústria têxtil; o decréscimo na importação de azeite, bacalhau e banha; a fixação de um imposto adicional de 60% sobre os gêneros alimentícios; o julgamento de uma senhora por crime de morte por espancamento de duas escravas; a presença cada vez maior de cativos fugidos, provocando desordens nas estradas. Nabuco e Bocaiuva atacando a repressão pela força policial. A libertação de 10 mil escravos em São Paulo e o fazendeiro Antônio Prado fundando a Sociedade Emancipadora. O assunto mais bombástico era a solução imediata para o problema de mão de obra: a imigração estrangeira. Nas manchetes pairava a grande preocupação de todos: seria o perigo do absurdo sistema econômico que faria o Brasil vegetar? O casal que partia não saberia responder.

CAPÍTULO IX

Visões de redenção, caminhos de perdição

Isabel com leque à mão

Pacheco & Filho, c. 1887.
Coleção Museu Imperial/Ibram/MinC

❝ Sobre a viagem a São Paulo, Isabel fez apenas anotações cosméticas. Em Rio Claro, na fazenda do Conde de Três Rios, rabiscou 'tudo muito bem arranjado, excelentes máquinas da casa MacHardy e muita ordem por toda a parte'. Anotava as espécies de flores que via nos jardins paulistanos, os gramados à inglesa, os concertos 'soporíferos', jantares e pescarias. Mas ignorava a disputa sobre a extinção do cativeiro. Era o olhar de uma dona de casa, não de uma política. ❞

Os seis meses passaram voando. Em toda parte encontravam a pátina de civilidade que não se via no Rio. Estiveram em Cádiz, na Espanha, depois em Monte Cario e Nice. Ali, segundo a condessa de Barral, "dançaram um fandango", peneirados na cama por 25 minutos enquanto rugia um pequeno terremoto. Na comitiva, houve quem achasse que eram "artes do inferno". Trataram de ir para os jardins da Vila des Caroubiers, onde estavam hospedados. Os meninos embrulhados em cobertores.

A princesa mostrou muito sangue-frio todo o tempo e o conde d'Eu, que de ordinário se agita pela menor coisa, tomou o cataclismo quase em ar de brincadeira, mangando do terror de todos. Baby, muito nervoso e chorando, e Luís impassível.

Depois correram a uma capelinha para "agradecer a Deus ter escapado a um grande perigo". Passado o susto, sucederam-se concertos e óperas: *Ernani, Fausto, Trovador*. Viram tios e primos Orléans. Peregrinaram até Lourdes. E foram a Londres, onde tentaram encontrar a rainha Vitória. A soberana deu-lhes um tapa com luva de pelica. A Barral foi quem mexericou ao imperador:

Ela – a rainha – agradeceu por carta ao duque de Nemours a visita que ele propunha com toda a família, mas disse que estava tão cansada que não os podia receber. Eu não achei polido, mas, enfim, eles lá que se entendam.

Notícias dos netos, D. Pedro tinha por sua mesma amiga, a Barral: "O príncipe Luís é mais estudioso, o outro mais vadio, mas muito inteligente e tão amável que ganha todos os corações. Príncipe Antônio, com tosse." Notícias do imperador, os príncipes tinham por cartas da imperatriz e telegramas do governo. Ele estava doente. Tinha uma "moléstia", como se dizia então. Não contava tudo a Isabel para não a assustar. Urinava muito e tinha que se retirar durante eventos públicos. Mas o barão de Cotegipe, à testa do governo conservador, não hesitou em telegrafar muitas vezes anunciando más notícias. Na viagem anterior tinham poupado o jovem casal. Agora, não. Com palavras sublinhadas cifradas, os textos pediam sua volta.

A 12 de abril:

> Faça chegar ao conde d'Eu o seguinte: *o governo julga conveniente que Sua Alteza apresse seu regresso*. S. M. passa melhor em convalescença. Cotegipe.

Resposta a 18 de abril:

> *Conde d'Eu* encarregou-me de transmitir em resposta o seguinte: *tendo nós recebido notícias do dia 14 favoráveis à saúde do imperador e, esperando cartas, não desejamos tomar uma resolução sem receber informações minuciosas que expliquem o motivo do telegrama e que convirá venham também cifradas.*

Em 21 de abril:

> *Consultei de novo Médicos da Câmara. São de opinião que S. M. precisa repouso completo, e abstenção de qualquer trabalho, e que a*

presença de S. A. é conveniente em todo sentido. O governo insiste pelo regresso de SS. AA. Este telegrama foi cifrado.

O tiroteio exigiu até uma declaração do médico do imperador:

Em resposta à carta de V. Exª datada de ontem, e recebida hoje, cabe-nos responder o seguinte:

1º Que S. M. o imperador sofre há quatro anos de glicosuria, e que foi acometido, no dia 28 de fevereiro último, de uma infecção palustre, denunciando-se por acessos bem caracterizados, necessitando de prolongado repouso, terminada a convalescença que deve se alongar.

2º Que o repouso, do qual não pode absolutamente prescindir, não trará efeitos salutares ao seu restabelecimento, se o Governo Imperial não colocar o mesmo Augusto Senhor fora de todos os trabalhos da direção dos negócios públicos, e isso por um prazo razoável.

3º Que os abaixo-assinados não podem deixar de insistir pela vinda da princesa Imperial já como elemento necessário ao repouso que julgam urgente à S. M. o imperador, já como um recurso preciso de terapêutica moral, indispensável ao restabelecimento do Augusto Doente.

O imperador foi recuperar-se na casa de amigos, no Alto da Boa Vista. E, para sorte do casal, que não queria interromper a viagem, enviou-lhes boas notícias. Melhorava... Isabel e Gastão não gostavam de Cotegipe, que assumira a presidência do conselho no ano anterior. Só o aceitavam por tratar-se de "um bom católico". O ministro não acreditava num Terceiro Reinado e chegou a pressagiar o fim da Monarquia:

"Não precisamos ir para a República; ela vem para nós", costumava dizer. Enquanto Gastão antipatizava com o Partido Conservador, Cotegipe não apreciava as ideias liberais ou o estilo anticonservador que o príncipe alimentava nos salões de Laranjeiras.

Mas nos seus, localizados na bela mansão da rua Senador Vergueiro, nº 9, desfilava o *grand monde*. Jantares nas quintas-feiras seguidos de partidas de voltarete e sessões de dança, música, poesia ou palestras reuniam políticos, barões do café, diplomatas e artistas nacionais e estrangeiros. Do piano, todas as prendadas iaiás da Corte extraíam sons, pois Cotegipe era viúvo. Dom Antônio Macedo Costa, um venerando bispo, saía à francesa na hora da valsa ou da polca. Dizia não querer embaraçar os jovens. Não havia fronteiras políticas, e, embora sua casa fosse o centro dos conservadores, os liberais também a frequentavam.

Assuntos que corriam entre o barulho dos talheres? O tamanho das anquinhas e o estágio das mangas bufantes; os cochilos do imperador no clube de música Beethoven; os corpos nus pintados por Almeida Júnior – escândalo! A curiosidade pela platinotipia – um tipo de fotografia; os contos de Álvares de Azevedo; a irreverência de Angelo Agostini contra a Igreja, o governo, a família imperial. E a campanha dos militares em favor da abolição na capa da *Revista Ilustrada*.

Os príncipes não gostavam do anfitrião, mas a Corte o adorava. Cotegipe era descrito como "um velho septuagenário que parecia possuir um espírito eternamente jovem, tinha o segredo de interessar na sua conversação todos aqueles que o ouviam, desde o menino ao ancião; do sertanejo ao diplomata. Do político aspirante ao argentário analfabeto". Enfim, todo mundo comia em suas mãos!

Na mesma época, só se comentava o fim da escravidão. Joaquim Nabuco, em visita a Londres, marcava no diário: "*Meeting* no Anti Slavery Society." Outro frequentador do Palácio Laranjeiras, André Rebouças, anotava no seu: "Propaganda para assegurar a liberdade de ex-escravizados cujo nome não constava nas listas da lei dos sexagenários." No retorno ao Brasil, ao passar novamente por Recife, foram recebidos pelo bispo de Olinda, um abolicionista. Também membros dos "centros abolicionistas" correram ao cais para lembrá-los da agenda atrasada: liberdade para os cativos.

Em Salvador, o *Diário da Bahia* recebeu Isabel com a manchete: "Faça de sua regência, abolindo o cativeiro, o seu melhor título de sucessão." Mas o que interessava ao casal era a saúde de D. Pedro e não o que Isabel chamava de "ideia". Porém, ideia ainda vaga.

Ao regressar, encontraram o imperador melhor do que contavam as notícias expedidas por Cotegipe. Aparentemente estava bem: jogava bilhar, tomava duchas, caminhava, comia e dormia como nunca. Observavam-se, apenas, certo enfraquecimento mental, falta de memória e lentidão na conversa. Os médicos temiam uma recaída. Ele teria que viajar: "Uma ausência curta, de seis meses talvez, se Deus quiser", suspirava Gastão. Nas vésperas do embarque real, o príncipe sublinhava: o sogro estava em excelente estado. Tinha recuperado até a energia mental. Encontrava-se apenas proibido de ler os jornais nacionais. Por isso, devorava os estrangeiros. Ao deixar a baía de Guanabara para trás, no rastro do vapor *Gironde*, D. Pedro abandonava no cais uma questão venenosa: a militar. Era junho de 1887.

Tudo começou com o prestigiado oficial tenente-coronel Sena Madureira que circulava na Corte. À sua resistência à contribuição obrigatória ao montepio dos militares seguiu-se incidente mais espinhoso: ele convidou uma das personalidades da luta abolicionista cearense, o jangadeiro Francisco José do Nascimento, chamado o Dragão do Mar por se recusar a transportar escravos para o sul, a visitar a Escola de Tiro no Rio de Janeiro, da qual era comandante. A homenagem ao abolicionista converteu-se em punição para Sena Madureira, transferido para a província do Rio Grande do Sul, onde a abolição estava em curso.

Choveram polêmicas e a imprensa deu espaço para os debates. Críticas sobre a desorganização do Exército, escândalos no fornecimento de remédios, quebra de disciplina e críticas à concentração de poderes nas mãos de D. Pedro aprofundavam o fosso entre o governo e o Exército. Discursos devastadores acusando "quarenta anos de opressões, de onipotência [...] de sujeições, de tímidos protestos" contra quem chamavam de "César caricato", ou seja, D. Pedro II, se multiplicavam.

A insatisfação política também seguia entre conservadores ou liberais. Embora a Lei Saraiva tivesse liberalizado um pouco as eleições, elas estavam longe de corresponder à realidade. Nabuco as comparava a uma "comédia cheia de episódios trágicos". Rui

Barbosa denunciava as manipulações. "O imperador *fingia* governar um povo livre", murmurava-se. Somou-se ao clima pesado a desobediência do general Deodoro da Fonseca. Ele recusou-se a punir Sena Madureira, que, em artigo cortante, denunciou a prática de submeter a experiência de velhos militares de carreira à inexperiência de políticos encruados no Ministério da Guerra. Tinha início uma acalorada discussão entre Cotegipe e Deodoro, o último defendendo o ponto de vista de seus companheiros de armas. O conflito migrou para a Escola Militar, no Rio de Janeiro. Ali, o major Benjamim Constant, professor de matemática, animava sublevações. Surgiam vários incidentes que iam engrossar como um rio durante as chuvas de verão.

Mergulhado num desconforto lúcido, Gastão registrou em carta ao pai:

> Apesar do que se diz, a situação política não me parece pior do que já esteve [...] não fosse o germe de indisciplina introduzido no Exército como resultado das reclamações contra as censuras infligidas aos militares e aos oficiais por ter escrito na imprensa.

A crise foi tão grave que obrigou o governo a retirar as reprimendas a Sena Madureira e outros. "Foi um mau precedente", explicava. Parecia adivinhar o que vinha pela frente.

E o que vinha pela frente não parecia bom. Por isso mesmo, Isabel e Gastão se instalaram no Palácio de São Cristóvão: "Fora da cidade e, portanto, das consequências de acidentes políticos que podem se produzir." Ele estava atento. A eletricidade no ar permitiu até que se inventasse um boato. O de que o imperador partiu "deportado" pela princesa e pelo ministério!!!

A suposta aliança com Cotegipe, além de falsa, era negativa para a princesa, pois o ministro era descrito pela imprensa como o mais ferrenho dos escravagistas. Ele criava obstáculos para a aplicação da Lei dos Sexagenários e enfrentava com impaciência a Questão Militar. A inquietação fermentava em torno da dupla. Não houve, porém, formalidades para que a princesa assumisse. Na

Visões de redenção, caminhos de perdição 199

ausência de "Sua Majestade", reinava a filha. O *Jornal do Commercio* noticiou que se reuniram por uma hora, antes da partida. Ninguém sabia se D. Pedro voltaria: magro, lábios secos, cabelos empastados. Chorara abraçado à princesa. E Isabel, usaria a regência para preparar seu reinado? Já havia quem, como Rebouças, a chamasse de *Isabel I*.

Em agosto, na praça pública ou no Teatro Politeama, ressoavam gritos de "viva a República". Apedrejavam-se os carros das autoridades. O Clube Militar, fundado em 1887, formigava de tensão e concentrava as agitações. Oficiais não conformados com sua situação aderiam ao positivismo e à República. Por diversas razões, o espírito de revolta contra os poderes públicos se insinuava nas várias classes. Para acalmá-las, destacamentos de cavalaria patrulhavam a cidade: "Podemos esperar que fatos desagradáveis não se repitam", preocupava-se Gastão. O clima era tenso. Em seu diário, Rebouças registrava o "ataque de secretas da polícia" aos jornais. E os rumores de guerra contra a Argentina não acalmavam ninguém. Havia quem quisesse um Solano Lopez ou alguém parecido no governo do Brasil. Para piorar, da Europa chegavam boatos de que a doença do imperador era "mental". Se ele voltasse ao poder, cairia na "demência". Os príncipes tinham que desmentir tais "suposições extravagantes".

Em São Cristóvão, longe dos rumores que varriam ruas, cafés e esquinas, Isabel escrevia ao pai: arrumara os papéis que ele deixara espalhados, "o que me deu muito trabalho e cansaço, embora fosse interessante". E acrescentava: "Já marcamos as audiências para as quintas-feiras seguidas de despacho; as recepções para as segundas e o corpo diplomático para as primeiras terças dos meses." Desabafava: "Por ora, eis meus únicos atos oficiais. Quem me dera não ter nenhum a fazer!!!" Os três pontos de exclamação lembravam que ela não ia mudar. Nunca gostou de governar. Nem antes, nem então.

Gastão fazia coro: "Quanto aos ministros, até agora não nos incomodaram. As reuniões com eles têm sido raras e breves; na ausência do imperador, a política cochila. O pior trabalho é o

exame das petições de graça e os infindáveis pedidos de esmola."
Cotegipe aparecia de quando em quando, para que a princesa assinasse papéis: "insignificantes como sempre", diria Gastão. Nas cartas para a França, a frase se repetia: "Em política, nada de novo."
Enquanto o ministério se enfraquecia, pela primeira vez o tema da abolição surgiu na correspondência dos príncipes. Gastão anunciava ao pai que, sobre o assunto, o governo devia "estudar providências e propor uma solução". Era uma "questão trepidante que apaixona os espíritos e me parece essencial que, para não ser vencido, [o governo] tome a iniciativa antes da sessão próxima e formule qualquer projeto a respeito".
Coincidência ou não, Isabel começou a pensar a respeito. A tal "ideia" começou a tomar forma:

> Meu pai partiu a 30 de junho. O ministério ofereceu-me sua demissão, que não aceitei. O barão de Cotegipe parecia-me poder sustentar a situação e eu conhecia-lhe as suas tendências firmes em apoiar o que diz respeito à religião, tendências infelizmente raras. Além disso, não gostando de choques, senão quando esteja convencida que estes possam ter resultado útil e certo, não havendo razão por então que me fizesse pensar menos bem do ministério, estimei conservá-lo e assim vivemos em muito boa harmonia bastante tempo. A questão da abolição caminhava, suas ideias ganhavam-me cada dia mais, não havia publicação a respeito que não lesse e, cada vez mais, me convencia de que era necessário fazer alguma coisa nesse sentido. Disse-o ao barão de Cotegipe; a tudo me respondeu que não iria de encontro à Lei Saraiva, porque ele também a fizera, mas poderia fazer interpretá-la de modo que o prazo da libertação ficasse muito diminuído; falou--me de três a quatro anos, para que tudo ficasse finalizado. [...] Cada dia que passava convencia-me mais de que nada faria.

Na Corte, formara-se um coro de vozes que aderiam à causa. A Confederação Abolicionista controlava e orientava a vasta rede de clubes que se agitavam nas províncias. No Teatro Politeama, Rui Barbosa pedia "um momento de atenção" e conclamava a "excelsa princesa" a dar um passo. Enquanto ela hesitava, um clima de entusiasmo difundia-se em todos os quadrantes do Império. Em *meetings* cada vez mais concorridos, Nabuco, de dedo em riste, recriminava: "Denuncio essa escravidão maldita como o fratricídio de uma raça, como o fratricídio de uma nação." Nas senzalas, os cativos se organizavam, resistiam ao trabalho, escapavam pelas frestas. Nos terreiros, batiam tambores chamando para a liberdade. José do Patrocínio, elemento de proa da campanha, por meio de seu recém--fundado periódico *A Cidade do Rio*, afogava com palavras as vozes contrárias à libertação. O avanço do movimento era inelutável.

Coerente com ele mesmo e bombardeado por cartas de pequenos proprietários de escravos do vale do Paraíba – muitos deles, negros ou ex-escravos –, Cotegipe empurrava o assunto com a barriga. Alegava que o assunto podia agravar a saúde de D. Pedro. Seriam emoções inoportunas. "E assim tapou-se-me a boca", resignou-se Isabel. Ao ser instado por Antônio Prado para que apressasse a extinção do cativeiro, "franco como nunca", Cotegipe respondeu que faria apenas cumprir a lei de 1885. E "mais nada". E não estava só. No norte da província do Rio de Janeiro, os fazendeiros estavam dispostos a pegar em armas para defender suas vidas e propriedades: "Roubam o que é nosso!", reagiam.

Na segunda metade do ano, acontecimentos cotidianos pareciam esconder as tensões em torno do tema da abolição. Um deles era o sucesso das corridas de cavalo. No Jockey Club, as mulheres iam para se exibir. E os homens, para vê-las e jogar. O grande prêmio do ano valia 16 contos de réis. Quantia avultada! Os *bookmakers* tentavam enganar os apostadores e muitas corridas terminavam em brigas. As cartomantes prometiam a descoberta de segredos. Nomes novos para profissões antigas invadiam o vocabulário: cáften ou caftina. Certa Rosa Menino escandalizou de tal maneira a sociedade que foi deportada. A imprensa aplaudia uma medida do governo: o envio de quatrocentos capoeiristas para Mato Grosso. Cães vadios também eram perseguidos em nome da profilaxia da cidade. Os ingleses introduziam a moda do *cricket* e um coro de senhoras americanas ia cantar no Variedades.

202 O castelo de papel

Além das amenidades, havia o positivismo a encher as folhas. Sua influência aumentava. Na Escola Militar ou da Marinha, os livros de Comte, Littré e Laffitte, vendidos pela Livraria Garnier, eram devorados. À frente do Apostolado Positivista, nomes como Miguel Lemos e Teixeira Mendes. Seus ideais viravam bandeiras: separação entre Igreja e Estado, proteção ao indígena e ao proletariado. Nos quartéis, circulava o discurso de Rui Barbosa. Ele alertava que o Brasil iria passar "do regime de decadência napoleônica ao regime dos Bourbons de Nápoles, do governo da comédia parlamentar ao governo do confessionário e da escravidão".

E martelava: "No Exército e no abolicionismo está condensada e intensificada a vitalidade nacional. Eles representam o que resta da honra e da integridade da pátria." Floriano Peixoto ameaçava: "A podridão que vai por este pobre país [...] necessita da ditadura militar para expurgá-lo!" Por isso mesmo, soldados não correriam atrás de escravos fugidos. Em carta a Isabel, Deodoro da Fonseca anunciava respeitosamente que o Exército não faria o papel de "capitão do mato". Quem estivesse contra a abolição ou o Exército estaria, segundo a imprensa, do lado errado. E essa era uma época em que se acreditava que os jornais diziam a verdade.

Em outubro, no encerramento da Assembleia Geral, Isabel mencionou projetos de reforma judiciária, lei de terras públicas e repressão aos crimes contra a segurança. Não deu uma palavra sobre abolição. A imprensa reagiu: "Triste, fúnebre e falso o discurso na prosa viscosa da falsidade."

A Cidade do Rio acusava:

> O discurso da Regência, porém, não se referiu ao compromisso. A questão servil é condenada ao silêncio e ao esquecimento como se o governo nos quisesse dizer que está pronto a continuar na resistência obstinada e insensata empregada até agora.

Numa mistura de raiva abolicionista e antimonarquista, José do Patrocínio batia insistentemente na mesma tecla: criada para ser mãe de família, Isabel nada conhecia sobre o governo, tudo decidia sob tutela do ministério ou do marido. Sua "submissão filial" a transformava em alguém sem vontade própria. Qualquer assunto a melindrava. O ministério especulava com sua "fraqueza" e a suspeita que inspirava o "orleanista Gastão". Sim, a "memória popular" não esqueceria. E disparava: "A Monarquia no Brasil está assim colocada: ou salva-se com os escravos ou desaparece com os escravos." Seria o fim de qualquer jeito.

Nesse caldo azedo, o final do ano chegou. No dia 2 de dezembro, aniversário do imperador, Isabel lhe escreveu. Contou que a Câmara libertara 62 escravos. "Quem dera que todos fossem seguindo o exemplo dos fazendeiros de São Paulo. O Rio de Janeiro, por ora, está muito emperrado, mas, mais tarde ou mais cedo, será constrangido a fazer o mesmo que os outros."

Aos olhos dos príncipes, tudo parecia deslizar sobre carretéis. Quem contava era Gastão. Quando cobrados sobre notícias políticas pela amiga condessa de Barral, limitavam a responder: "Não falavam em assuntos de Estado porque não tinham vocação e porque eles *ultrapassavam suas forças*." A falta de energias ia sublinhada. Isabel tinha a mesma opinião. Até queria trabalhar mais, mas "sem se cansar". Ambos só desejavam que o imperador voltasse logo.

Em carta ao pai, além de dar boas-novas sobre a saúde do sogro, o príncipe demonstrava otimismo com o país:

> E a Europa inteira parece estar toda sobre um vulcão! Alguns dizem o mesmo do Brasil, sobretudo a imprensa. Contudo, neste país, a disposição geral dos espíritos é calma, e a emancipação dos escravos, que se supunha tão apavorante, se faz gradualmente sem que se ressintam, até agora, os inconvenientes anunciados com tanto barulho.

O cotidiano do casal dividia-se em aulas de ginástica, missas, passeios de coche e visitas à exposição de Amoedo e Parreiras, ao doutoramento de médicos, às devoções no asilo das irmãs de caridade, à Associação Hortícola, para o que Gastão chamava de "simulacro de reuniões". E dedicavam-se, sobretudo, aos estudos dos filhos.

Antônio, dito Totó, não tinha muita saúde. Vivia resfriado. Gostava mesmo era de montar seu pônei Bananinha. Luís, com mais "aptidão e prontidão", tinha grande facilidade para tudo. E Baby Pedro? Esse era um problema. Gastão arrancava-se os cabelos. Ele não poderia nem passar nos exames do Colégio Pedro II. Estava mais atrasado do que o irmão menor. "Não conseguimos que escreva três linhas sem erros absurdos e uma sujeira horrível." Grafava "haver" sem H e "Deus" com d minúsculo! Escrevia "barbaridades". Gastão não via remédio senão distribuir "penitências". Suas "lições eram deploráveis", gemia.

Do seu lado, a princesa resolveu dedicar-se ao que Gastão chamava de "trabalho tipográfico", tendo em mente "as festas de carnaval consagradas à emancipação do que sobrou dos escravos em Petrópolis". Nascia assim um "jornalzinho", o *Correio Imperial*, atribuído aos seus filhos. Mas era Isabel quem o fazia, com "a disposição" que lhe era peculiar, gabava-se o marido. O texto traía sua autoria. Ele falava em "corações benfazejos", em "santo empenho", em "querubins da terra", em desfile de "anjos de caridade a pedir óbolo para apagar-se entre nós a mácula da escravidão". Ela diria mais tarde que a escravidão, "um atentado à liberdade humana, a repugnava". O cativeiro até foi condenado pelo papa Leão XIII. E se perguntava: "O que fazer? Indenização?" Nunca, respondeu. Sabia que o Tesouro estava completamente arruinado. Isabel e Gastão deixavam o assunto correr...

Por outro lado, os mexericos viajavam. De óculos e longe do "respeitável público", Isabel respondia às cartas da condessa de Barral: "Que demônio pode ter-lhe contado tantas coisas, querida? São os horríveis artigos de José do Patrocínio? Se você não pode ignorá-los, mostre que eles lhe são desagradáveis." Também era cobrada pela velha aia, que insistia para que ela tomasse uma atitude em favor da abolição.

Em janeiro de 1888, André Rebouças, amigo do casal, instalou-se no Hotel Bragança em Petrópolis para trabalhar na propaganda abolicionista. Coincidentemente, no dia 12 de fevereiro, anotou: "Primeira batalha de flores. [...] Primeira manifestação abolicionista de Isabel I." Chovia, mas foi um sucesso, segundo os jornais. Pela primeira vez, os príncipes entraram pessoalmente em campo para arrecadar fundos para a Confederação Abolicionista. Passearam pela cidade numa carruagem ornamentada com camélias. A cada doação, retribuíam com flores. A camélia, usada na lapela, era o símbolo dos abolicionistas. Saíram do quilombo do Leblon. Isso era o que corria na imprensa. Mas teria sido assim? De acordo com a correspondência de Gastão, não houve "batalhas", mas, sim, uma única batalha. Isabel queria copiar os bailes beneficentes que vira em Nice, explicou a Nemours. Cobriu o carro deles de folhas. Não ficou bom. Chamou o famoso paisagista francês Glaziou para ornamentá-lo. Eram 15 as viaturas. Uma delas, do consulado francês, toda em amarelo. Saíram de casa sob chuva torrencial. Desceram a avenida do Imperador e, diante dos raios e trovoadas que os metralhavam, "cada um correu para o seu lado. Todo o mundo reduzido ao estado de esponja". O vestido vermelho da princesa ficou completamente perdido. Uma acompanhante que trajava preto teve que friccionar o corpo com lima pois o tecido desbotou e a cor se lhe colou na pele. "Quanto a mim, e me preocupei, sobretudo, em esfregar cachaça no corpo das crianças", que tremiam de frio. "Graças a Deus, ninguém passou mal", reportou.

Treze dias depois, São Paulo libertava seus escravos, no dia do aniversário de Antônio Prado. A província juntava-se a outras – Ceará, Amazonas e Rio Grande do Sul – onde não havia mais escravidão. Até municípios como Nova Friburgo e São Clemente tinham libertado os seus cativos.

No dia 26, houve um concerto promovido pela princesa para "a libertação de Petrópolis". No dia 17 de março, haveria um segundo concerto beneficente. Distribuíram-se títulos nobiliárquicos aos que colaboraram. Enfim, a "cidade negra" bateu à porta do palácio de Petrópolis e foi atendida. A caridade tudo podia. E foi em seu nome que Isabel abriu as portas aos cativos, muitos fugidos.

Dava-lhes de comer e até pouso, segundo o radical Silva Jardim. E alfinetava: sendo princesa, por que não lhes dava logo liberdade? Porque não era verdade. Em toda a correspondência quase diária de Gastão com o pai ou a condessa de Barral, há uma única referência a escravos fugidos na casa deles. A exceção foi o dia 31 de março. "Três raparigas, ex-escravas de Dona Maria Carolina de Sá e Benevides", escaparam de casa, depois de terem sido "liberadas" e, em seguida, "trancafiadas". Vieram buscar socorro. Foram reclamadas pela família: "Não as entregamos", registrou Gastão.

Isabel escreveu à amiga condessa de Barral, dizendo-lhe:

> Você vê, minha querida, que eu não me ocupo apenas de "frivolidades". [...] Posso pensar bem, quero fazer o máximo possível pelo meu país. O reconhecimento geral só me chegará muito mais tarde, quando tiver arruinado minha saúde! Como o pobre Papai.

Era cobrada por suas futilidades, também, pelo republicano *O Mequetrefe*:

> Continuam ao lado de Sua Alteza Imperial suas amigas de Petrópolis que foram nomeadas damas, e nota o povo que se cuida muito no paço de cantos e danças em concertos e noitadas. [...] E a augusta herdeira a tudo é surda; não lê; não sabe o que se passa.

Mas houve, sim, uma mudança de atitude. "Tomou juízo [...] era tempo", dizia Patrocínio. E a mudança não escapou a Rui Barbosa. Tal "guinada", "evolução" ou "mutação" não era questão de generosidade. E, sim, de política. Isabel finalmente cedia a uma situação criada pelos abolicionistas e pelos escravos. A atitude firme desses últimos, as fugas e rebeliões tinham um papel concreto na transformação que se operava em Petrópolis.

E Rui acusava: "Hoje a regência pratica às escâncaras, em solenidades públicas, o acoitamento de escravos. [...] Mas isso depois que, dos serros de Cubatão, se despenhava para a liberdade a avalanche negra. E o não quero do escravo impôs aos fazendeiros a abolição." Seu ponto de vista, hoje endossado pelos historiadores, era que o medo branco da onda negra impôs mudanças em todo o país. Explodia a "avalanche negra", o "vulcão negro", enfim, a natureza descontrolada inspirava metáforas da situação.

Nesse entretempo, outras batalhas de flores vieram embaçar aquelas dedicadas à abolição dos escravos. No mesmo dia 26 de fevereiro, o barão do Catete promoveu uma em prol da edificação da igreja matriz da cidade, com arquibancadas montadas na praça São Pedro. "Os tílburis enfeitados partiram da praça Dom Afonso e daí seguiram pela rua Bourbon, lado esquerdo da rua do Imperador, voltando pelo mesmo trajeto, repetindo-o várias vezes", registrou o jornal *O Mercantil*. A comissão encarregada era composta por senhoras da "alta nobreza". O programa incluía exposição e venda de objetos de valor, competições de esgrima, tômbola, quadros vivos e cançonetas encenadas pelo artista Bernardelli. E dois grandes bailes: um adulto e outro infantil.

No final de fevereiro, Isabel escreveu à sua amiga condessa de Barral a única carta em que tocava no assunto. Nela, evidenciava sua maneira de pensar:

> Como já lhe disse, atualmente é quase tolice empregar dinheiro em libertar escravos, mas vimos que poderíamos (libertar) já os que ficarão livres daqui a um ano e meio. [...] Além disso, o que mais nos influenciou foi a ideia de dar um empurrão ao pensamento da abolição com pequeno prazo, que parece estar no ânimo de todos, exceto nos emperrados que é necessário acordar. Ou acordar ou a onda os levará. Que Deus nos proteja e que mais essa revolução ou evolução nossa se faça o mais pacificamente possível.

Março de 1888: enquanto em Petrópolis sopravam ventos de liberalidade, na Corte armavam-se tempestades. As ruas da Corte ferveram: "Hordas de amigos da desordem que começam a abundar no Rio como em outras grandes cidades arrancaram paralelepípedos e estenderam fios de ferro na praça da Constituição." A cidade tinha medo. Os jornais diziam que as salas de espetáculo "não eram mais frequentadas pelo público, que temia colocar o nariz fora de casa", registrou Gastão.

A 1º de abril, no Palácio de Cristal, Isabel entregou 103 títulos de liberdade, auxiliada pelos filhos. "Quando já se ia dissolvendo a reunião, foi o recinto invadido por um grupo de cinquenta escravos que se evadiram das vizinhanças e prostrando-se diante de Sua Alteza, a Regente, suplicaram-lhe liberdade. Sua Alteza apresentou-os à comissão para providências", contou Patrocínio. "A cidade, indiferente", acusava um jornalista.

A seguir, Isabel promoveu uma festa, no Hotel Orléans, para a abolição em Petrópolis: "pouco animada", segundo o marido. O jornalzinho *Correio Imperial*, feito por ela, apregoava: "Batalhemos com flores e a marcha triunfal dos vencedores seja um apelo aos sentimentos caridosos de todos para que se quebre aqui o derradeiro grilhão de escravo. Seja a divisa dos combatentes: à emancipação de Petrópolis." Um quilombo no palácio da princesa – o *quilombo Isabel*? Ora, a casa de abolicionistas assim como as redações de jornais eram, nesse momento, chamadas de quilombos. Não há registros de escravos fugidos e escondidos nas dependências da casa dos príncipes.

Rumores sobre festas em prol dos cativos convinham à propaganda abolicionista. E a sucessão de passos na direção dos que chamava "pobres negros" levou Isabel a confrontar Cotegipe. A compaixão da princesa, como a de muitos outros católicos, era uma forma de sentir. Não de compreender. A relação entre Cotegipe e Isabel deteriorou-se. E ele foi ficando isolado. Cotegipe agia com dureza contra as reuniões republicanas e abolicionistas. Embora só tivesse organizado dois concertos e bailes em favor da emancipação, Isabel se colocava contra o ministro. Colado contra a parede, recusando cegamente a abolição, pois lhe antevia os resultados, ele resistia. E contou:

Antes do despacho – ao meio-dia do dia 7 de abril –, Sua Alteza mandou dizer-me que desejava falar-me. Comparecendo em seu gabinete, aí achavam-se Sua Alteza e seu esposo. Disse-me logo Sua

Alteza que lhe parecia que o ministério escava perdendo prestígio. Perguntei-lhe em que e por quê. Sua Alteza respondeu que se referia à questão da abolição da escravidão, a qual em São Paulo tomava caráter muito sério, e mostrou receio – de que a Presidência – nada esperando do centro – aderisse a tendências separatistas, e por isso desejava saber o que pretendia fazer o ministério. [...] Sua Alteza parecia inspirada pelo conde d'Eu, pois este ou aprovava o que ela dizia ou acrescentava alguma observação. Disse que achava bom que o governo desde já fizesse alguma promessa. Respondi que, não tendo plano assentado, seria isso fato de discrição, e só à Câmara é que daríamos conta do nosso procedimento. Acudiu então sr. conde d'Eu que poderíamos ouvir o Conselho d'Estado, ou convocar um Congresso de Lavradores [sic]. Respondi que nem uma nem outra coisa faríamos. O respeito privou-me de dar a conveniente resposta a tão esdrúxulo projeto.

"Esdrúxulos!" Cotegipe não respeitava os príncipes. Só obedecia ao imperador. O velho ministro sabia que, pressionado pela opinião pública, o casal tentava colocar a "ideia" de pé. Uma ideia a que Isabel aderia "com uma ternura de coração puro". Coisa de carola.

Para outros, como José do Patrocínio, houve "finalmente uma atitude da Regente". Foi o que bastou. Ele, que antes a considerava ignorante e "débil", que anunciava o "terceiro reinado como uma grande desgraça pública e calamidade nacional", recuou: "Vossa Alteza deve estar contentíssima com a brusca mudança que se operou no espírito público. [...] Atender ao povo, longe de desmerecer, prestigia o governo. [...] Vossa Alteza está salva! Pode governar."

Muitos abolicionistas correram, então, para os braços da Igreja, convencidos de seu poder de persuasão: sermões e pastorais poderiam servir à causa. Antes ridicularizada por sua participação no Mês de Maria, Isabel agora era instrumentalizada: a piedade e um gesto cristão poderiam redimir muitos escravos. Era a história de Lázaro e Maria, contada por Rui Barbosa. Enquanto isso, Joaquim Nabuco viajou a Roma. Foi pedir a excomunhão dos escravocratas.

A "mancha" da escravidão devia virar pecado. O papa ouviu tudo, mas lavou as mãos. Era problema dos brasileiros.

Se, a partir do início de 1888, os abolicionistas começaram a olhar Isabel como uma sucessora do pai, o mesmo não podia se dizer dos conservadores ou dos republicanos. Se pareciam entrincheirados pela euforia abolicionista, replicaram. E o "fanatismo" da princesa tornou a virar manchete nos jornais. Mais. Ela era apontada como autoritária, capaz de afrontar velhos políticos amigos do trono, de prometer um governo fradesco, de ser casada com um estrangeiro, de não ser emocionalmente capaz de governar.

Nos quartéis, remexia-se a Questão Militar. Grupos manipulavam a candidatura do "novo Pedro"; o neto querido de D. Pedro e filho mais velho de Leopoldina. Vereadores gaúchos propuseram um plebiscito nacional para apurar a forma de governo que se desejava para o Brasil: Império ou República? Não queriam uma sucessora "obcecada por educação jesuítica". A proposta, aprovada por unanimidade no Rio Grande do Sul, contaminou São Paulo e a Corte. Temerosos de que a princesa ganhasse a estima do povo, os radicais antimonárquicos começaram a se mexer. Diziam que ela só se interessava pela abolição para não perder a coroa. O jornalista republicano Silva Jardim não mastigava as palavras: a agonia de D. Pedro numa cama de hotel, em Cannes, empurrava a princesa a libertar o elemento servil. Exclusivamente para conservar a coroa, ela assinaria a lei de libertação.

Embalada pelo sucesso de suas atitudes, Isabel resolveu dar mais passos:

> De novo chamei a atenção do sr. barão de Cotegipe para a questão. Faltou dizer-lhe que devia retirar-se. Mas nada parecia compreender o sr. barão, e com muito boas palavras e muito jeito ainda desta vez foi mais fino do que eu. Dias depois em despacho, julguei dever repetir diante de todos os ministros (e receosa de que o sr. barão guardasse só para si minhas ponderações) o que dissera particularmente, acrescentando que o ministério não poderia continuar se não fizesse qualquer coisa em favor da emancipação.

Pouco depois, sentindo a demora de Cotegipe, insistiu. O hábil baiano recomendou-lhe manter-se neutra, como a rainha Vitória. Resposta do casal de príncipes: a rainha era acusada de prejudicar os interesses da Inglaterra por conta de sua neutralidade. Contou Isabel:

Os acontecimentos precipitavam-se, tive vergonha de mim mesma que talvez por um excesso de comodismo, para evitar uma estralada, o que me é sempre desagradável, descuidava fazer com que se retirasse o ministério que não fazia em primeiro lugar o bem do país, depois com ele me arrastava para o abismo [...].

Não precisou de "estralada", sempre desagradável. Um acaso precipitou os fatos. Um jovem capitão foi preso e espancado por estar alcoolizado. Seu tio, alto oficial e próximo do palácio, correu em seu socorro, mas foi desacatado pelos policiais. A imprensa noticiou o caso com palavras duras contra o chefe de polícia, que agia então com a maior arbitrariedade em nome da ordem. Isabel foi ao palácio pedir explicações a Cotegipe. No caminho, a multidão vaiou a princesa. Supunha-se que as ordens violentas partissem dela. Não satisfeita com as explicações, escreveu ao ministro da Justiça, deplorando a forma de agir da polícia. Os pedidos de demissão do comando da polícia se sucederam e Cotegipe reagiu. Os policiais cumpriam ordens. Agiram para preservar a calma. Diante da insistência da princesa em punir o chefe de polícia, o ministro puxou do bolso a carta de demissão coletiva do gabinete. Alfinetou-a, por fim: "Julgo não dever entrar em justificações e explicações por desnecessárias, visto que parecia ter por fim permanecermos numa posição que aceitei unicamente por dedicação à causa pública e obediência a Sua Majestade o imperador."

Segundo Gastão, Cotegipe, "por inércia quanto à questão servil, tinha deixado evoluir um espírito de agitação". Ele achava que o ministro deveria ficar até a Fala do Trono, mas surgiu o acidente da prisão do oficial e... Isabel também deu sua versão dos fatos:

Teria sido melhor deixar continuar as coisas até a época da abertura das Câmaras, em que, visto o emperramento do Ministério, eu o teria obrigado a pedir sua demissão? Não o creio. Não sei como o país teria suportado os dois meses que faltavam, e, além disso, tinha tanta consciência do jeito tradicional do sr. barão de Cotegipe, que, não temo confessá-lo, receei que ainda dessa vez me enrodilhasse e não achasse eu meio de dar o golpe que julgava necessário.

Junto com a opinião pública, Isabel já estava convencida: "Deus me ajude e que a questão da emancipação dê breve o último passo que tanto desejo ver chegar! Há muito a fazer. Mas isto antes de tudo", escreveu ao pai. Como de praxe, Cotegipe perguntou à Regente a quem devia chamar para substituí-lo. Tinha esperanças de indicar um sucessor. Mas ela não lhe deu tempo. Pediu que João Alfredo, conservador e senador por Pernambuco que apoiava a causa abolicionista, tomasse seu lugar. A escolha foi interpretada como um sinal verde para a causa. Cauteloso, antes de aceitar o cargo João Alfredo foi pedir a bênção a Cotegipe, que lhe prometeu: "Conte com os meus amigos."

Onze de março de 1888: o novo gabinete foi acolhido com manifestações de alegria em toda parte. Do Conselho dos Ministros fazia parte Antônio Prado, na pasta dos Negócios Estrangeiros. Até a província do Rio de Janeiro, um dos mais influentes redutos de senhores de escravos, dobrou-se. Alguns senhores alforriavam os seus, seguindo o exemplo dos paulistas. Em Minas Gerais, libertações voluntárias se juntaram à iniciativa dos cativos que deixavam pacificamente as fazendas.

A 17 do mesmo mês, Gastão escrevia à França comentando que a principal tarefa do novo gabinete seria "de votar, ao longo do ano, a abolição definitiva". Afinal, os escravos por si sós ou por alforrias iam abandonando senzalas.

Faltando apenas três semanas para a assinatura da Lei Áurea, ele escreveu à tia Francisca externando sentimentos contraditórios em relação ao assunto:

Conta-se que, brevemente, será votada a abolição completa da escravidão, o que já é uma necessidade, pois quase ninguém a quer mais. E é de se esperar que a maior parte dos negros, apesar de libertos, continuem a trabalhar nas fazendas.

Mas abolição já? Segundo Gastão, "só com medidas rigorosas e destinadas a satisfazer a lavoura, obrigando os libertos a residência fixa e a procurar ocupação". Mas ele sabia também que isso seria difícil. Melhor "confiar na Providência que até hoje tem protegido o Brasil e na boa índole da gente". Ninguém sabia o que ia acontecer, menos ainda o novo ministro: haveria ou não indenização pelos libertos? A libertação seria imediata ou haveria um prazo, talvez dois anos? Afinal, a colheita de café estava para começar no vale do Paraíba... E não faltava pessimismo: "O que é a emancipação para o Brasil? É a Revolução!"

Na Fala do Trono, proferida no dia 3 de maio, Isabel mencionou a "extinção do elemento servil pelo influxo do sentimento nacional [...] aspiração aclamada por todas as classes [...] para que o Brasil se desfaça da infeliz herança". Aplausos e simpatia. Mas não se falava em data. Porém magistratura, classes armadas, funcionalismo público, imprensa, mocidade das escolas, agricultores, todos se agitavam e cabalavam pela sorte dos cativos.

Em resposta à crescente pressão, almoçaram no Palácio Imperial 14 africanos fugidos de fazendas vizinhas a Petrópolis, anotou Rebouças. E no mesmo diário, a 12 de maio, acrescentou: "Excedem a mais de mil os escravizados acolhidos a Petrópolis, hospedados pela Comissão Libertadora sob os auspícios de Isabel, a Redentora." A comissão devia ter alguma relação com a Confederação Abolicionista. Quem a compunha? Pouco se sabe. Rebouças não esclarece e Gastão não a menciona nenhuma vez na abundante correspondência que mantém com a França.

Mal assumiu o governo, João Alfredo recebeu uma representação dos deputados de São Paulo: queriam abolição imediata, incondicional e sem cláusula de serviço. Nada de gradualismos para manter a quietação no país. Na abertura da nova sessão legislativa, o ministro da Agricultura, Rodrigo Antônio da Silva, premido pelos paulistas, apresentou um projeto de abolição incondicional. Nabuco exortou os parlamentares a esquecer as disputas partidárias diante da importância da questão. Importava conciliar liberais e conservadores contra o escravismo. Uma aliança, ainda que efêmera. Palmas dentro e fora da Câmara, cercada por cerca de 5 mil pessoas. O regime de urgência para a votação foi adotado. Os membros da casa votaram: 83 contra 9. Uma onda de entusiasmo garantiu sua assinatura em sete dias.

Isabel veio de Petrópolis num domingo, 13 de maio, a fim de transformar, com sua assinatura, o projeto em lei. Exultava: seria aquele um dos mais belos dias de sua vida, se não fosse saber estar o pai doente. Mas Deus permitiria que D. Pedro voltasse "para tornar-se, como sempre, tão útil à nossa pátria". A ele, escreveu dizendo-lhe da alegria de "ter trabalhado para ideia tão humanitária e grandiosa", apesar das noites curtas e excitações de todo gênero. Estava cansada, rezingava.

Na Corte, mais de dez mil pessoas esperavam o casal de príncipes. Delírio na praça em frente ao Paço Imperial. Uma explosão de alegria sacudiu a multidão quando a princesa recebeu a legação para a assinatura. Vestida de branco-pérola e rendas valencianas, ela assinou a lei com uma caneta cravejada de brilhantes. José do Patrocínio, ajoelhado, beijou-lhe as mãos e foi seguido por outros membros da Confederação Abolicionista. Nabuco discursou, enquanto parte do público dançava. "Tão bom como tão bom" era o grito de guerra dos emancipados, embriagados de liberdade. Isabel ganhou um buquê de camélias e violetas. Depois, foi para o balcão apoiada pelo antigo ministro Cotegipe. Ao perguntar-lhe o que achava do gesto, o velho político respondeu: "Redimiste, sim, Alteza, uma raça; mas perdeste vosso trono..." Eram cerca de 15 horas.

O troco foi uma ovação. Eram as vozes dos zungus, dos quilombos, das senzalas, dos cafés e redações de jornais da rua do Ouvidor, da boemia literária. De velhos e jovens, homens e mulheres de todas as classes e condições. A popularidade da família imperial

Visões de redenção, caminhos de perdição   215

bateu todas as expectativas. Anos mais tarde, o escritor Lima Barreto, que tinha sete anos, lembraria as palmas, os acenos com lenços e vivas. Em todo o Império, comoção. "Aclamações populares" no Maranhão. "Delírio" no Recife. "Estrondosas manifestações de regozijo popular" em Fortaleza. Poetas declamavam em público versos que exaltavam o momento. Panfletos eram distribuídos entre a população: "Arcanjo da liberdade. Da pátria loura esperança. Mimosa flor de Bragança. Celeste núncio de amor [...] vê que os corações humanos têm todos a mesma cor", cantava Artur Azevedo. Nos versos de um, Isabel era "uma grande e santa mulher". Outro celebrava "a era luminosa". Outro ainda: "Rasgou-se a folha negra." E não faltava quem comemorasse, pedindo em rimas: "Deem-me aí um copo de cerveja", bebida na moda que substituiu a cachaça. Vez por outra, ouviam-se gritos de "Viva a República!".

Sobre a data, Gastão diria que "o momento psicológico tinha chegado". Que "a natureza impressionável das raças deste país dava lugar a um entusiasmo sem limites e tocante". Segundo ele, o sucesso para a Monarquia era colossal. Nela se reconhecia "o agente principal de transformação tão ardentemente reclamado". Voltaram para casa por ruas atapetadas de flores. Em Petrópolis, foram recebidos com lanternas chinesas, música, foguetes, um séquito de trinta ex-escravos e chuva. Todos direto para a igreja "rezar o Mês de Maria". Segundo um poético Rebouças, Deus teria visto tudo, "iluminando a cena com relâmpagos e derramando lágrimas de infinito júbilo". No dia seguinte, "um dia tranquilo", receberam apenas mais "visitas do que de costume". Para Gastão, tudo ia bem, "salvo as espoliações tão inevitavelmente impostas aos proprietários retardatários".

Nos dias subsequentes, houve missa na igreja do Rosário e São Benedito dos Homens Pretos e o secretário da irmandade, um maçom, expressou sua vontade: "Que, ao lado de santa Isabel de Portugal, figurasse santa Isabel, a brasileira." Menos ingênuo, Gastão lembrava que, apesar da "impossibilidade de manter um estado de coisas intermediário", "medidas complementares" para

216 O castelo de papel

"amolecer a transição" não tinham sido aplicadas. Como previu Cotegipe, haveria sequelas. A 20 de maio, Rebouças anotou no diário: "Último dia de delírio pela Abolição." Só faltou um *Te Deum*, reclamou Gastão. Meses mais tarde, Isabel resolveu deixar para os filhos seu testemunho dos fatos:

> Meus filhos, se mais tarde lerdes este papel, lembrai-vos de que, se vossa mãe assim procedeu nesta grande questão da abolição, foi na convicção de que seria melhor à pátria, por quem tinha obrigação de velar, e a vocês, a quem deixaria o nome de sua mãe e o trono limpos de qualquer piche de egoísmo ou de fraqueza. Deus me ajudou, meus filhos, procedendo inteiramente como minha consciência me mandava, muito, muito pensei, mas tudo fiz facilmente a ponto de, mais tarde, quando tudo ficou terminado, espantar-me dos elogios que me faziam, da minha coragem, do sábio que mostrava, da grandeza do cometimento... Procedei sempre como Deus vos ordenar, vossa consciência e espírito tranquilos, tudo vos será fácil e, se assim não for, é que Deus vos julga capazes de lutar e tornar-vos ainda mais dignos de ganhar a vida eterna.

No mesmo momento em que a cidade explodia em alegria, D. Pedro agonizava. "Terríveis inquietudes" abateram-se sobre os príncipes. Falava-se em "paralisia bulbar". Viveria ou não o imperador? Só soube da abolição uma semana depois. Assim que melhorou, a condessa de Barral foi das primeiras a vê-lo: cabelos brancos empapados, barba comprida, olhos fundos, falando diferente, pois estava sem dentadura. Mas "muito bonito", comentou com Isabel.

Sempre alerta, Gastão escrevia ao pai:

> Em certas províncias, todos os prejudicados pela supressão abrupta da escravidão estavam de muito mau humor, e isso deu lugar a um bom número de manifestações republicanas às quais se juntaram inúmeros membros do Partido Conservador. Espero que esta explosão não seja mais do que um fluxo que terá seu refluxo com o tempo.

Apesar das centenas de cartas e telegramas de congratulações que receberam, ele sabia: crescia a pressão republicana. Aumentavam as propostas para um plebiscito sobre nova forma de governo. A abolição não diminuiu a antipatia à Monarquia. E em São Paulo, sob uma saraivada de críticas, João Alfredo tentava defender a situação:

> Senhores, esta República é um desabafo dos desgostosos, a explosão dos espíritos impacientes e aterrados que veem na mudança da forma de governo um remédio a males, cujas proporções exageram. Mas, se a revolução vier, invencível e triunfante, o que há de fazer o governo? [...] É melhor dizer que cresça e apareça.

O desafio estava lançado, e o slogan "cresça e apareça" passou a ser o dos antirrepublicanos. Joaquim Nabuco engrossava o caldo de tensões com uma tese curiosa: a de que a princesa não estivera propriamente na regência, mas no exercício de uma ditadura: "A princesa imperial, no 13 de maio de 1888, abdicou a Monarquia ditatorial, abdicou a Monarquia tradicional e investiu-se precisamente na ditadura popular, que há de durar enquanto ela for leal ao povo." E o que seria ser desleal?

O verdadeiro debate girava em torno da indenização aos proprietários de cativos. Até Gastão considerava que abolição sem ela era "passo precipitado". Os republicanos moderados a reclamavam para não perder apoio dos fazendeiros. Isabel, que não influiu na questão, tinha opinião: a medida não era conveniente nem justa, pois recairia, em forma de impostos, sobre quem não tinha nada a ver. E o país não possuía recursos. Seria uma solução ilusória. Críticos da situação embutiam no debate a questão da imigração. Como atrair estrangeiros a um país onde "os sentimentos ultracatólicos de Sua Alteza" criavam obstáculos à secularização dos cemitérios e ao registro civil obrigatório? As demandas republicanas rondavam o rápido sucesso da princesa. Mal ela punha o rosto na janela, novas cobranças acenavam. Agora, seria a vez da "reforma democrática da propriedade territorial". Na defesa da Coroa, Nabuco

218   O castelo de papel

e Rebouças se uniram na ideia de propor uma Monarquia democrática popular. Mistura de "caridade de Jesus", "força dinástica e democrática". Não teve maiores consequências. A correspondência diária de Gastão ignorou o assunto. Não só porque era uma mistura de ideias que não podiam ser pensadas em conjunto, mas porque se tratava da espinhosa passagem da Monarquia à República. Também não mereceu atenção o projeto de Rebouças, entregue nas mãos do conde d'Eu, sobre a inserção dos ex-escravos: educação, ocupação de terras, direitos. Sem resposta.

No mês de junho, o assunto "abolição" tinha saído da pauta do casal. Tudo o que lhes interessava era a "emoção e arrumação da primeira comunhão" de Baby. "Deus queira que este grande ato o coloque em melhor caminho nos estudos que, infelizmente, claudicam quase sempre", anotava Gastão. Era um sem-fim de aulas de catecismo, lições a tomar e copiar, idas à igreja. Sobriamente vestido de terno escuro, fita de chamalote branca no braço, o menino iria "viver o mais belo dia da vida", "uma lembrança indelével", um casamento com a Igreja católica. Em fila, os meninos se aproximaram da mesa santa. O padre, cibório dourado nas mãos, oferecia-lhes com dois dedos a hóstia sagrada. Jovens rostos nervosos, olhos fechados, mãos entrelaçadas apoiadas na toalha branca, recebiam o Corpo de Deus. Seguiu-se um almoço e distribuição de presentes para Pedro.

Em julho, Gastão repetia: "Nada de novo por aqui." As sessões parlamentares no habitual rame-rame. O horizonte parecia-lhe sem nuvens. Ignorava as críticas: "Na febre de ser rei [...] veio-lhe a ideia de fazer decretar a abolição convencido de que o povo o levaria em triunfo à coroação desejada", martelava o *Novidades*.

D. Pedro melhorou e embarcou em agosto de volta ao Brasil. Gastão se preocupava: se não estivesse recuperado, teriam que continuar à frente do governo? Mas o sogro surpreendeu. Pareceu-lhe sensivelmente melhor e com boa memória. Não quis continuar afastado do poder: nada de "imperador honorário", reagia. "Dou graças a Deus", exclamou Isabel, "que meu pai se sinta com forças para governar e arrede de mim essa grande responsabilidade." "Foi um grande alívio para mim e Isabel", repercutiu Gastão. Não teriam que descer mais às quartas e quintas, do que tanto se queixavam. Apesar do carinho com que foi recepcionado e da rapidez com que reassumiu suas ocupações, D. Pedro gozava apenas de homenagens pessoais, notava Gastão. Era respeitado, mas não querido. A despeito da festa promovida pela filha, da apoteose das ruas pela "volta do Velho" – como era chamado –, do conchavo da democracia com o trono, a aliança não durou. "As ideias republicanas tinham feito um progresso enorme que atingem todo o mundo", sublinhava. E a despeito da melhoria financeira graças a um empréstimo dos bancos ingleses, nunca a situação da Monarquia brasileira lhe parecera mais "comprometida" A "Redentora" tinha aberto a caixa de Pandora. Após a assinatura da Lei Áurea, passado o entusiasmo, novas nuvens de tempestades começaram a se formar:

> Essa multidão que anteontem saiu do regime servil e rompeu com ele, de que modo viverá, a que ramo de trabalho consagrará sua atividade? Virão para os centros – a Corte e grandes cidades – figurarem como novos e avultados elementos de perturbação? A cargo de quem ficarão os velhos e as crianças? Como serão reguladas as relações dos credores das lavouras com seus respectivos devedores? Haverá mudanças no regime eleitoral que abranjam novas classes sociais?

Quem perguntava era Rui Barbosa, em editorial do *Diário de Notícias*. O republicano cobrava: não bastava libertar escravos e lavar as mãos. E, dias depois, o mesmo jornal arrematava o sentimento geral com uma frase: "Foi-se, com o estalar do último foguete, tudo que ainda restava das grandes manifestações. Vamos agora entrar na crise profetizada pelos descontentes."

Era a sensação de fim de festa e o prenúncio de novas exigências: os conservadores clamavam por indenização. Os abolicionistas, por reformas. O fosso entre o trono e a opinião pública se escancarava. Os rumores que escapavam dele não indicavam nada de bom...

CAPÍTULO X
O relógio invisível

Família imperial em Petrópolis

Jorge Henrique Papf, c. 1889.
Coleção Museu Imperial/Ibram/MinC

❛ Retrato de família em Petrópolis: a inércia governamental correspondia à lentidão e à sonolência do imperador. Magro, olhar cansado, gesto lento, era o fantasma de um monarca. Gastão concordava: o sogro já não governava como antes. Nos bastidores, o sobrinho Pedro Augusto movia-se nas sombras, tramando suceder o avô no trono, com o apoio de membros da Marinha, alguns republicanos e gente da Corte. ❜

As vozes e os insultos vinham de longe. A birra era antiga. Havia quinze anos, desde a Questão Religiosa, o *Diário do Rio de Janeiro* cobria Isabel de injúrias: "fanática, fraca, dona de ideias retrógradas, incompetente para governar". Durante a segunda regência, as ofensas foram estendidas ao príncipe. Gastão virou motivo de piadas e chacotas em *O Mequetrefe*: "cabeça--oca", "estalajadeiro", "negociante de secos e molhados". Em 1877, a Fala do Trono foi qualificada pelo jornal liberal *A Reforma* como "uma peça inútil, sem alcance, sem valor, abaixo de toda a crítica".

Em 1888, o alvo eram os bailes e a vida fútil do casal. Se antes, na *Semana Ilustrada*, Isabel era "dotada de graça e inteligência naturais", passou a "criatura histérica, fanática e pouco inteligente" nas páginas da *Gazeta da Tarde*. Gastão, de "ilustre consorte... com verdadeiro amor à nossa terra", virou alguém que só "se deixava seduzir e arrastar pelo valor real que agrada e satisfaz sua cobiça". De príncipes a sapos!

Depois da abolição estabeleceu-se um consenso: o afastamento de Cotegipe, a escolha de João Alfredo e a assinatura da Lei Áurea foram resultado da ação direta da princesa. A Lei Áurea consagrava a figura da Redentora. O jornalista Viriato Correa, que, anos depois da proclamação da República, cunhou o termo *isabelismo*, afirmava:

Dantes tão enxovalhada pela maledicência das línguas passou a ser o ídolo dos corações. Em derredor de seu nome houve, em todo o país, um verdadeiro delírio de emotividade e uma candente exaltação de fetichismo. Isabel surgia agora aos olhos dos patriotas como uma figura divina e intangível. Ai de quem tivesse a mais vaga ideia de ofendê-la.

O *isabelismo*, ele explicava, não servia para endeusar a Redentora. Manipulado pelos republicanos, servia sim para enterrar a possibilidade de vê-la coroada. A abolição foi a pá de cal sobre a Monarquia. A libertação dos escravos trouxe à República o apoio da "aristocracia territorial", como então se chamavam os conservadores, ex-proprietários de escravos. O movimento republicano, por seu lado, já tinha o apoio da mocidade das escolas, de parte da intelectualidade e da maioria das Forças Armadas devido à Questão Militar.

José do Patrocínio, que se tornou um defensor da princesa, avisava: recém-chegado da Europa, o imperador ia encontrar "um grande movimento republicano, transformação do antigo movimento escravista. [...] Todos os grandes centros negreiros se converteram em poderosos centros republicanos".

Mas como o *isabelismo* era a arma republicana contra um Terceiro Reinado, as críticas à princesa se multiplicavam. Sabia-se que, se D. Pedro estivesse no Brasil, o fim da escravatura não teria ocorrido de forma abrupta e sem indenização. Dizia-se mesmo que, ao voltar, ele se queixou a amigos sobre a forma cirúrgica do ato. Desde então, João Alfredo nadava contra a onda de despachos que buscavam contentar usineiros, fazendeiros e quantos descontentes houvesse. Os redutos monarquistas se esvaziaram. Os amigos acólitos se bandeavam, cheios de rancor, para as fileiras republicanas.

Enquanto a Monarquia sangrava, Isabel enviava bilhetinhos ao ministro: "Lembro-lhe o crucifixo e o retrato de meu pai nas escolas." Ou o estado das ruas "é um martírio e uma vergonha para quem não anda de *tramway*". Fora as nomeações que continuava fazendo... A última era de um professor de canto. Só não dava mais condecorações pela libertação de escravos, explicava Gastão à Barral, que lhe pediu uma, para um padre seu amigo.

Se a imprensa abolicionista exaltava Isabel, a conservadora culpava-a pelo esvaziamento dos cafezais. Temia-se, como anunciava o *Correio de Cantagalo*, o desmantelamento das fazendas, a perda quase total da colheita, as cidades ameaçadas por hordas de maltrapilhos esfaimados e as estradas frequentadas por numerosas quadrilhas de salteadores. A gente da lavoura tentava negociar com os libertos, na maior parte das vezes sem sucesso. Contava com a gratidão, com os laços comunitários e com as dificuldades da vida para devolver os ex-escravos aos campos. Não funcionou. As frustrações só se acumulavam. Era a vez de os libertos determinarem as condições em que queriam trabalhar: salários em aumento, meação, alojamentos, parceria. Pagava quem podia. Impunha-se a lei da oferta e da procura.

Nas fazendas, só se ouviam os alegres tambores das congadas. Para os fazendeiros, "o Brasil estava se degenerando num país de selvagens independentes"! "Nós lavradores estamos sofrendo os rigores da situação aflitiva criada pelo ato ditatorial do 13 de maio", escreviam nos seus jornais. Foi um trauma.

E sobrou para a Igreja, tão querida da princesa. Um fazendeiro testemunhou ter visto hordas de libertos, "capitaneados e insuflados por padres, aos gritos de 'Viva a rainha'! Hoje, inteiramente estrangeirado e subordinado às influências de Roma, o clero procura fazer de uma princesa beata e que só tem dado a conhecer por sua leviandade, o arrimo do poder sacerdotal".

Apesar das virtudes tantas vezes exaltadas, os jornais eram unânimes em afirmar: Isabel não tinha condições para governar. Mas não era só ela a indesejada, a "boneca de cordéis nas mãos do marido". Era a Monarquia como um todo. Em qualquer parte ouvia-se, não o hino do Brasil, mas a *Marselhesa*. "Brava gente" contra "Cidadãos". Uma provocação. Nos cafés, nas palestras, nas conferências, nos clubes e nas colunas de jornais, o Terceiro Reinado "passou a ser visto pelos homens de bom senso e até os monarquistas" "como um fantasma e como uma desgraça". Pregava a *Gazeta da Tarde*:

> A condessa d'Eu não parece talhada para ocupar o trono de um país onde a democracia avoluma-se de dia em dia. O reinado da princesa, com seu séquito, será a desgraça para ela e sua família, desastre para a causa da liberdade e tremenda calamidade para o Brasil. O palácio Isabel é foco de conspiração não contra o imperador, mas contra o progresso e o desenvolvimento de um povo nobre e cheio de legítimas aspirações. Só poderá reinar reacionariamente...

Gastão representava a realeza banida. Junto com ela, havia o ultramontanismo. Seria beato também. Para ridicularizá-lo, colaram-lhe a pecha de avaro. Não era novidade. Seu avô Luís Filipe também sofrera o mesmo tipo de acusação, que ficara identificada à família. Acusavam o príncipe de explorar cortiços. As "denúncias" se multiplicavam em panfletos distribuídos na rua ou onde quer que se apresentasse. Ele não se defendia.

De fato, alugara um terreno e o arrendatário, em vez de construir um circo de cavalinhos, como o prometido, edificou uma série de casinhas. Quando o acusaram de arrendar o matadouro municipal, explodiu: "Nunca me ocuparei, mercê de Deus, de semelhante negócio nem de outro dessa ordem ou de especulações de qualquer natureza." Mas, se o Brasil tinha tanto medo da influência de um príncipe orleanista, por que ele fora escolhido para marido da princesa imperial? – perguntava-se o *The Rio News*.

Crescia o "antiorleanismo": o Terceiro Reinado seria "uma cópia do reinado de Luís Filipe". Nessa situação, era "lícito a cada um defender-se como puder, sem olhar os meios, nem escolher os modos", definia um jornalista. A expressão fora cunhada pouco tempo antes e designava a antipatia crescente ao príncipe. Ele foi obrigado a responder, nas páginas do *Jornal do Commercio*, que não interferia na administração pública. Tornou-se extremamente impopular. Comentava-se abertamente que, diante de seu desejo de subir ao trono, D. Pedro o puniu, indo viajar e deixando-lhe nas mãos a Questão Militar e a abolição. Boatos. Mas boatos ferinos: "Os mais íntimos personagens do Paço meneiam a cabeça; o povo murmura e a imprensa só se contém porque espera um desenlace da situação difícil em que nos achamos", explicava o príncipe. Quanto a explorar cortiços, dinheiro era assunto proibido entre gente de certa classe social. Os príncipes não comentavam, mas estavam endividados com o Banco do Brasil. E Gastão ainda pagava despesas domésticas com a pequena herança que lhe coube por parte da mãe. Mas entendia perfeitamente o que estava por trás das calúnias. À confidente, condessa de Barral, escreveu:

> A agitação republicana diminuiu nas últimas semanas, mas continua em gestação. É horrível! A abolição cavou um poço entre a Monarquia e as classes que a ajudavam a manter-se e será difícil de preencher. Guarde isso para a senhora!

A decadência da Monarquia era acompanhada pelo declínio do físico de D. Pedro. Sua aparência não podia ser pior. No encerramento das Câmaras, ele "tinha o ar bastante envelhecido sob a monstruosa coroa, apoiando-se sobre o báculo de marfim e suas meias brancas, muito largas por conta da doença, lhe caíam pelas pernas de maneira horrível". Havia pouquíssima assistência, Gastão contou à mesma interlocutora. A inércia governamental correspondia à lentidão e à sonolência do imperador. Ele só mostrava alguma alegria "nos raros momentos em que falava". Magro, olhar cansado, gesto lento, era o fantasma de um monarca. E o príncipe concordava: o sogro já não governava como antes. Para a opinião pública, a morosidade de D. Pedro era uma forma de "demência".

Nos bastidores, cenários ruins: o sobrinho Pedro Augusto movia-se nas sombras, tramando suceder o avô no trono, com o apoio de membros da Marinha, alguns republicanos e gente da Corte. Ele conseguiu dividir o partido monarquista, já minoritário. Uns queriam Pedro, outros Isabel. O prestígio do belo e jovem engenheiro no exterior era enorme. A rainha Vitória o adorava. Em Portugal, era considerado o futuro imperador. Cada vez que viajava com o avô, era recebido de braços abertos pela aristocracia europeia, que o considerava seu sucessor natural. Não era ilusão. Pensava-se, em voz alta, na troca de herdeiros.

E havia, ainda, más notícias sobre o Brasil na imprensa estrangeira. O redator responsável pela *Voce del Popolo* fora intimado a comparecer à repartição de polícia e advertido a moderar a linguagem do jornal. A *Revue Sud Americaine* espalhava falsidades sobre o Brasil na imprensa francesa. Até mesmo a Agência Havas mandava para a Europa notícias exageradas ou deturpadas.

Tempos sombrios. Não só aqui, mas também na França. Gastão seguiu com interesse o *boulangismo*, que então agitava as casernas. O general Georges Boulanger, de alcunha "coveiro da Monarquia", declarou guerra aberta aos chefes de família que reinaram na França e a seus herdeiros diretos. Rui Barbosa lhe emprestaria o terrível apelido. Os "filhos soldados de Luís Filipe" foram excluídos do Exército e da Marinha. O duque de Aumale, por ter protestado, seguiu exilado para a Bélgica. Lição? A instabilidade de lá podia chegar cá. De fato, a Terceira República francesa influenciava intelectuais e políticos brasileiros. E ela era ferrenha inimiga de monarquistas e católicos. Sobre tais mudanças, Gastão escrevia ao pai dizendo sempre: "Deus nos preserve de graves desordens." Antevia a contaminação do Exército pelo *boulangismo* e intuía o desmoronamento do edifício político do país.

Para proteger a imagem da princesa, criou-se a Guarda Negra. Era composta por ex-escravos, mas também por intelectuais de projeção, cuja principal preocupação era defender a reputação de Isabel e garantir seu trono. Afinal, a represa de acusações, acumulada por dezenas de anos, ameaçava transbordar. "Ela nem se interessava pelos escravos antes", acusavam jornalistas.

A Guarda nasceu na redação do jornal *Cidade do Rio*, sob auspícios de Patrocínio, no aniversário de 17 anos da Lei do Ventre Livre. Os pretos libertos Higino, Gaspar, Theodorito, Antônio, Manoel, Jason e outros fundaram a associação, "dedicada de corpo e alma, em todos os terrenos, na defesa do Reinado da Excelsa Senhora que os fez cidadãos".

Inicialmente, se tratava de uma corporação política, com estatuto, eleições internas e rede de alianças que ia desde os jornais da Corte até os libertos do interior das províncias. Um dos artigos rezava: "Poderão ser sócios efetivos unicamente os que consideram o ato memorável do 13 de maio acontecimento digno de admiração geral e não motivo para declarar guerra à humanitária princesa que o realizou."

O objetivo era formar uma agremiação organizada que tivesse capacidade de expressar os interesses dos "libertos" pela Lei Áurea, nos moldes dos partidos da "sociedade branca". Por outro lado, o grupo de João Alfredo e Cotegipe buscou manipular a Guarda Negra, não no interesse da "humanitária princesa". Mas no seu. Ou seja, a Guarda Negra funcionaria como um braço armado e clandestino para espalhar o terror entre os adversários da Monarquia. Aliciada pelo poder, a organização desfilou numa festa, sob o discurso do ministro, que a apresentava como símbolo da defesa "das instituições, de D. Pedro II e da sra. D. Isabel".

Na mesma data da fundação da Guarda Negra, murcharam as camélias da abolição, mas Isabel ganhou a Rosa de Ouro do papa Leão XIII. Um precioso mimo em homenagem à libertação dos escravos. Teve festa com a formação das tropas de terra e mar. Acudiram os bispos de São Paulo e Pará. O episcopado, como os libertos, tentava blindar a princesa. O sermão declarou a "fidelidade à instituição monárquica". A luta doravante seria contra o positivismo, a maçonaria e o ateísmo. Tal como queria a Igreja de Roma. A batalha final era contra os tempos modernos, as mudanças. Na contramão do que desejava a opinião pública. A *Gazeta da Tarde* martelava: "A princesa infelizmente é beata. Essa falsa qualidade é uma das coisas mais dominantes na vida da futura imperatriz." No Paço, seguiram-se os cumprimentos de praxe, com as pessoas de praxe. Nada de novo. Rebouças ironizou. Chamou o ato de "ritual fetichista".

"Que bela festa...", noticiou *A Estação*, periódico feminino dedicado às modas. "A propaganda republicana tem muito que fazer para conseguir desarraigar a simpatia que o povo brasileiro consagra menos à Monarquia que à família imperial." Mesmo as folhas lidas por mulheres matizavam a importância da Monarquia.

Entre elas, aliás, já havia centenas de republicanas: Josefina Alves de Azevedo, Nísia Floresta e a revista *A Mensageira*, que fazia circular novas ideias. Rebouças anotava no diário: "Iniciação da Guarda Negra da Redentora." Cada vez mais violentos, os republicanos sugeriam que se mandasse a princesa pelos ares com dinamite! Cresciam os boatos em torno do Terceiro Reinado com o príncipe Pedro Augusto: o Pedro III.

Longe da efervescência política, em Petrópolis, o casal de príncipes se recolhia. Ou encolhia. O carinho da opinião pública tinha sido fogo de palha. Então, eles voltaram às ocupações de sempre: passeios, cavalgadas, aulas, igreja, filhos. Preocupada com a saúde do pai, Isabel muitas vezes passava dois ou três dias no Rio. Tais estadias eram malvistas. Estaria influenciando o pai, murmurava-se. Por trás dela, fazendo as "papinhas", Gastão... O príncipe foi colocado, mais do que nunca, sob holofotes. Rui Barbosa o acusava de querer a coroa. Isabel não passaria de uma lua gravitando à volta do esposo.

Em setembro, ela teve problemas circulatórios e ele começou a ver "nuvens no horizonte". Mas as notícias da França eram ainda mais preocupantes: a irmã solteirona, Branca, se viciara em morfina, "funesta para o moral e o físico", registrava Gastão. Quanto aos pequenos príncipes, Pedro seguia com problemas de alfabetização. Esquecia-se de tudo em um minuto. Luís saía-se muito bem. Antônio sempre resfriado. Sucesso mesmo fez a passagem de Teresa da Baviera, viajante intrépida, pelo Brasil. Ela subiu o Amazonas, dormiu em redes entre os índios e desceu o rio de canoa. Quatro meses de aventuras, impressionou-se Gastão.

Na capital, outras notícias circulavam. Nos pontos de vendas de jornais, nos quiosques que distribuíam refrescos, cigarros e flores, através do grito dos ambulantes, corriam novidades. Previa-se que a safra de café cairia pela metade: de cinco milhões para dois milhões e meio. O movimento do porto, segundo o *Rio News*, também era pequeno. A rua do Ouvidor se enchia de ociosos e pedintes.

São Paulo procurava atrair libertos para sua cafeicultura. Em Minas Gerais, engrossava a corrente dos "indenistas", conservadores que lutavam por indenização. Em toda parte, falava-se em "democratizar a terra" e discutia-se por que o dinheiro levantado por várias organizações privadas para libertar escravos, agora na mão do governo, não ia para a educação?! Maior liberdade às províncias, amplo direito ao sufrágio, instrução pública: esse era o cardápio que enterrou o assunto anterior, a abolição. O consenso, porém, era de que a Monarquia não seria capaz de empreender essas reformas. Em Petrópolis, a modorra do final do ano foi quebrada por um sinal nefasto. "Um acontecimento ensanguentou uma das ruas da capital." A razão? Golpes "contra a princesa que teve a honra de sancionar a lei de reabilitação moral e política de nossa nacionalidade", explica Patrocínio. Um choque entre republicanos e a Guarda Negra tinha feito vítimas. Atacados com "ódio e despeito", acusados de "capangagem do governo", os membros da Guarda interromperam uma conferência do republicano Silva Jardim, na Sociedade Francesa de Ginástica, próxima à praça da Constituição. Aos gritos de "Morra Silva Jardim", tentaram entrar no recinto, provocando resistência feroz dos antagonistas. Por pouco o conferencista não morreu.

Rebouças contou que os negros arrancavam com os dedos as balas dos revólveres de estudantes e caixeiros republicanos. Nas ruas, gritava-se "Viva a Monarquia! Viva Isabel, a Redentora". Choviam pedradas. Garrafas, cadeiras, globos, tudo que podia servir de projétil voava pelos ares. Refugiados no telhado, os republicanos atiravam a esmo em direção à rua. O conflito se estendeu. Na praça do Rocio, entrechocaram-se os que gritavam "vivas à República" e "vivas às instituições". "Só uma força de cavalaria e infantaria conseguiu apaziguar os ânimos", contou Patrocínio. Saldo? Muitos feridos, alguns em estado grave.

Escrevendo ao pai, Gastão mencionou o "bando de negros em atitude hostil" e sessenta feridos, um deles com uma bala na barriga. Os jornais, queixava-se, acusavam as autoridades de cumplicidade. Doravante, as conferências estavam suspensas por medo de desordens. No interior, multiplicavam-se as manifestações ao som da *Marselhesa*. Mas, para alívio dos monarquistas, o candidato republicano foi derrotado em São Paulo.

Janeiro de 1889 foi o mês em que os abolicionistas pesaram vitórias e derrotas. Nabuco adoeceu de tanto trabalhar e rompeu com Quintino Bocaiuva, que oscilava na direção de D. Pedro Augusto. Bocaiuva acreditava numa passagem mais serena entre um regime e outro, tendo o jovem príncipe no poder. No jornal *A Cidade do Rio* discutia-se a necessidade de se pôr um fim aos conflitos armados, à "capoeiragem" e "constituir sociedades e clubes para educação, instrução e aperfeiçoamento da raça africana". Os militares hostilizavam José do Patrocínio: era a espada contra a Coroa. Na Corte, a febre amarela ceifava e hospitais-barracas tinham sido instalados no terreno do antigo matadouro, sobre montes de lixo. "Mesquinhez", reclamava Rebouças. A capital precisava de saneamento. Quem iria fazê-lo? O engenheiro conversava com o imperador sobre os chamados "refratários", ou seja, os que criticavam o governo imperial. E Nabuco e Patrocínio uniam-se contra os ataques de Rui Barbosa à Redentora e em favor do "fazendeirismo republicanizante".

"Cansado de ser usado como bode expiatório pela imprensa, responsabilizado por tudo, sem na realidade ter voz nem influência", como ele mesmo se descrevia, Gastão resolveu viajar a Santos e Campinas. A febre amarela tinha virado epidemia em ambas as cidades. "Em boa hora lembrou-se o conde d'Eu de ir para ali mostrando interesse pelo povo", comentou o *Jornal do Commercio*, acrescentando que queriam mesmo era a visita da princesa.

Foi o que bastou para Rui Barbosa ter toda a munição de que precisava. No *Diário de Notícias*, não perdoou: "Santos e Campinas, dizimados pela febre amarela, tiveram o mês passado uma graciosa visita do príncipe consorte, deputado em caridosa embaixada pela família imperial."

Misturando ironia e maldade, fuzilava:

O relógio invisível

Bem se compreende, pois, que a família imperial julgue consolar--nos de uma agonia, com um espetáculo; que se tenha por quites, em relação ao martírio das duas grandes cidades brasileiras sepultadas na peste, deslumbrando os que expiram com a fulguração da passagem meteórica do príncipe consorte, como estrela cadente, pela noite dos túmulos, e assombrando a pobreza dos leitos hospitalares com o tinir de três contos de réis no mealheiro das esmolas.

E, em dias seguidos, por meio de editoriais, não poupou o príncipe: a viagem teria tido péssima repercussão. Como sondagem, fora "um desastre". "O resultado era o desdém e a impopularidade" repartidos entre "a princesa anulada e o príncipe invasor". Havia contra ele "um verdadeiro ciclone popular". O príncipe teria criado um trono por trás daquele do sogro. "Promoveu-se de subalterno a soberano." Seus tentáculos eram poderosos!

Gastão foi transformado pelo "coveiro da Monarquia" em um Judas para sovar. Daí em diante, Rui não o largaria: era preciso lutar contra o "príncipe invasor", enquanto D. Pedro estrebuchava na "incurável apatia mental": "Não devemos ser escravos do Terceiro Reinado", gania. A retórica, os comícios e os pasquins engrossavam a onda: "Aí vem o conde d'Eu para rir-se da miséria do povo [...] quer mostrar-se humanitário depois que o governo tornou-se indiferente aos reclamos do povo. [...] Veio a Santos, não socorrer a população aflita, mas rapinar alguma empreitada rendosa. Abaixo a hipocrisia!" E sobrava para Isabel também: "Fluminenses! Alerta! Preparai-vos para a luta que é breve, porque a doida Isabel quer reinar."

No dia da partida para Santos, Isabel era toda carinhos com o marido. Chorou no cais ao se despedir. Excitou-se porque ele custou a telegrafar avisando a chegada. Temia um naufrágio. Não pensava na calamidade que Gastão ia enfrentar.

Havia um consenso sobre a atitude do casal: eram egoístas. Não só moravam numa cidade imune às epidemias graças ao clima, como viviam em festas e quermesses, denunciava o visconde de Taunay. Os filhos preenchiam a maior parte do tempo: Totó, com catapora, Pedro Baby, impedido de fazer as provas do Colégio Pedro II para não manchar a reputação da família, e Luís, capaz de montar por sete horas sem se queixar.

"Escravos do Terceiro Reinado": a coisa pegou. Ninguém queria sê-lo. Aguardava-se com inquietação a abertura das Câmaras: "Ninguém sabe o que vai acontecer", escrevia Gastão ao pai. Em maio, elas abriram. Nenhum entusiasmo. O imperador, em péssimo estado de saúde, estimulou o trocadilho: não estava vestido com o manto feito de papos de tucano, mas... de palpos de aranha. Era conhecido como "Pedro Banana". A oposição barrava as votações. Divididos, os conservadores não chegavam a um consenso para formar novo gabinete. Impossibilitado de governar, João Alfredo apresentou sua renúncia. Depois de várias tentativas vãs, sem que ninguém aceitasse o pesado encargo, D. Pedro voltou-se para os liberais e escolheu o visconde de Ouro Preto para chefiar o gabinete.

Ao tentar emitir opinião sobre o assunto ao sogro, Gastão foi rechaçado:

> Foi a primeira vez em que falei de política com o imperador. Ele me deixou falar cerca de meia hora sem dizer nada, um pouco contrariado, creio. Depois de algum tempo, disse que ia pensar no assunto. A princesa havia prometido estar presente a essa discussão, mas tendo se atrasado por causa dos ensaios da igreja só chegou quando estávamos concluindo.

Mais uma vez excluído dos assuntos políticos, o casal não tinha como interferir.

O visconde de Ouro Preto nomeou o barão de Loreto, marido da melhor amiga de Isabel, Amandinha, para ministro. Para o ministério da Guerra, escolheu o visconde de Maracaju, colega de Gastão durante a Guerra do Paraguai. A notícia foi assim interpretada: se o imperador morresse, e Isabel viesse a reinar, manteria o mesmo gabinete. A capa da *Revista Ilustrada* chocava: trazia a caricatura de Ouro Preto rasgando o programa do Partido Liberal,

O relógio invisível 235

enquanto na legenda D. Pedro dizia-lhe: "Conte comigo e... Segure-se!" Ambos cercados por baionetas.

A apresentação do novo gabinete na Câmara dos Deputados transcorreu sob hostilidade, rumores e comentários de desagrado. Liberais migraram para o campo dos republicanos. Tumulto. O copo de fel foi oferecido por um padre que pregou o Mês de Maria, em Petrópolis, e acusou: a Monarquia cumprira seu destino. Dera o que tinha que dar, estava superada, como superados estavam os partidos que a apoiavam.

A audácia estalou na frase final:

E não tardará muito que, neste vasto território, e no meio das instituições que se desmoronam, se faça ouvir uma voz nascida, espontânea, do coração do povo, repercutindo em todos os ângulos deste grande país, bradando enérgica, patriótica, intrepidamente – abaixo a Monarquia! Viva a República!

Ao escrever à amiga Barral, confessando que preferia mais mudanças no ministério, Gastão criticou: o novo parecia "áulico", ou seja, puxa-saco. Pior. Se parecesse cooptado pela princesa, "não se ganharia verdadeiramente nada".

Fez-se uma trégua. No primeiro aniversário da Lei Áurea, Rebouças e Patrocínio encheram de camélias, flor da abolição, as mãos da princesa. Houve parada à tarde e procissão cívica à noite. Os "faróis elétricos da ilha Fiscal e dos encouraçados *Aquidaban* e *Riachuelo*" iluminaram a noite. Estiagem curta, como um raio de sol entre uma tempestade e outra.

O tempo se firmou com a viagem que Gastão resolveu fazer às províncias do Norte. A ideia foi de Ouro Preto. Era preciso consolidar a posição diante da campanha republicana que não parava de crescer. Gastão escrevia ao pai falando-lhe das "rixas que delas resultavam", da "longa crise política que acabamos de passar", da diminuição dos conservadores na Câmara e dos deputados que se declaravam abertamente republicanos. O pior era a reação das galerias e do plenário: aclamações entusiastas. "Seria pueril dissimular que as tendências da situação política no Brasil mudaram imensamente *for the worse*" – para pior, em inglês.

"Você achará esse momento mal escolhido para ausentar-me, mas não é possível se fechar [...] é melhor me afastar do que levar nas costas a responsabilidade do que, na maior parte das vezes, nada posso fazer", escreveu ao pai. Normalmente, os jornais e a opinião pública atribuíam a ele e Isabel "toda a sorte de coisas às quais sou, três quartos do tempo, completamente estranho".

No mesmo vapor embarcou o radical Silva Jardim. Seu plano era seguir as pegadas do príncipe, proclamando os benefícios da República e os malefícios da Monarquia. A história do Brasil não era mais do que uma sucessão de tiranias, do tempo dos vice-reis às "bananices" do imperador, argumentava. Gastão o ignorou.

Salvador, Recife, Belém, Manaus e depois a longínqua Tabatinga, extremo oeste do Império, no rio Solimões. A 9 de julho, descrevia a excursão: navegação agradável, florestas de palmeiras e árvores gigantescas, pássaros curiosos, sem contar os jacarés, peixes-boi e tartarugas, "boas de comer". Ao longo da viagem, anotava as carências da região num relatório que entregaria ao imperador: "A principal necessidade é o telégrafo", "a cadeia é péssima", "o Asilo Orfanológico não tem capela", muito contrabando na alfândega do Pará, fraudulenta distribuição de socorros durante a Grande Seca, reservatório d'água em Quixadá, necessidade de linha férrea para o vale do Ceará-Mirim etc.

Tudo ia bem, Gastão recebido com respeito: "As incessantes delicadezas causam certo atordoamento", registrou. Na Corte, os jornais escondiam a acolhida afetuosa. Na ida, temeram-se desordens na capital baiana. Estudantes foram corridos das ruas sob pauladas. No Seminário, um padre fez um discurso seguido de vivas à República. No retorno, Gastão passou por Manaus no dia 14 de julho, data da queda da Bastilha. Não teve como escapar: o Centro Republicano ofereceu-lhe um manifesto. Ele não sabia, mas, na mesma data, no Rio, os chefes da Guarda Negra esperaram a passeata liderada por republicanos como Quintino Bocaiuva e Lopes Trovão na rua do Ouvidor. Manobraram sem piedade os "petrópolis", nome dado aos cassetetes que usavam, na cabeça dos antagonistas. Os desordeiros brigavam aos gritos de "Viva a Monarquia"! "Cena de barbárie", reagiu Patrocínio. A Guarda Negra desviou--se de seu fim. Faltava-lhe instrução e partilha equitativa de direitos sociais, esclarecia. Ficavam assim "à mercê de conspirações de interesses de indivíduos que, se dizendo amigos dos negros, se aproveitam da coragem e abnegação deles". "Os nossos irmãos estão sendo criminosamente explorados", escrevia. Como comportar-se assim na data que homenageava a igualdade e a liberdade?!

Dias mais tarde, primeiro em Fortaleza, depois em Recife, apesar da receptividade dos liberais, Gastão quebrou o silêncio. Aguilhoado pela turba de arruaceiros misturados aos gritos republicanos, ele apenas se defendeu:

A Monarquia brasileira não tem qualquer interesse próprio ou ambição particular. Se se convencesse de que a nação brasileira deseja dispensar os seus serviços, seria a primeira a não pôr obstáculo à vontade nacional e a concorrer para a transformação que mais consensual fosse aos interesses do país.

Escândalo! Estaria capitulando antecipadamente, perguntavam-se uns? Ou era um reconhecimento da crescente onda republicana, diziam outros?! Mais: ele teria atravessado a autoridade de D. Pedro, fazendo uma concessão que só o chefe da família imperial poderia assumir? Nada... Apenas repetia a conversa de D. Pedro com um ex-ministro.

Ao saber do pequeno discurso, foi a vez de Isabel reagir. Ao marido escreveu:

É perfeito e é de fato o que todos nós pensamos. Eu entendo perfeitamente que, havendo outra forma de governo, talvez fôssemos obrigados a partir, mas não gosto de dizê-lo. Sou apegada ao país, nasci aqui, e tudo nele me lembra os meus 43 anos de felicidade.

238   O castelo de papel

Não o reprovava, mas a notícia tinha causado "sensação". Só queria esclarecer o tempo de verbo usado por Gastão: a família se *retirará* ou se *retiraria*? Não era a mesma coisa, explicava... Outros comentários se seguiram. Sobre o que considerou um discurso "pouco prudente", o do editorialista do *Jornal do Commercio* foi: "Cada vez confio menos na tranquila transferência do poder por ocasião do falecimento do imperador, que, felizmente, apresenta boa aparência." Para os radicais, tudo não passou de uma "farsa, para iludir a nação". Mas quando o país resolvesse "despedir a raça de roedores"... Não mediam mais palavras!

Ao longo desses meses de ausência, Isabel se correspondia com o marido com rasgadas expressões de carinho. Ele com 45 anos e ela com 43 tinham ainda um excelente casamento: "Vou me deitar bem só, bem triste e bem saudosa!!!!" "Boa-noite querido do meu coração!!!" Sublinhava sempre a palavra "saudades" e lhe enviava "chuva de beijos". Os pontos de exclamação decoravam as mensagens de amor.

No mais, as notícias que enchiam as páginas eram sobre os filhos – sempre adoentados, sobretudo Totó –, visitas, aulas de ginástica, cavalgadas, jardinagem, fotografias e as tensões com o ambicioso sobrinho Pedro Augusto. Cada encontro com ele era "um divórcio", ela acusava. Em agosto houve muito empenho em arranjar dinheiro, por meio de subscrições, para encenar *Lo Schiavo*, de Carlos Gomes. Afinal, a ópera lhe era dedicada.

Na época, Isabel recebeu também uma carta anônima ameaçando assassinar o barão de Ladário se ele não saísse do ministério. E pior: se Gastão não voltasse, os pequenos príncipes seriam mortos. O missivista dizia já ter lhe escrito a propósito de Cotegipe e advertia: "Que ela não saísse do caminho certo." "Tudo isso faz mal de ler", queixava-se a Gastão. Eram sinais discretos, mas sinais. O príncipe já tinha se manifestado sobre o ar dos tempos à condessa de Barral:

> Eu compreendo que a senhora esteja preocupada com a situação política do Brasil. Quem não estaria? No entanto, acho impossível que Papai seja exilado. Enquanto ele viver, ninguém levará as coisas ao

O relógio invisível 239

extremo. Mas depois? Isso é terrível de pensar. Não entendo que *precauções* a senhora quer que tomemos! Não temos meios de tomá-las de forma alguma.

Sublinhar "precauções" era uma confissão de impotência. Já se falava em abdicação ou em Terceiro Reinado? Não se sabe. Mas, na carta, a palavra saltava aos olhos. Como a visita da morte, aquela que faz o doente melhorar, a situação política em favor da Monarquia se apurou. Diversos fatores contribuíram.

Na noite de 15 de julho, as cortinas do Teatro São Pedro se abriram para a peça *A escola de maridos*, traduzida do francês por Arthur Azevedo. Nos intervalos, o violino de Giulietta Dionesi enchia o auditório. D. Pedro, que queria checar a tradução, decidiu aparecer. Sala lotada. Galerias cheias e, no camarote imperial, além dos imperantes, Isabel e o príncipe Pedro Augusto. Terminado o espetáculo, o povo que enchia o teatro procurou as saídas. A família imperial dirigiu-se à porta. Isabel ia à frente, seguida dos pais e do sobrinho. Em silêncio, todos abriam passagem. Ao chegarem ao vestíbulo, de um pequeno grupo partiu um grito: "Viva o Partido Republicano." D. Pedro estacou. Começou então uma confusão extraordinária. Um grande número de pessoas se acercou do imperador dando-lhe vivas. O tumulto se generalizou: "um rolo", nas palavras de Isabel. Na rua do Espírito Santo, no largo do Rocio, nas cercanias do teatro, a guerra dos vivas se espraiou. Finalmente a família imperial pôde tomar o carro, acompanhada do piquete com espadas desembainhadas.

Ao passar na frente da Maison Moderne, restaurante preferido de jornalistas e letrados, se ouviram três tiros. Um deles quase atingiu D. Pedro Augusto. Choque: da violência coletiva nas ruas, passava-se a atos individuais. As palavras gritadas dentro do teatro se transformavam em fatos. O clima de desafio se retesava. Rompia-se a ordem que permitia que D. Pedro e sua família transitassem prosaicamente nas ruas da cidade. Quantas vezes Gastão não tomou o *bond*? A mensagem era clara: a autoridade política não era mais inatingível.

A princípio, prenderam um espanhol. E, depois, certo Adriano Augusto do Valle, jovem português de 20 anos de idade. Interrogado em segredo de justiça, revelou que considerava honroso um atentado ao imperador. O governo tentou vincular o fato ao Partido Republicano. Seus membros reagiram com explicações: "deplorável ocorrência", foi loucura ou embriaguez de quem o perpetrou, "triste acontecimento": "Nós, os republicanos, nada temos com essas arruaças." A culpa era da Guarda Negra. Rui Barbosa acusou: da Monarquia emanava o cheiro de "decomposição cadavérica".

Caiu mal. A população se fechou "dolorosamente indignada" em torno do imperador. Na imprensa oposicionista fez-se uma trégua. Para a condessa de Barral, Isabel contou que a coisa toda só tinha lhe custado um "medíocre abalo". Mas isso porque ela só entendeu o que houve no dia seguinte, ao ler os jornais. Sua primeira reação foi: "Mas que mania de dar más notícias!" Achava que o tiro fora dado a esmo, em meio à multidão. Chegou a se preocupar com um eventual ferido. Pouco a pouco, caiu em si. As balas eram para eles... Tudo obra de "espíritos malsãos", induzidos pela leitura de jornais, deduziu.

"Não creio que aqui qualquer pessoa com a cabeça no lugar tenha conhecido tamanho horror. Feliz o país de Papai, onde todos nós podemos ir e vir sem escolta." Ao marido, ainda em viagem, ela só pedia: "Por amor às crianças, a mim, tome todas as precauções." "Pelo amor de Deus, cuide-se", "volte antes...", "que o bom Deus e a Virgem Maria te protejam".

Ao voltar à capital, Gastão chocou-se com a indiferença da população. Ninguém no Arsenal para ovacioná-lo, num contraste com o carinho que recebera nas províncias. Confessou: "Fiquei abatido [...] me senti totalmente desconcertado." A 16 de setembro, escrevia ao pai: o atentado revelou a "desordem e agressividade escandalosa de uma parte da juventude". Porém, resultou em simpatia em relação ao imperador e sua família e encorajou o governo a medidas de precaução no sentido de proibir, pela polícia, "gritos sediciosos". A proibição trouxe calma às ruas e mesmo aos jornais!

O relógio invisível   241

Sobre o panorama político, interpretou a melhoria do clima à queda do ministério anterior, comandado por João Alfredo, "inerte e indeciso". As medidas financeiras do novo presidente do Conselho, o jovem Ouro Preto, "decidido e autoritário", favoreciam operações de crédito capazes de atrair para a Monarquia os proprietários agrícolas que tinham rompido com ela. E a reaparição do imperador também influiu. Antes escondido em Petrópolis, voltara a circular e a ser visto nos teatros.

O que era solução para Gastão era problema aos olhos de outros observadores. Conforme o cronograma, o Tesouro adiantou o dinheiro a 3% com título resgatável em 16 anos. A política não amparava os pequenos agricultores e favorecia especuladores e políticos mal-intencionados. O pior é que se pediu um crédito suplementar para distribuir na forma de empréstimos pelas províncias do Rio, Espírito Santo, São Paulo e Minas, aprofundando o déficit.

Aliás, criticava o *Rio News*, havia quarenta anos, nenhum orçamento fora encerrado sem ele! "O crédito fácil foi a ruína de muitos homens e a doença de muitos estados", martelava o editorialista. A facilidade com que São Paulo e Santos levantaram empréstimos em dinheiro e formaram sindicatos para a compra de certas ferrovias brasileiras era a prova disso. O *Times*, de Londres, atacava a política financeira e a forma pela qual vinham sendo cumpridos os contratos com o governo brasileiro. O gênio "aventuroso e precipitado" de Ouro Preto era visto com desconfiança. E sua gestão, encarada como uma cortina atrás da qual devia operar-se a mágica da transição para o Terceiro Reinado.

O imperador nada controlava. Em Petrópolis, se ocupava com leituras, duchas e caminhadas. Isabel e Gastão, menos ainda. O sucesso dos liberais e o fato de que nenhum republicano se elegera no primeiro escrutínio das eleições de 31 de agosto acalmaram os ânimos em relação à família imperial e as preocupações dentro dela.

O aniversário de casamento dos príncipes, comemorado a 15 de outubro, acendeu algumas simpatias. O Palácio Laranjeiras encheu-se de gente, desde as dez e meia da manhã. Da Guarda Nacional ganharam uma placa: "Homenagem à inquebrantável

242 O castelo de papel

lealdade." De um grupo de senhoras, um centro de mesa em prata.
À noite, os comerciantes da cidade lhes ofereceram um baile no
Cassino Fluminense: oitocentos convidados e bufê da Confeitaria
Castelões, cuja especialidade eram as empadas. "Nesse dia, a maioria da imprensa foi de uma amabilidade a que não estamos acostumados e os dissidentes se limitaram a ficar em silêncio", reportou
Gastão ao pai. Mas o "silêncio" era indiferença. As bodas passaram
pelas camadas populares despercebidas. Nenhuma comissão apareceu no palácio para saudá-los. Os presentes oferecidos foram
insignificantes e ridículos, dizia o *Correio do Povo*.
E a indiferença durou pouco. Na semana seguinte, realizou-se
uma festa na Escola Militar em homenagem a um navio da armada
chilena. O entusiasmo era grande. O Chile era a mais jovem república andina. Durante o almoço, Benjamim Constant, saudando
os graduados da armada estrangeira, recapitulou os descontentamentos do Exército brasileiro. Era aclamado ao final de cada frase
com um "viva a República... do Chile"! A pausa intencional marcava
o assanhamento dos alunos. À mesa, o ministro da Guerra. Não foi
possível punir o tenente-coronel. Cadetes e oficiais trataram de
demonstrar todo o apoio "ao professor amado". A pá de cal veio na
forma de uma carta de solidariedade: "Pobre pátria, desgraçado
país onde no trono se assenta um espectro de rei, cujo Império
transformaram numa banca de jogo". E, no final, um pedido: "Mestre. Sede nosso guia em busca da terra de promissão – o solo da
liberdade." Os que eram contra a Monarquia abandonavam, nessa
hora, toda a esperança de substituir o regime de forma pacífica. Os
radicais tomaram as rédeas do movimento.
Ａ agitação de rebeldia em torno de Benjamim Constant não
abalou o Palácio Laranjeiras ou o cotidiano em Petrópolis. Escrevendo a uma amiga, Gastão dizia que a "política estava calma
naquele momento".
Ele ignorava a voz dos republicanos, como a de Rui, que não
poupava o casal: "camarilha atarefada em preparar a sucessão do
conde d'Eu", "monarquia orleanizada", o Rio seria entregue "às
forças do conde d'Eu". Depois se generalizou a prevenção. Havia

quem dissesse "que não engolia o francês". Na passagem do carro de Isabel pela rua da Misericórdia, os estudantes de medicina vaiaram-na. Reprimidos pela polícia, ganharam o apoio dos colegas da engenharia. Chocado, Rebouças chegou a anotar no diário que retirara seu "amor pelos alunos que aplaudiram a tentativa de morte contra o velho imperador". E eles não eram poucos. O atentado, a morte real ou simbólica de D. Pedro, era um fantasma compartilhado pelo imaginário da juventude das escolas e quartéis. O marechal Floriano Peixoto, ajudante general do Exército, em agosto resumia: "Isto por aqui vai mal, muito mal."

Sintomas alarmantes anunciavam mudanças, sem que o governo se desse conta. Nos apontamentos de Isabel, consta informação sobre uma grande reunião de militares. O chefe de polícia alertou, mas o ministro da Justiça, interrogado a respeito, respondeu que "não havia nada de importância".

"Nada", pois tudo estava diluído em muitas outras modificações. Inclusive as das pessoas. Foi uma época em que as mudanças estavam no ar. Eram desejadas. Mudança e modernidade eram sinônimos. Se fossem importadas, melhor. As chamadas "questões sociais" apaixonavam. Lia-se Proudhon, teórico do anarquismo, e alguns pioneiros já mencionavam "Carlos Marx". A atividade dos moços girava em torno da abolição e da reforma política, pelo estabelecimento da República. Desprezavam o "Pedro Banana". Desejavam fazer "tábua rasa das crenças avoengas". Rui Barbosa, Olavo Bilac e Castro Alves eram considerados heróis. Louvavam-se os salvadores da pátria, egressos da Guerra do Paraguai, como Caxias, Osório e Floriano. Cultuava-se a farda. Os meninos, "quando fossem grandes, queriam ser como um deles". Os jovens dividiam-se em "falanges": a de Tobias Barreto, a de Rui, a de José Mariano...

Muitos católicos diziam-se "tocados de influências positivistas". Liam na cartilha de Augusto Comte: "As grandes mutações sociais obedeciam a leis naturais... um regime teológico-militar era incompatível com o regime científico-industrial." Outros, anticlericais, proclamavam que "o Brasil só seria livre quando se enforcasse o último príncipe na tripa do último padre". O espiritismo entrava na moda, sobretudo entre os engenheiros que disputavam os números de *O Eco do Além-Túmulo*. Se a vida era eterna, por que os mortos não podiam se comunicar com os vivos? Feiticeiros africanos ou seus descendentes eram consultados por pessoas de sociedade. Colégios protestantes e missionários americanos disputavam clientela com os de religiosos franceses ou belgas. Até mesmo homens que conviviam com o imperador, como o visconde do Rio Branco, estavam "convencidos da aberração política e militar das velhas monarquias", contou seu filho. No cotidiano, o novo substituía o velho. A latrina, o barril e o penico davam lugar ao *water closet*, completado nas residências finas pelo *bidet*. Desapareciam as escarradeiras. O telefone tornava-se meio de comunicação, assim como o telégrafo. Surgiu o jogo do bicho, o iodofórmio, a voga da Emulsão de Scott, da Água de Flórida, do sabonete Reuter. A moda da pistola Mauser e do revólver Colt, do *biscuit*, do candeeiro belga, do xale entre as mulheres. Do mosquiteiro, do cortinado de renda, da *étagère* para dispor os bibelôs. Da exibição de retratos em molduras douradas, do doce acompanhado de vinho do Porto. Do Papai Noel no lugar do presépio. Das *rotisseries*, do chá das cinco, dos *garden-parties*. Do Carnaval com serpentina, confete e baile de máscaras. Das vendas à prestação e em domicílio. Da água gasosa mineral para combater disenterias e febre tifoide. Os restaurantes com cardápios franceses ofereciam *lunchs* ou *dîners*. E a sesta de muitos era feita nos braços das *cocottes*, prostitutas francesas ou polacas. Essas entre outras milhares de tendências que anunciavam os tempos modernos.

A cidade levava a melhor sobre as zonas rurais. Enterros não eram mais admitidos dentro das igrejas, só em cemitérios. Discutia-se a importância do casamento civil, da liberdade religiosa, a separação entre Igreja e Estado. Os esportes, notadamente os de origem inglesa, a criação de zebus e a valorização da borracha amazônica estavam na ordem do dia. Passou-se a usar fraque e polainas. A tocar flauta e violino. As crianças, a circular de velocípede. Pequenos eram batizados com nomes de origem anglo-saxã: Edison, Nelson, Milton, Darwin, Elizabeth, Mary, Gladstone.

O federalismo americano inspirava os republicanos, notadamente Nabuco e Rui Barbosa. O "espírito progressista" estava em toda parte e havia intelectuais, como o médico baiano Anselmo da Fonseca, para quem era preciso "destruir todo o passado já imprestável", encarnado na escravidão, no clero e na nobreza. Esmagados por tantas mudanças, o trono e o Império se tornaram sinônimos de declínio, imobilismo, atraso. A autoridade moral do imperador, ou seja, "as junturas do arcabouço" do governo começavam a estalar. O poder pessoal de D. Pedro desgastara o edifício monárquico, acusava Rui Barbosa.

Em setembro, o surto de febre amarela era grave. Organizou-se um congresso médico para sugerir providências. Na sociedade, predominavam o mercado de sensualidades, o egoísmo, o jogo, a intriga, a especulação. Por isso, o novo ministério estava decidido a tomar medidas para elevar "a moral e a condição religiosa do país". Ignorando as mudanças em curso, falava-se em maior número de bispos e na ampliação da instrução religiosa. Os monarquistas olhavam para o trono como se ele fosse sustentado por forças invencíveis.

A família imperial não sabia, mas o golpe republicano já estava em andamento. Em outubro, tiveram início as articulações entre oficiais descontentes e civis republicanos. Rui Barbosa profetizava: "Os acontecimentos precipitam-se para a República, mais depressa do que se despenharam para a abolição!" A demissão de um tenente-coronel por indisciplina, somada aos boatos de que o governo queria dar um golpe no Exército, facilitou a aproximação. A exaltação militar não conhecia mais limites, nem conveniências, expandindo-se em festejos como o banquete da Escola Militar da Praia Vermelha ou na imprensa. As autoridades ouviam caladas.

Contudo, o poder escapava pelas mãos hesitantes e inexperientes de Isabel e Gastão. O príncipe talvez sentisse que alguma coisa, um evento misterioso se aproximava. Mas o aparente peso da inércia e do conformismo do país era grande o bastante para fazê-lo duvidar do que pudesse acontecer. "Aqui nossa pequena vida é bem regular e bem tranquila", congratulava-se Isabel.

246 O castelo de papel

Tão tranquila que se puseram a organizar um jantar para os oficiais chilenos. De toda parte choviam convites para retribuir a recepção que tinha sido oferecida à Marinha brasileira em Valparaíso. A multiplicidade de festas maquilou a insatisfação em curso, empurrando os chilenos para os salões onde se misturavam militares, civis, monarquistas e republicanos. As valsas e hinos nacionais abafavam as tensões. Mas elas estavam presentes. A agenda camuflava o jogo de interesses dos adversários da Monarquia.

No dia 31 de outubro, houve passeio ao Museu Nacional seguido de *"lunch e dessert* com vários brindes". No dia 1º de novembro, visita ao Corcovado, mas "infelizmente a cerração" não deixou ver grande coisa. Depois, "profuso almoço no hotel Paineiras". No dia seguinte, uma sessão no Instituto Histórico e Geográfico Brasileiro foi ironicamente comparada "a uma das poucas formas de suplício que escaparam da Inquisição. A roda e o palo são gozos celestiais comparados àquilo"! No dia 2, a manchete era esportiva: regatas na enseada de Botafogo e oito páreos disputados no Jockey Club. No dia 3, visita ao Colégio Pedro II e ao museu do Arsenal da Marinha. Visitaram Paquetá e, lá, houve "lauto almoço" encomendado na Confeitaria Paschoal seguido de "quadrilhas... dançou-se muito e animadamente". No dia 4, espetáculo de gala no Teatro São Pedro de Alcântara organizado pela imprensa fluminense. A seguir, jantar no palácio do príncipe Pedro Augusto, cercado por aqueles que apostavam na sua sucessão. No cardápio, faisão trufado, *foie gras* e costeletas de pombo à *Pompadour*. Gastão participou de alguns eventos. Rui Barbosa ficou "em casa cuidando de restabelecer a saúde um tanto abalada pelos ataques que têm ferido o governo", zombou a *Gazeta de Notícias*.

No dia 6, a coluna "Foguetes", de *O País*, destilava: "Desventurados oficiais chilenos. Cada vez mais a sua sorte é digna de lástima. Tudo o que há de suplício lhes tem sido infligido. [...] Não lhes faltava mais nada: deram-lhes de quebra dois espetáculos numa só noite. Foram aguentando e aguentando com cara alegre; mas chegou um momento em que falou mais alta a natureza – o sono deitou-lhes seu véu transparente e, quando acabou o espetáculo",

O relógio invisível 247

dormiam a sono solto. "Ufa! Que suadouro! E chamarem aquilo de homenagem."

Antes do jantar a ser oferecido pelos príncipes haveria um baile, a 9 de novembro de 1889, na ilha Fiscal, recanto adorável na baía de Guanabara, em frente ao Mosteiro de São Bento. Ali, num castelinho medieval, cujo torreão embutia um raro relógio de quatro faces, o visconde de Ouro Preto deu um banquete para 2 mil pessoas. Corria que a escolha do lugar não foi gratuita. Em São Cristóvão, no caso de uma rebelião, a família imperial se tornaria presa fácil. Em Petrópolis, bastava cortar as pontes para isolá-la. "A Ilha Fiscal foi transformada em ilha de fadas, uma maravilha, um paraíso perdido em pleno oceano. [...] Ao baile! Ao baile! É hoje a senha da cidade", anunciava *Novidades*.

O dia 9, sábado, foi cheio. Gastão acompanhou o sogro à inauguração de um hospital destinado à febre amarela, depois do Caju. Na volta, foi ao banho de mar com os filhos. À noite, perderam-se dos sogros e tiveram que esperar "uma hora, de pé, ao luar, sobre o dique flutuante, transpirando no meio da multidão", escreveu Gastão à Barral.

Não foi o único contratempo. Duas fatídicas coincidências marcaram o trajeto do imperador naquela data. No caminho, sua carruagem parou, pois "a coroa caiu". Qual coroa? – perguntou ao cocheiro. Resposta: a de pedras de uma das torres do prédio da Câmara dos Vereadores. Na entrada da festa, D. Pedro tropeçou e foi seguro por um jornalista. Reagiu com humor: "A Monarquia escorregou, mas não caiu."

Só às 11 horas reencontraram os sogros e a comitiva. A família instalou-se numa sala separada por cortinas do grande pavilhão para os convidados. Lâmpadas, novidade absoluta, iluminavam o ambiente com a força de 1.920 velas! Festões de flores, bandas de música, espelhos, âncoras de ouro e prata, folhagens em todas as dependências: a decoração. Um "sonho veneziano", definiu Machado de Assis. Na obra recém-finalizada, alguns vitrais traziam a imagem de Isabel como imperatriz do Terceiro Reinado. Mau gosto: afinal, D. Pedro estava vivo. "Suas Majestades e

Altezas foram saudadas calorosamente. Uma verdadeira ovação. Pouco depois começou o baile", contou a *Tribuna Liberal*. Saíram à uma da manhã, antes da "ceia monstro" e dos discursos. Às duas e quinze, o casal de príncipes estava dormindo.

"Viu-se que não houve pena, nem escrúpulo de gastar dinheiro do Estado", alfinetava o *Correio do Povo*. "O mau exemplo partiu do próprio presidente do conselho, que em nome do governo oferecia aquele baile." Ouro Preto "não conservou a postura correta de um homem de Estado [...] percorria os salões com passo apressado e desmedido como quem andasse corrido da justiça". Sua "estudada arrogância" e os gestos "desordenados e petulantes" incomodavam.

O ruge-ruge das sedas, a pelúcia dos veludos, as pedras preciosas, o dourado das fardas, os penachos ondulantes dos capacetes da Guarda Nacional: "A dançar, Santo Deus, a dançar!" Uns bailavam de capacete e espada à cinta. Outras deixaram, nos *toilettes*, espartilhos, ligas e meias, pois as danças estiveram animadíssimas, prolongando-se até o amanhecer.

Nas entrelinhas de dezenas de jornais, voavam farpas. Para a *Revista Semanal*, "a rainha do baile foi Sua Alteza a Princesa Imperial. Aquela seda preta de reflexos cambiantes do vestuário, opulentada pelas formas régias da ilustre princesa, coroava-se artisticamente com o magnífico cabelo engastado de brilhantes fascinadores". Já o *Correio do Povo* ridicularizava as "latas de goiabada", ou seja, as medalhas da Guarda Nacional. Guarda que estaria sendo preparada pelas instituições monárquicas para enfraquecer ou dissolver o Exército. E em tom ameaçador: "Quando chegar o momento da ação, travando-se a luta, a debandada não será deste mundo."

Muitos dos convidados, lado a lado com a família imperial na festa, esperavam pelo tal "momento da ação". O vice-almirante Wandenkolk, oficial general da Armada, foi um deles. Quando Ouro Preto levantou um brinde e soaram vivas e hinos, ele teria dito em tom zombeteiro, ouvido pelos circunstantes: "Quem ri por último ri melhor." Consta que dezenas de comentários sarcásticos ombreavam com as notas musicais.

O relógio invisível

Depois do baile da ilha Fiscal, um relógio invisível bateu as horas. Os últimos acordes da festa marcaram alegremente o enterro de um mundo do qual muitos não queriam mais ouvir falar. Os ponteiros da história empurraram o fim do Império brasileiro. E anunciaram o início do que se acreditou fosse o "progresso".

CAPÍTULO XI

"O dia da maior infelicidade da nossa vida"

Casal envelhecido

Autor não identificado, c. 1920.
Coleção Museu Imperial/Ibram/MinC

❝ Em 1905, Gastão comprou o Castelo d'Eu, situado no vilarejo do mesmo nome, no litoral normando. O campo estava na moda entre aristocratas. A cidade era para burgueses. Três anos antes, a enorme casa de campo construída no século XVI tinha se incendiado. 'Contamos refazer o exterior. Quanto ao interior só nos ocuparemos da capela, o resto não sendo necessário, é muito dispendioso a restaurar', escrevia Isabel à amiga Amandinha Loreto. Ali passavam o verão e outono e reuniram móveis, quadros e papéis pertencentes à família imperial. Reconstituíam a memória numa atmosfera de lembranças dos pais, filhos e netos. Nos jardins, rosas substituíam as hortênsias e orquídeas de Petrópolis. ❞

Nascido na vila do Brejo Seco de Araripe, José Alves de Figueiredo tinha 10 anos quando do golpe de 15 de novembro de 1889:

> Tinha ouvido falar do velho imperador como um santo e não sabia, até então, o que significava a palavra República e considerava a Monarquia como uma causa sagrada. Só no dia 16 chegou a notícia a nossa vila... Nesse dia, minha professora explicou o que era a nova forma de governo e, suspendendo as aulas, mandou que nós saíssemos agrupados dando vivas à República. Obedecemos, e depois de andar um bom trecho calados, sob o olhar curioso da população, eu entusiasmei-me e dei o primeiro viva, meus colegas responderam, e tocando fogo no estopim do patriotismo, andamos cerca de uma hora pelas ruas do vilarejo, aturdindo os ouvidos da população com nossos vivas. Fui portanto proclamador da República naquela localidade.

"O meu herói no tempo de menino foi Pedro II. Meu pai, que recebeu mal a República, não se cansava de exaltar as qualidades do velho para todo mundo: sábio, patriota, guerreiro, protetor dos humildes e de todo o mundo", contou o paraibano Antônio Rocha Barreto, no início do século XX. Eurico de Souza Leão, recifense, discordava: D. Pedro "era uma espécie de velho bonachão, esperando a aposentadoria". Com 8 anos à época e morador da pequena Botelho, Minas Gerais, José Augusto Vilas Boas lembrava-se dos foguetes que soltaram. Mas não deviam "ter exilado o imperador", lamentou. Outro menino, então, Manuel Duarte lembrava-se de uma poesia que se cantava em Rio Grande: "Desterraram o imperador/ que nos amou cinquenta anos." Seu pai era republicano convicto. Filho de um senhor de engenho pernambucano, Teófilo de Barros lembrara que "tinha D. Pedro na conta de um semideus...". Houve quem achasse "a República uma coisa horrível". Outras testemunhavam ser a Monarquia um "governo aburguesado" e o imperador "um medíocre, um banana". Certa Ângela Correia, de Sant'Ana do Livramento, no Rio Grande do Sul, emprestava uma boneca que tinha "vestida com a indumentária da República francesa" para as procissões de republicanos. Tinha a boneca, mas o pai era monarquista.

Aos olhos de Isabel, o dia 15 de novembro de 1889 foi o da "maior infelicidade de nossa vida"! Eram dez horas da manhã quando amigos chegaram ao Palácio Laranjeiras declarando que parte do Exército tinha se insurgido e que estudantes da Escola Militar armados tinham se juntado ao batalhão da Lapa. Gastão acabava de chegar de um passeio a cavalo com os meninos. Nos salões, um zunzum. Mais amigos encheram as salas.

"As notícias que chegavam eram tais que nos pareciam exageradas": ministério sitiado e o barão de Ladário morto – fora apenas ferido.

Ao telefone, os ministérios da Marinha e Guerra disseram nada saber. Mais notícias, porém, davam conta de um golpe do Exército, liderado por Deodoro da Fonseca, Quintino Bocaiuva e Benjamim Constant. Declararam um governo provisório. Gastão reagiu sem surpresa, sem um gesto de revolta. Proferiu apenas: "A Monarquia está acabada no Brasil." Isabel disse que, "iludida", achou que a exclamação do marido era pessimismo.

O amigo Rebouças contou: tinha acordado cedo e descera às sete e meia de Petrópolis. Ao chegar à praça Mauá, soube de um "motim militar". Correu à Escola Politécnica, que encontrou "invadida por Silva Jardim". Às 11 horas assistiu do balcão de *Cidade do Rio* ao desfile da Artilharia com Deodoro à frente. Ao meio-dia esteve no Senado tentando organizar uma contrarrevolução. Em vão. Não se sabia como avisar D. Pedro. O telégrafo estava na mão dos republicanos. Choviam ideias: ele devia permanecer em Petrópolis e internar-se no país, se fosse preciso. Ir a Minas Gerais, talvez? Gastão e Isabel decidiram mandar os filhos para a serra, "fora do barulho". Rebouças os acompanhou. Em suas memórias, Luís se lembrou de que a travessia até o fundo da baía foi normal: poucos comentários, clima de tranquilidade e nem foram reconhecidos. Ao saber das notícias, o imperador resolveu voltar à Corte. Encontraram-se no Paço da Cidade. "Papai pensou com sua presença tudo serenar e portanto não duvidara em descer para o foco, onde estaria mais perto dos acontecimentos e mais depressa providenciar. [...] Com outras medidas se teria evitado o mal?", perguntava-se a princesa.

O mal vinha de longe. Isabel parecia não saber. Alheia a tudo, no dia 12, convocou as amigas para ajudá-la nos preparativos da *soirée* que ia oferecer aos oficiais chilenos e consolou a amiga Amandinha, "aflita pela morte de seu periquito". Tal como ignorara o ódio dos escravos pelo cativeiro, ignorava também o ressentimento que se acumulava nas fileiras do Exército? Havia pelo menos dois anos, militares de alto coturno como Floriano Peixoto acreditavam que, "na podridão que vai por este pobre país", só "uma ditadura militar para expurgá-la". Gastão estava menos cego. Em carta à Barral, agradecia por colocar seu pai, o conde de Nemours, a par da "triste política" que ia em curso.

Deodoro da Fonseca, abolicionista e até há bem pouco tempo monarquista, fora "desterrado para Mato Grosso", acusava Rui Barbosa. Com isso, o imperador perdera a sustentação dos conservadores que ainda o apoiavam, depois da abolição. A desculpa para seu afastamento eram conflitos na fronteira paraguaio-

-boliviana. Enquanto os acontecimentos se precipitavam na capital do Império, a presença de Deodoro parecia inconveniente. Presidente do Clube Militar da Corte, ele representava a defesa de interesses corporativos que não vinham sendo atendidos. Em resposta, murmurava-se que "a questão militar estava adiada, mas não morta".

Em Mato Grosso, Deodoro se viu cercado de oficiais declaradamente republicanos. Se antes acreditava que "República no Brasil era coisa impossível", agora mudava de ideia. Os oficiais o convenceram de que ele era o homem providencial. A morte de seu irmão, o recém-feito barão de Alagoas, agravou a situação. A dedicação deste ao imperador sempre funcionara como uma barreira. Mas, ao saber de seu falecimento, Deodoro teria dito: "Morreu a única pessoa que poderia me conter." Para o oficialato, ele passou a ser "o salvador da dignidade do Exército" e o "salvador da pátria". O litígio entre os vizinhos terminou e ele voltou à Corte.

A conjuntura era explosiva. Republicanos se aproximaram mais dos militares. Embora não houvesse a incorporação do "povo" ao projeto de mudança do regime político, o sonho de novos tempos era real. A ausência da população se explicava pelo "risco de ver correr o sangue brasileiro em revolução popular". Temor comprovado pelas agitações de rua, lideradas pela Guarda Negra e que terminavam com feridos e quebra-quebra.

Aliás, havia outro consenso entre os homens de farda: não queriam um Terceiro Reinado com Isabel e Gastão. O golpe seria a solução. Um incidente entre Ouro Preto e um guarda, que foi punido por ter ido ao banheiro na hora errada, deslanchou o movimento. Deodoro detestava Ouro Preto, que não fez nenhum esforço para conciliar as Forças Armadas. Acusava, também, Gastão de não ter impedido, com sua influência, que os ministros "oprimissem os militares". Rumores de que se armava a Guarda Nacional, a Guarda Negra e a polícia para resistirem a qualquer ação do Exército levaram Deodoro à explosão: "Não permitirei isso! Assestarei a artilharia, levarei os sete ministros à praça pública e me entregarei ao povo para julgar-me."

"O dia da maior infelicidade da nossa vida" 257

Instado por Benjamim Constant, Deodoro, "o salvador da pátria", liderou a conflagração. Na madrugada do dia 15, ambos se puseram à frente dos rebeldes: cerca de mil homens. Previamente avisado, o gabinete se entrincheirou no quartel-general do centro da cidade. Cercado, capitulou. Os rebeldes entraram no prédio e os ministros renunciaram. Deodoro foi proclamado presidente e José do Patrocínio, que se ajoelhara aos pés de Isabel no dia 13 de maio, foi o primeiro a desfraldar a bandeira republicana. Aproveitou para declarar, em alto e bom som, extinta a Monarquia.

A cidade acordava e parecia nada perceber. Reunida no Paço, a princípio a família imperial pôde receber amigos e algumas explicações: Ouro Preto, por exemplo, veio dizer a D. Pedro que os colegas tinham sido desleais. Gastão telegrafou várias vezes a Petrópolis: os meninos estariam bem? D. Pedro conservava calma absoluta. Simplesmente não acreditava na gravidade da situação:

– Isto é fogo de palha; eu conheço meus patrícios.

E voltando-se para Gastão:

– Minha opinião é dissolver os batalhões...

– É fácil dizê-lo, retrucou o genro. Como dissolver corpos que estão em armas contra o senhor? Será preciso constituir um novo governo, pois o atual é demissionário.

– Não, não aceito a demissão.

– Mas os ministros são prisioneiros dos insurgidos; como quer que continuem a governar?

– Como não? Ouro Preto virá falar-me.

Passavam-se as horas. O imperador folheava revistas científicas. Vendo a passividade do sogro, Gastão atacou:

– Como pensa ficar três dias sem governo nas atuais circunstâncias?

– Vamos esperar.

– Mas dizem que o governo provisório está formado, composto por Deodoro, Quintino Bocaiuva, Benjamim Constant e outros. Amanhã pela manhã, se não mesmo esta noite, Vossa Majestade verá as proclamações afixadas.

Imerso na sua indecisão congênita, o imperador seguia em silêncio. Nem se dava ao trabalho de responder. Apoiado por Isabel, Gastão insistiu:

– Convoque ao menos o Conselho de Estado para esclarecê-lo sobre as providências a tomar.

Silêncio. Chegou a hora do jantar. Novo pedido de Gastão. Resposta do sogro: "Veremos isso mais tarde." Contam biógrafos que, diante da imobilidade do imperador, o casal de príncipes resolveu expedir uma circular aos conselheiros de Estado presentes no Rio, convocando-os para uma reunião. Empregados bateram às portas. Caía a noite. Chegavam os convidados. Uns diziam que tudo se arranjaria. Outros que era preciso entender-se com Deodoro. Isabel e Gastão dividiam-se. Ela, não querendo afrontar o pai. Ele, pedindo que alguém se avistasse com o chefe revoltoso. Prevaleceu sua opinião. Mas seus enviados encontraram as entradas fechadas e Deodoro recolhido ao leito. Estava doente.

Em súplicas, Isabel convenceu D. Pedro da urgência de outra reunião. Eram onze horas da noite. O parecer unânime foi de que o imperador devia organizar o mais rápido possível um novo governo. O escolhido para encabeçá-lo foi Saraiva. A ideia era comunicar o novo gabinete ao marechal e pedir seu apoio. Ao chegar o recado à casa de Deodoro, a resposta não custou: tarde demais. A República era um fato consumado.

Bateu a hora e o destino decidiu: surpreendente e doloroso. Quem recebeu a resposta foi Isabel. O imperador dormia. Gastão conhecia a cena: vira o avô ser arrancado do trono. A diferença é que, em Paris, eles saíram do palácio à luz do dia e sob vaias. Aqui, o fariam no silêncio e no escuro da noite. E os prelos já imprimiam a instituição do novo regime. Ao amanhecer do dia 16, os jornais anunciaram: o Brasil dormiu monarquista e acordou republicano. A mudança de regime foi anunciada: "Concidadãos. O povo, o Exército e a armada nacional acabam de decretar a deposição da dinastia imperial e consequentemente a extinção do sistema monárquico representativo."

"O dia da maior infelicidade da nossa vida"

A *Gazeta da Tarde* explicava: "Foi o Exército que operou esta magna transformação... e hoje proclamou, no meio da maior tranquilidade e com solenidade realmente imponente, que queria outra forma de governo." O *Jornal do Commercio* acrescentava que o movimento, iniciado por alguns corpos do Exército, "generalizou-se rapidamente pela pronta adesão de toda a tropa do mar e terra existente na cidade". O *Diário do Comércio* congratulava-se com a "surpresa" e esclarecia que tais fatos pareceriam inexplicáveis "se não se conhecesse a índole especial desta cidade, sempre disposta a aceitar fatos consumados". *A Nação* prevenia: "É inútil encarecer a gravidade dos acontecimentos... a situação é tão difícil que só da prudência e do patriotismo se deve tirar conselho." "Todo o movimento social da cidade acha-se paralisado. O comércio em grande parte fechou as portas. As ruas mais frequentadas nos dias ordinários estão desertas; raros transeuntes passam apressados, como perseguidos... O pânico anda no ar e nas consciências", anunciava *Novidades*. E *A Cidade do Rio*, cuja manchete era "Viva o Exército Libertador", informava que o general Deodoro fora carregado em triunfo. O II de Artilharia deu uma salva de 21 tiros: "Povo, Exército e Marinha dão vivas à nação brasileira." Os gritos de triunfo se ouviam em todo o campo de Santana.

Nesse mesmo dia, até dez horas da manhã, a família imperial pôde receber visitas. A partir de então, ficaram isolados. Ninguém entrava ou saía. Pelas janelas do Paço, avistavam-se os amigos retidos pelos sentinelas. Eles acenavam entre melancólicos e apavorados. A vida parecia ter parado no tempo. Lojas fechadas, ruas mudas. Por vezes, alguém se esgueirava ao longo dos muros. Pairavam uma calma profunda, uma espera apavorada. O imperador recebeu o aviso: "O governo provisório esperava de seu patriotismo o sacrifício de deixar o território nacional em 24 horas."

Os três responderam à intimação. D. Pedro lembrando que, durante cinquenta anos, dera provas de "entranhado amor e dedicação à pátria". Isabel confessando que, com o coração partido de dor, se afastava dos amigos e dos brasileiros a quem amara e amaria, para cuja felicidade esforçara por contribuir. Gastão pediu exoneração do posto que ocupava no Exército, declarando-se sempre pronto a servi-lo sob qualquer forma de governo da "nação que por tantos anos me acolheu no seu seio, cumulando-me de honras e enchendo-me de imorredouras saudades".

Passada a comoção dos primeiros momentos, cada qual deu ordens para recuperar bens pessoais. Prevenido e conhecedor de outros exílios, Gastão enviou seu mordomo ao quartel-general. Ele levava tiras de papel contendo indagações sobre a situação material da família: "Seriam o imperador e os seus atirados à Europa sem recursos? Os seus bens seriam confiscados ou deles poderiam dispor? Seria conferida uma pensão à princesa?"

A resposta não tardou: "Quando Sua Majestade e os seus chegarem à Europa lá encontrarão os fundos que o governo vai mandar pôr à disposição de Sua Majestade." Isabel, que desconhecia as iniciativas de Gastão, interrompeu o oficial: "Nós não fazemos questão de dinheiro. O que me custa é deixar a pátria, onde fui criada, onde tenho minhas afeições. É isto o que mais lamento perder; nem o trono, nem ambições, que não as tenho."

À volta do Paço, multidão. Vez por outra, galope de cavalos. Alguns tiros para o ar. Tímidos vivas ao imperador. Silêncio. Os momentos seguintes foram dramáticos. Houve troca de acusações: o neto e sobrinho, Pedro Augusto, estaria do lado dos revoltosos? Como soubera no dia 14 que algo ia acontecer? Tarde demais para acertarem as contas... O rapaz era cheio de segredos.

Incitados a apressar o embarque antes da madrugada, a fim de evitar desordens, Isabel estremeceu: "Como? Embarcar sem meus filhos, que ainda estão em Petrópolis?" E em prantos: "Não, não sigo sem meus filhos." Foi confortada. Não partiriam sem os pequenos príncipes. Mais soluços e muito nervosa: "Os senhores estão doidos? Que lhes fizemos nós! Os senhores estão doidos! Hão de se arrepender."

Contam que, ao passar pela mesa em que assinou a abolição, Isabel teria dito: "Se nos expulsam, a mim e a minha família, pelo que assinei ali, hoje eu tornaria a escrever meu nome sem vacilação." Se... A princesa ainda teria dúvidas sobre o impacto que a abolição teve na República?

"O dia da maior infelicidade da nossa vida" 261

De nada adiantou o esforço para identificar a causa abolicionista com o Terceiro Reinado. Não faltaram solenidades com alforriados, quadros a óleo de conhecidos pintores mostrando-a no ato de entregar cartas de liberdade, até maços de cigarros e etiquetas de tecido com sua efígie. Nas imagens, Isabel invariavelmente estava de braços abertos e o povo e os ex-cativos, ajoelhados em admiração. Durante anos, um grupo martelou a ideia de preparar sua ascensão como figura de proa da libertação.

A propaganda lhe colou à pele a imagem de alguém "bondoso", benfeitor, acessório de um abolicionismo caridoso. Do abolicionismo caridoso só se esperava de volta "gratidão". Gratidão que, segundo os que apostavam no Terceiro Reinado, devia ser dirigida a ela. O reconhecimento público entronizaria a futura imperatriz. Sua glorificação era uma forma de o povo lhe dizer: "Muito obrigado." De assumir um compromisso de fidelidade. Chegou-se a criar um Centro da Imprensa Fluminense, reunindo jornais abolicionistas, para valorizar as comemorações e a figura de Isabel. Ela tinha que ser "venerada". Só que esse espírito religioso era horrivelmente ridicularizado por republicanos, liberais e mesmo monarquistas ateus.

A luta rápida da princesa contra a escravidão foi percebida como uma forma de humanismo que via os cativos de longe. E de costas! E a propaganda, por ser oficial, não escapou aos mais críticos. Até Machado de Assis debochou da situação: "E toda a terra onde chegava a palavra da Regente levantou brados de contentamento e até os próprios senhores de escravos ouviam com obediência."

Pior. A propaganda apagava o principal: a emancipação fora resultado da luta desesperada dos cativos. De suas rebeliões. De seu ódio aos senhores. Rui Barbosa sublinhava que a abolição fora resultado do esforço da nação. Mas na pintura da princesa emancipacionista tudo era cor-de-rosa. Como seu palácio em Petrópolis!

E sabia-se que não fora bem assim. Ninguém esquecia que, desde 1886, Nabuco cobrava-lhe participação no assunto, mesmo sem ser regente. Que se aguardava uma postura do governo em favor de uma solução. Que sua indiferença não tinha explicação. Como dizia um articulista da *Revista Ilustrada*, em setembro de 1887, "nem as preocupações da família, nem a inexperiência dos negócios, nem a timidez do sexo, nem a solicitude pela música" explicavam a "abstração"! Para radicais como Patrocínio, suas atitudes, na época, eram tímidas e, por que não, enervantes. Antes de tornar-se seu admirador, ele cobrava: como assistia "contente e radiante" a concertos e matinês musicais no cassino enquanto um povo sangrava? "As lágrimas das vítimas" não eram mais importantes para a história do que "os bemóis da música cortesã"?

No Carnaval de 1888, enquanto Isabel promovia a única batalha de flores de que participou, um carro alegórico retratava um "parlamentar abolicionista" dando um vigoroso pontapé no traseiro de um senhor de escravos. O povo ria e aplaudia. Imaginava-se que o Terceiro Reinado poderia captar as risadas e aplausos. Mas não. Nem o fim do gabinete Cotegipe colocou-a na frente da cena, senão por um átimo de tempo. A assinatura da Lei Áurea valeu-lhe um discurso derramado de Patrocínio, o primeiro a chamá-la "Redentora": "a grande revolução foi feita por um coração, e este coração aninha-se no peito de uma senhora que é filha, é esposa, é mãe [...] o coração tem razões que a razão não compreende".

Nas entrelinhas, a impressão é que o país trocaria o "Banana" por um coração. Patrocínio corrigiu-se rapidamente. Só coração não bastava e era preciso consistência política. E então explicou: "O 13 de maio não foi a explosão romântica de um coração de mulher, mas a sanção da lei natural da mutualidade que não é impunemente violada." Voltava ao lema republicano de igualdade e liberdade.

Os monarquistas tentaram ajustar a rota e passaram a retratá-la como líder corajosa. Mas os abolicionistas moderados, muitos deles monarquistas como Nabuco, também queriam sua parte do quinhão. Afinal, argumentavam, eles é que tinham conduzido o processo da abolição. E não Isabel. A Lei Áurea apenas coroou anos de propaganda na imprensa, no Parlamento, nas ruas. Se não havia revolta social e um massacre de donos de escravos, tudo resultava da pregação, de arranjos, da moderação usada por eles.

"O dia da maior infelicidade da nossa vida" 263

A imprensa se dividiu. Alguns grupos monarquistas louvavam o grande feito em benefício dos negros. Outros, republicanos, enfatizavam a destruição da lavoura como resultado de uma atitude impensada de uma princesa inexperiente. E o sacrifício da lavoura bem podia ser recompensado pelo sacrifício do trono. Que ela abrisse mão dele, para o bem do país.

Nesse mesmo ano de 1889, as comemorações da abolição foram incrementadas. Bispos celebraram missas campais. Os *Te Deums* encheram os ares. O Instituto Histórico e Geográfico Brasileiro cunhou uma medalha especial para oferecer ao imperador e a sua filha. A tentativa era de imortalizar a data: "A história lhe reserva página honrosa." Mas as homenagens à "ínclita princesa", seu pai e seu marido, "promotor da abolição no Paraguai", não foram suficientes para garantir longevidade à Coroa brasileira. Povo e políticos pagaram seu gesto não com reconhecimento. Mas com o que a família imperial entendeu como ingratidão.

Ingratidão que degenerou em expatriação. Os gritos de "viva a República" tinham sido seguidos por atos concretos. A noite de chuva miúda assistiu em silêncio ao cortejo da família deixando o Paço. Gastão dava o braço ao sogro, que repetia, sem cessar: "Não embarco, não embarco a esta hora como negro fugido!" Mas avançava lentamente e embarcou. Todos embarcaram. "Em tudo notamos receio e atrapalhação", registrou a princesa. Raiou o dia. Na cabine do comandante, Isabel não ocultava a mágoa. Soluçava queixas, decepção e dor. Recordava que Gastão jamais se envolvera em coisa alguma e que a família imperial confiava na dedicação de Deodoro. Como ele se pusera à frente de um movimento para expulsá-los do país? Não entendia, não aceitava, não queria partir. Não conseguia transformar o horror em desprendimento.

Do outro lado do Atlântico, depois de abrir quatro telegramas que chegaram juntos, pela manhã, a condessa de Barral telegrafou de volta a Gastão:

Pensai, querido príncipe, com que estupefação e urgência eu os li, todos diziam a mesma coisa... E que coisa. Que a República estava proclamada, o Imperador prisioneiro e a deposição aceita por todas as províncias menos a Bahia... Mal me aguentava nas pernas. Em um mês, que contraste! Estou pasma!

Bem que ela os prevenira... Pela manhã e em prantos chegaram Baby Pedro, Luís e Antônio. O cruzador *Parnaíba* largou para a ilha Grande. De Paris, num domingo, 17 de novembro, o duque de Nemours escrevia ao outro filho, Alençon:

> Querido Alençon, acabo de te telegrafar dizendo que não tive nenhuma notícia do Brasil, ontem, pelos jornais e o governo francês tampouco. Isso se explica pelo fato de que a insurreição tomou o governo e o Rio, e que nenhuma notícia é dada senão por ela ou enviada sem sua permissão.
>
> Estamos destinados, creio eu, a continuar numa ansiosa ignorância ou a receber as mais desastrosas notícias. Pois, se um bando de ambiciosos organizou um golpe que deu certo, foi graças à falta de uma força pública no Brasil. Pelo mesmo motivo podemos temer que a retomada do poder das mãos dos insurretos vitoriosos não seja possível. Do que houve com a família imperial, a ignorância continua absoluta.
>
> Além destas tristezas, há a situação financeira. De fato, do que sabemos nos faz crer que Gastão e toda a família estarão a meu encargo e que, talvez, eu tenha que socorrer outras pessoas da família. Naturalmente, isso imporia aos meus recursos atuais encargos consideráveis cuja extensão não posso avaliar agora.

O pai de Gastão chamou a situação de "catástrofe brasileira". Dizia não conseguir medir as consequências. "Triste, triste, triste", insistia. Sua consternação era "dolorosa". Tinham sido todos colocados numa casca de noz que navegava a oito nós! Do embarque e do destino da família que continha "duas pessoas idosas enfermas e três crianças, uma muito delicada", ele não sabia nada. Doía no bolso também: "Estou consternado do abismo absolutamente inesperado para mim, aberto no patrimônio da família."

"O dia da maior infelicidade da nossa vida" 265

Gastão escreveu ao pai. Sua situação estava reduzida "a zero". Seus bens particulares estavam avaliados em 554 contos, mas suas dívidas com o Banco do Brasil montavam a 559 contos. Teria que viver de mesada de Nemours: 8 mil francos mensais!

A bordo, cercado por criados e fuzileiros navais, um deles dirigindo-se ao príncipe, avançou: "Faça o favor de não se acanhar, quando está entre amigos." Comentando o empenho dos seus carcereiros, Gastão se dirigiu à Barral: "Creio que são sinceros, mas são também originais, tais 'amigos'!" À noite, chegaram à enseada do Abrão, na ilha Grande. Ali os aguardava o *Alagoas*, lento e pesado. Trocaram de embarcação.

E Isabel também teve sua troca de palavras com "um oficialzinho", contou ela:

– Vossa Alteza compreende que esta transformação era necessária.

– Pensava que se daria, mas por outro modo: a nação iria elegendo cada vez maior número de deputados republicanos, e estes, tendo a maioria, nos retirariam.

Isabel sabia, portanto, que não haveria Terceiro Reinado. Afinal, o Partido Republicano acabaria por se eleger. Sua força era inexorável. E seus inimigos preferenciais eram eles: o casal d'Eu. Eram, ao mesmo tempo, hostilizados por ex-senhores de escravos, por causa da abolição, e pelos maçons, por sua fé religiosa. Sim, ela aceitava que um dia se afastariam. Achava, porém, que, se a votação fosse naqueles dias, o pai teria maioria. Mas "tudo foi feito pelo Exército, Armada – ou seja, a Marinha – e, por conseguinte, pela força", argumentou. Ou seja, os planos tinham sido antecipados. No fundo, protestava pela brutal excisão: fora arrancada de sua vida no Brasil. Como disse, não tinha ambições. Só queria viver tranquila na terra em que nascera. A bordo, queixou-se a Rebouças: "Que saudades de Petrópolis, de minha casa, do meu jardim, de minhas amigas."

Gastão sempre foi muito mais eloquente na sua correspondência do que Isabel. Suas cartas longas e assíduas não deixavam nem o pai nem os amigos sem uma descrição minuciosa do que acontecia em Petrópolis, na Corte ou pelo país. Registrava, sobretudo, o crescimento do republicanismo. Dia após dia, ele gravava suas impressões e sentimentos, além dos fatos. A necessidade de deixar tudo por escrito o fez redigir um manifesto, uma carta aos brasileiros. Nela, registrava um "saudosíssimo adeus e a mais cordial gratidão". Dizia não guardar rancor e ter certeza de que nunca fizera mal a alguém. Desculpava "as acusações menos justas e juízos infundados" de que fora alvo. Com pesar afastava-se do lar onde passara dias felizes e "momentos de imorredoura lembrança". Lúcido, revelou o que pensava: "Se não fossem as circunstâncias que me obrigam a sair do país, estaria pronto a servir debaixo de qualquer forma de governo à nação." Estava preparado, portanto, a ver chegar a República e mesmo a servi-la. E concluía: "Nestes sentimentos acompanham-me minha muito amada esposa e nossos filhinhos, que debulhados em lágrimas conosco empreendem hoje a viagem do exílio."

Exílio... Terrível palavra velha conhecida dos Orléans e dos Bragança. O vocábulo os submergiu. Eles sabiam que, ao esquecimento das opiniões, iria se somar a ingratidão. D. Pedro não se debateu contra a tempestade. Gastão, por sua vez, haveria de lembrar o comportamento do avô, Luís Filipe de Orléans. Ele acreditava que os movimentos populares tinham a ver com as estações do ano. Que precisavam de calor e céu azul. "Não se fazem revoluções no inverno." Caiu do trono porque, entre outras coisas, errou a previsão do tempo. Ele bem ouvira quando sua mãe, Vitória, dissera ao pai: "Luís, posso morrer, mas não quero que me cortem a cabeça!" Luís Filipe, no inverno de 1848, parecia tão alheio aos fatos quanto D. Pedro no verão de 1889.

Os dois monarcas demonstraram extraordinária indiferença aos rigores cotidianos da nova existência. Ambos sem tostão. A família de Gastão valeu-se de empréstimos feitos por Lorde Aberdeen, um velho amigo inglês. Sem ele, seria a miséria. Levaram anos para recuperar a fortuna que deixaram na França.

A família de D. Pedro, ao contrário, quase não tinha recursos. E nem a quem pedir. Ao chegar a São Vicente, nas ilhas de Cabo

"O dia da maior infelicidade da nossa vida" 267

Verde, a primeira atitude do imperador foi enviar uma carta ao seu procurador, recusando qualquer gesto de generosidade do governo provisório:

> Tendo tido conhecimento, no momento da partida para a Europa, do decreto pelo qual é concedida à família imperial, de uma só vez, a quantia de cinco mil contos, mando que declare que não receberei, bem como minha família, senão as dotações e mais vantagens a que temos direito pelas leis, tratados e compromissos existentes.

No dia 18, às cinco horas da manhã, o *Alagoas* passou pela ilha Rasa. Gastão acordou os pequenos para se despedirem da pátria. Não se sabe se alguém jamais pensara numa regência provisória, a fim de que Baby Pedro assumisse depois da maioridade. O assunto fora discutido quando Luís Filipe caíra e correra um rumor sobre um futuro reinado do pequeno conde de Paris. No caso deles, nem isso. Iam todos sofrer o que uma poetisa chamou de "os males da ausência": a dor da nostalgia, as privações em terra alheia, o som triste dos réquiens. Ao despedir-se dos últimos pedaços de litoral brasileiro, Isabel grafou:

> Não se pode ser completamente feliz neste mundo! Meu verdadeiro bom tempo já passou! Conserve-me Deus ao menos aqueles que amo! A pátria de minhas melhores afeições afasta-se cada vez mais! Que Deus a proteja! A lembrança das horas felizes me sustenta e me esmaga.

Em janeiro de 1890, o jornalista francês Max Leclerc assim definiu a situação: a Monarquia não foi derrubada. Ela simplesmente desmoronou. Um peteleco a fez cair. A surpresa do triunfo foi tão grande para os revolucionários quanto para a Europa, que acompanhava a situação. O imperador, assim como os altos dignitários da Monarquia, foram cúmplices inconscientes da derrocada. Isso porque o edifício imperial foi mal construído. Era uma Monarquia essencialmente burguesa, espécie de "planta exótica dos trópicos".

268 O castelo de papel

Ao mesmo tempo, um grupo de ingleses desembarcados em Salvador surpreendeu-se com a estranha bandeira que flamejava no alto de fortes e edifícios oficiais. Que teria acontecido ao Brasil? Que espécie de revolução ocorrera? E um negro lhes explicou com ar indiferente: "Ah, a República." Outras explicações vieram se somar a essa: uma revolução muito sem classe que expulsou do trono "o estimado imperador". Não houve uma única morte para lhe dar dignidade. Nem correria, nem tumulto, nem protestos. O povo parecia envergonhado do acontecido, assunto do qual poucos falavam.

Menos de um ano depois, no largo do Campo Santo, número 9, em Recife, vendiam-se "ricos pratos de porcelana com os retratos do ex-imperador". E a The Singer Manufacturing Company, de Nova York, em comemoração ao glorioso dia 13 de maio de 1888, "dava 13 por cento de desconto sobre todas as máquinas de costura que forem compradas a varejo até o fim deste mês". Nenhuma palavra sobre a princesa, um ano antes festejada como "a Redentora". E em São Paulo, reunidos no Club dos Caboclos, afrodescendentes republicanos celebravam com feijoada e "outras modas culinárias de nossa terra", opondo-se aos "nórdicos como dona Isabel e o conde d'Eu".

Memórias de contemporâneos, gente de elite, confirmam a falta de simpatia pelo regime monárquico. Não se encontrava quem, dizendo-se amigo, fosse capaz de sacrifícios pelo imperador. Beijavam-lhe a mão. Mas, pelas costas, o ridicularizavam. Muitos acreditavam que a abolição lhe servia como uma arma "engatilhada para ter às mãos os proprietários de escravos". Abolicionista? Só quando conversava com estrangeiros! No Brasil, ia à missa. Na Europa, exibia espírito anticlerical. Tinha duas caras.

Corria também que não "tinha fé no reinado de sua filha". Quantas vezes, durante as regências, não fora acusado de "rebaixá-la" ou de transformá-la em "simulacro de autoridade"? Dele disse um de seus biógrafos: nunca se preocupou em preservar a Monarquia para a herdeira. Afastou o casal dos assuntos políticos, envolvendo-os, sempre que podia, num ar de mistério. Era mesmo o

"O dia da maior infelicidade da nossa vida" 269

"imperador cinzento". Segundo a imprensa, a princesa não tinha as "forças necessárias" para governar o país, faltando-lhe, também, "a graça nas maneiras e a distinção nos menores atos". Seria mais "Bragança do que Bourbon". A repercussão de suas regências foi inócua. "Não foi feliz no seu governo." O único uso que fez do poder, a assinatura da Lei Áurea, apenas serviu para unir o Norte e o Sul numa "explosão de rancor", como definiu Joaquim Nabuco. Os hábitos de infância modelaram não uma política, mas uma excelente mãe, esposa e dona de casa. Como, aliás, as mulheres de elite de então. Vivia num outro século, impregnada de teologia e espiritualidade, imbuída de um sistema de valores que tinha sua lógica e suas qualidades, mas que, ao final do século XIX, parecia absolutamente anacrônico.

Sua fidelidade à Igreja católica era interpretada como reflexo de alguém "cheio de crendices e abusões – como uma africana fetichista, supersticiosa, mais do que isso carola", diziam os jornais republicanos. E isso numa época em que o Brasil entrava em contato com outras práticas religiosas, como a filosofia espiritualista de Allan Kardec, e os primeiros terreiros de macumba e umbanda, migrados da Bahia, como o de Benzinho do Bamboxê, se instalavam no Rio de Janeiro. Na capital, numa sessão, o espírito de Rouget de Lisle chegou a ditar uma *Marselhesa* brasileira! Lamartine, através do médium Aguiar, avisara aos brasileiros que "o caminho da Liberdade era o caminho do futuro". Eram tempos em que o ceticismo se misturava ao socorro cabalístico, à magia e ao sobrenatural, sem muito espaço para o ultramontanismo.

Depois havia a predileção mal disfarçada de D. Pedro pelo neto Pedro Augusto. A imobilidade do imperador fez muitos acreditarem que a sucessão seria de Pedro III. As tensões entre Isabel e o sobrinho eram enormes. O grupo de "pedristas" aproveitava e cabalava. Acreditava numa passagem menos radical em direção à República. Um jovem imperador que depois virasse presidente. Isso sim agradava a grupos dentro e fora do Exército.

Houve reações contrárias ao golpe? Sem dúvida. "Imperador" e "Império" eram palavras queridas. A fragilidade do "Velho" enchia

270 O castelo de papel

os corações de compaixão. A Monarquia era popular por causa da "libertação". No Maranhão, mais de vinte ex-escravos foram varados de tiros pelos fuzis da guarda do Palácio do Governo, já republicano. Na Corte, jornais monarquistas foram empastelados e seus jornalistas encarcerados. Em Niterói, houve resistência. Aqui e ali, pequenos grupos negros e mestiços reagiram, mas se revelaram incapazes de conter a rapidez do golpe. Foram comparados por Joaquim Nabuco aos selvagens quando ouviram Caramuru disparar um tiro! O povo assistiu a tudo "bestializado", disse Tobias Barreto. Não estava organizado. A desejada gratidão pela abolição não prosperara. A Câmara de Salvador, Bahia, por exemplo, ergueu-se altivamente contra os republicanos. Mas acabou cedendo no dia 17. A caminho do exílio, o imperador, ao passar pelo litoral da província, teria dito: "A Bahia, sempre a Bahia!"

A explicação para a debandada ou "deserção total" foi dada pelo barão de Rio Branco: a escolha não era entre Monarquia e República, mas entre República e Anarquia. Mesmo guardando um carinho nostálgico pelo antigo regime, valia a pena transigir em direção ao novo. "Novo", sinônimo de palavras que encantavam: futuro, modernidade, cientificidade, desenvolvimento! As mesmas reproduzidas pelo centro Família Spírita, de São Paulo, que reconhecia a necessidade de uma "república profana que marchasse correta pela senda da justiça, da ordem e do progresso". Um biógrafo da princesa disse que "nem as mais influentes expressões de nossa sociedade, nem os políticos, mesmo os mais ligados ao trono, nem o povo, inclusive os negros libertos, ninguém se abalou a levantar um tímido protesto".

Viscondes, barões e conselheiros do Império não hesitaram em aderir à República. E não apenas calaram diante do golpe do dia 15, mas se apressaram em fazer votos pela consolidação do regime recém-nascido. O visconde do Bom Conselho escreveu ao ministro do Interior do governo provisório protestando "a máxima adesão e obediência" e fazendo votos para que "o governo federal fosse feliz na sua importante tarefa de conservar a paz interna e externa". O visconde de Arantes publicou na imprensa uma declaração incitando seus concidadãos a que "prestassem franco apoio ao governo provisório". O mesmo fez o conde de Araruama, que deu publicidade à sua adesão:

Com efeito, depois dos graves sucessos que todos conhecem, depois da retirada da família imperial, estou convencido que o melhor serviço que se pode fazer à pátria é ajudar o governo provisório na manutenção da ordem e da tranquilidade pública.

O conselheiro Antônio Prado foi outro que, sem demora, apareceu na imprensa: "em vista da impossibilidade de uma restauração monárquica, por meio de uma revolução", melhor reconhecer os fatos "sem indagar de sua origem". O próprio conselheiro Saraiva telegrafou a Recife: sim, a República era um fato consumado. E recomendava: devemos adotá-la e servi-la lealmente. Figuras ilustres da política do Império dobravam-se. "Não havia regresso possível", diziam uns. O importante era a "integridade do território", diziam outros. E outros ainda citavam o próprio imperador que, ao se despedir, teria afirmado: "O que está feito está feito; cumpre agora que os brasileiros se esforcem para ter uma boa Constituição." Intelectuais como Machado de Assis simpatizantes da Monarquia silenciaram. E Nabuco cravou: para manter a Monarquia faltava "unanimidade, espontaneidade e finalidade nacional".

Teria Isabel alguma vez se interrogado sobre o futuro? Em suas próprias palavras, acreditava numa passagem pacífica, lenta, porém inexorável rumo à República. Educada como fora, acreditava numa utopia: a da reconciliação. Bastaria reabilitar a generosidade cristã, fundar instituições filantrópicas, praticar a solicitude, fundar, enfim, uma política de bondade. Não se dava conta de que a boa vontade não desarmaria os senhores de escravos, não adormeceria os republicanos, nem esvaziaria a vontade de mudanças. A solidariedade não substituía a política. Resoluções pacíficas não punham fim aos conflitos de interesses. A história – e ela parecia desconhecer – sempre foi tragédia. E o desejo de progresso e modernidade, um drama: iluminado e inevitável.

Gastão já olhava para a frente com um olho mais lúcido, sem paixão e, por que não, pessimista. Sentia que entre muita gente medrava o fascínio pelo pior. Uma utopia invertia a outra. Pensava-se viver no mais atrasado dos mundos, dizia-se que o Império era uma prisão e a crise gravíssima. Tais queixas justificavam transformações. Quantas vezes não escreveu à condessa de Barral antecipando que não acabaria seus dias no Brasil?!

A "tia Francisca" concordaria. Ela já vinha prevenindo os sobrinhos e o irmão sobre o crescimento do republicanismo. E encerrou com uma pá de cal: "há tempos que eu temia que tivéssemos alguma coisa"... Para alguns membros da família imperial, o fim do Império não foi surpresa.

Por que não quiseram Isabel à frente de um Terceiro Reinado? Haveria preconceito contra uma mulher no poder nesses tempos? Alguns biógrafos justificam a pouca simpatia e a onda de impopularidade que a cercava: "As classes dirigentes não quereriam submeter-se ao governo de uma mulher." Mais ainda de uma mulher casada com um estrangeiro enxerido – pois assim descreviam Gastão.

A tese não se sustenta. As brasileiras foram, desde sempre, matriarcas e matronas que faziam viver suas famílias e dependentes. Eram fazendeiras, comerciantes, costureiras, prestamistas de dinheiro, rendeiras, agricultoras, cozinheiras, prostitutas, viviam de explorar escravos, enfim, havia de tudo, até *garçonettes* nos cafés dançantes e sorveterias. Médicas como Maria Augusta Generoso Estrela e políticas como Rita Lobato Velho Lopes. Escritoras como Nísia Floresta, Maria Firmina dos Reis, Narcisa Amália de Campos ou Júlia Lopes de Almeida. Jornalistas como as irmãs Revocata e Julieta de Melo Monteiro. Havia mesmo divorciadas como Veridiana Prado, em São Paulo. Ninguém estranhava as ordens de uma mulher e muitos dos políticos e grandes do Império tiveram mães invasivas, mandonas e duronas. O positivismo que imperou em províncias inteiras, como o Rio Grande do Sul, Paraná e Santa Catarina, pregava que não existia inferioridade intelectual nas mulheres. Eles e elas eram seres complementares. O importante era ser "filha obediente, esposa dedicada e mãe exemplar". Tudo o que Isabel representava. Quanto mais instruídas, melhor, para formar, no calor do lar, melhores seres humanos.

No Nordeste, senhoras de engenho ou de fazendas de gado, muitas viúvas como Rita Wanderley de Siqueira, irmã da baronesa de Utinga, peitavam, com filhos nos braços, bandidos armados na defesa de seus bens. Muitas delas abraçaram o abolicionismo, como Olegarinha Mariano ou Ana Benvinda Bueno de Andrade. Em toda parte, nas últimas décadas do Império, o magistério era "trabalho de mulher". Elas invadiam as salas de aula. Até as religiosas, na direção de colégios, hospitais e "obras de caridade", ganharam autonomia e visibilidade. Na segunda metade do século XIX, muitas encontraram satisfações maiores do que simplesmente tomar conta de casa ou ir à igreja. Sua feminilidade podia ir além da cozinha e do salão. Com a expansão do comércio e das cidades, milhares foram trabalhar em lojas, armazéns e fábricas. Nas entrevistas realizadas por Gilberto Freyre com centenas de contemporâneas do advento da República, as monarquistas se lembravam e se apiedavam do imperador. Quase nenhuma da princesa Isabel.

O que não se admitia era discutir "os direitos da mulher", sobretudo nas funções políticas e públicas: isso podia trazer "contendas com o marido", diziam alguns. Mas o sufragismo nunca esteve entre os assuntos de interesse de Isabel, que gostava de falar de música e jardinagem. Concentrava-se na sua "missão de esposa, dona de casa, mãe de família", anjo do lar como queriam então os homens, além de adorar Gastão. Fumar, beber e jogar, que então estavam na moda? Jamais. "Era justo", pensavam algumas, "a mulher subordinar-se ao homem." Um dos biógrafos da princesa considera que ela pensava assim...

Toda palavra repetida adquire o valor de uma advertência. Quantas vezes Isabel reiterou: quem lhe dera não participar de atos oficiais. Que seu pai viesse logo "arredá-la de suas responsabilidades". Que não tinha ambição. Que gostaria de trabalhar menos e sem se cansar. Que governar era levar uma "vida de cão". Em sua correspondência, a palavra "política" era sempre sinônimo de coisa

274 O castelo de papel

"entediante, desconhecida, cansativa". Na literatura, houve um homem que não quis ser rei. Na vida real, ela foi a mulher que não queria ser imperatriz.

Muitas explicações se somaram para a partida do casal d'Eu: a promoção da futura herdeira não deu certo. O *Jornal do Commercio*, o mais importante da época, disse-o com todas as letras. "A princesa não tem popularidade, e infelizmente faltam-lhe muitas outras qualidades para ocupar o lugar do pai, e, sobretudo, prudência e critério." Influenciados pela luta renhida que, na França, opunha os monarquistas e a Terceira República, nossos homens cultos optaram por prevenir. Melhor do que remediar.

O casal d'Eu não tinha Corte, nem vínculos com o Exército, não cortejou o povo e não foi apoiado por D. Pedro, que nada fez para assegurar a sustentação de seu governo. O Terceiro Reinado ficou para trás junto com as praias do Brasil. Ao longo da viagem na direção da Europa, D. Pedro lia em voz alta e discutia artigos científicos. Gastão fazia os meninos estudar. Rebouças anotava no diário: "Aurora com lua minguante ao lado de Vênus." Pedro Augusto deu os primeiros sinais da doença que o levaria, mais tarde, a um manicômio. E a imperatriz, os primeiros sintomas da que a levaria à morte. O clima era familiar. A princesa era "menina" ou "minha filha" para os pais. Seus filhos, "meninos" ou "meus netinhos". Não se falava em "meu trono, meu reino, meu império". E tão somente em "o Brasil" ou "que saudades do Brasil, tão bonito", registrou Rebouças. Tinham indiferença pelo poder, nenhum sentimento de privação e tendência a aceitar o mundo tal como era, disse sobre eles um historiador.

Chegaram a Lisboa, e Isabel estranhou o gasômetro que tinham construído ao lado da Torre de Belém. "Estragaram um belo monumento", reclamou. Passados dez dias, foram viajar. Gastão, Isabel, filhos e amigos seguiram para o sul da Espanha. Passados 15 dias, se encontravam em Madri quando o telegrama chegou. Morrera a imperatriz D. Teresa Cristina. Ela fechara os olhos sozinha, num quarto de hotel, enquanto o imperador percorria pontos turísticos da cidade do Porto. Era 28 de dezembro. Voltaram correndo para enterrá-la. Não foi o único golpe. O governo provisório suspendera a pensão paga à família imperial, bem como a banira do solo pátrio. Brasil, nunca mais... No dia seguinte ao funeral, todos partiram de Lisboa para Cannes, lugar escolhido por D. Pedro para morar. Escolheram o hotel Beau Séjour. "A princesa deseja convencer o imperador a fim de morar com os príncipes numa casa e deixar a vida de hotel, extraordinariamente dispendiosa: os mil francos por dia", deixou vazar a amiga de Isabel, Amandinha Dória.

O duque de Nemours já reagira e reclamou para Alençon: D. Pedro era custoso. Não queria sair do hotel e vinha com comitiva grande. Só o médico trazia mulher, cunhada e seis filhos! Mandava enfeitar a mesa da filha com rosas todos os dias. Caríssimo! Para D. Pedro, porém, o assunto se resumiu a uma frase: "Questão de vivendas."

Os parentes, assim como a condessa de Barral, chegavam para visitar e nem tudo era luto. Um mês depois do falecimento da imperatriz, a mesma Amandinha anotava: "Levamos a vida mais frívola possível, imitando as elegantes que vivem na rua, entrando nas lojas e tomando chá ou comendo doces no Rumplemeyer, o confeiteiro mais afamado de Cannes."

Os príncipes alugaram uma casa, a Villa Ormesson, "esplêndida, vista magnífica, excelentes cômodos, belo jardim, parque inglês com o *lawn-tenis*, jogo da moda". Do outro lado da cidade onde se encontrava o hotel Beau Séjour. Jantavam com D. Pedro às quintas-feiras e ele almoçava com os príncipes aos domingos. Pedro e Luís foram estudar no Colégio Stanislas. "Estão um pouco atrasados", registrou o avô Nemours. No que dizia respeito aos assuntos do Brasil, o imperador continuava o mesmo. Deixava-os sempre sem informações: "Também sabemos menos do que nunca o que lá [no hotel Beau Séjour] se trama no tocante às finanças ou política. Como é estranho, mas, no fundo, coerente com o que sempre foi."

Por outro lado, Gastão estava aliviado. Apesar de ter sido informado de que suas terras e bens tinham sido incorporados ao domínio nacional, conseguia manter-se dentro da mesada que lhe dava o pai e gastar menos do que no Brasil. Lá, queixava-se à Barral, nunca sabia aonde ia o dinheiro. Entre os Orléans, comentava-se sua decepção: queria ter visto a mulher no trono e a sucessão dos filhos. Já Isabel gostava mesmo era de "ir a Paris correr lojas", como se queixou D. Pedro. "Não gosto destes passeios sem o Gastão, que não gosta de andar pelas lojas." Em torno dela, a inanição das conversas, a vida mundana e a mediocridade triunfavam.

O fiel Rebouças, que os tinha acompanhado no exílio, distanciou-se. A calma indiferente com que todos da família, com exceção de D. Pedro Augusto, aceitaram o exílio; o afastamento dos interesses brasileiros; a tendência frívola que deram ao cotidiano o decepcionaram profundamente. Sonhava com o "fim do pesadelo: o 15 de novembro". Mas, na comitiva, ninguém mais falava no assunto. Todos cansados de ser sacudidos pelos ventos da política.

Em julho, acabou-se o contrato do aluguel da casa e decidiram viajar. Primeiro, foram conhecer o castelo da condessa de Barral, na região do Isère. A seguir, foram visitar o irmão de Gastão, Alençon, em Montelberg. Encontraram-no arrasado. Sofia-Carlota passou um tempo internada numa clínica dirigida pelo famoso doutor Richard Von Krafft-Ebing, autor do livro *Psychopathia sexualis*. O hospital era reservado às "mulheres adúlteras". Dois anos antes, tinha fugido com um médico ginecologista de Munique de quem teve um filho entregue à caridade. O escândalo foi abafado pela família e a jovem, asilada em Graz. Depois de meses, isolada num apartamento privado, a cunhada reemergiu irreconhecível. Nunca mais seria a mesma. Num arquipélago de clínicas privadas para ricos que sofriam distúrbios neuróticos, nascia a psicanálise.

Em abril de 1891, foram a Roma visitar o papa. Haveria restauração?, dizem que o pontífice perguntou ao bispo D. Adauto da Fonseca Henriques. Resposta: "A mentalidade americana era refratária ao sistema monárquico." Todos sabiam que Leão XIII era favorável à ligação da Igreja com os republicanos. A Igreja de Roma pregava a tolerância pacífica e liberal. Novos tempos!

Novembro foi um mês agitado. A luta entre Deodoro e o Congresso acabou num golpe. Um grupo pequeno insistia: se Isabel não

"O dia da maior infelicidade da nossa vida" 277

quisesse voltar, por que não seu filho Pedro, com 16 anos? Resposta: ele governaria um Estado laico, cercado de conselheiros sem religião, num país hostil ao catolicismo. Sua fé ficaria em perigo. Isabel recusou. Foi chamada de louca!

Numa reunião, ao ser consultado sobre a restauração, Gastão ironizou impaciente: "Mas estamos no meio dos conspiradores sérvios!" Referia-se aos atrapalhados movimentos de conspiração dos Bálcãs que explodiriam na Primeira Guerra Mundial. E Augusto, o outro filho de Leopoldina, pois seu irmão, Pedro Augusto, já estava a caminho de um asilo para alienados? Houve troca de correspondência, porém a ideia não prosperou. Os monarquistas brasileiros não conseguiram apoio popular suficiente nem recursos para derrotar as Forças Armadas.

Em janeiro de 1891, faleceu a amiga e confidente, condessa de Barral. "Ninguém como ela", diria Gastão. Ao final do mesmo ano, em Paris, no pequeno Hotel Bedford, D. Pedro ardia em febre. Fechou os olhos na madrugada do dia 5 de dezembro. Gastão telegrafou a Nemours: "Meu querido papai, meu pobre sogro nos foi levado, à meia-noite e meia, depois de penosa agonia. Chore-nos." Isabel teve a mão direita beijada pelos presentes. Era a sucessora, ao pé de um leito pobre e de um Império morto.

Entre 1892 e 1893, Isabel recusou-se a apoiar uma guerra civil no Brasil e, na resposta ao apelo de seus admiradores, assinou-se simplesmente Isabel. Não tinha pretensão à Coroa. E, como o papa, era contra violências e derramamento de sangue. Escreveu a João Alfredo, chefe de gabinete em sua terceira regência:

> Meu pai, com seu prestígio, teria provavelmente recusado a guerra civil como um meio de retornar à pátria... lamento tudo quanto possa armar irmãos contra irmãos... É assim que tudo se perde e que nós nos perdemos. O senhor conhece meus sentimentos de católica e brasileira [...].

Nesse entretempo, instalados em Versalhes, os príncipes tinham uma existência baseada na família, deveres religiosos e atividades sociais. Pedro Baby continuava com problemas para estudar e, segundo o pai, destacava-se pela "indolência e inépcia".

Ao passo que Luís "faz exatamente o mesmo trabalho escolar sozinho, com um prestígio e uma capacidade admiráveis". Totó, típico caçula, continuava "muito engraçado"!

O duque de Nemours faleceu a 18 de junho de 1896, no mesmo apartamento em que hospedara D. Pedro, dois anos antes, em Versalhes. Ao sentir que estava perdendo as forças, se fez transportar para perto do castelo onde vivera Luís XIV, rei de França. Gastão estava ao seu lado. Branca, a filha mais nova, fechou-lhe os olhos. Instável e depressiva, a irmã solteirona ficou sob os cuidados de Alençon, que velou por ela até morrer. A imprensa francesa lembrou os méritos do príncipe que quase foi regente.

No início do ano seguinte, um sinistro acontecimento: o incêndio no bazar de caridade da obra dos padres dominicanos, em Paris, queimou a cunhada Sofia-Carlota até os ossos. Foi preciso que o dentista reconhecesse seus restos mortais. Ironicamente, ela havia feito um testamento dizendo que, depois de sua morte, seus belíssimos cabelos deveriam ser cortados e incinerados. Declarava, assim, abandonar toda a sedução. Novamente próxima da Igreja, se dedicava incessantemente às obras pias. Costumava dizer que, "se Deus me pedisse minha vida, eu a sacrificaria na mesma hora". Responsável pelo caixa do bazar, ela mandou sair crianças e mulheres e, segundo seu confessor, "fez um ato sublime". As línguas trabalhavam: teria expiado os pecados. Alençon escapou por pouco.

Isabel só

Eugène Pirou, c. 1896.
Coleção Museu Imperial/Ibram/MinC

> Quantas vezes Isabel reiterou: quem lhe dera não participar de atos oficiais. Que seu pai viesse logo 'arredá-la de suas responsabilidades'. Que não tinha ambição. Que gostaria de trabalhar menos e sem se cansar. Que governar era levar uma 'vida de cão'. Em sua correspondência, a palavra 'política' era sempre sinônimo de coisa 'entediante, desconhecida, cansativa'. Na literatura, houve um homem que não quis ser rei. Na vida real, ela foi a mulher que não queria ser imperatriz.

Passou o tempo. Resolvidas as pendências financeiras com o Brasil, Gastão e Isabel receberam as heranças de seus pais. Puderam, assim, adquirir a casa em que moravam em Boulogne, um subúrbio de Paris. Em outubro, Gastão partiu para uma viagem de volta ao mundo. Os 118 dias de viagem foram organizados por uma agência: a Cook and Sons. O turismo se afirmava como moda. Ele considerou o *tour* "um complemento de educação para o resto dos meus dias". Em Jerusalém, surpreendeu-se ao ver, na Gruta da Agonia, um par de candelabros de cobre sustentados por uma placa com o brasão do Reino do Brasil.

O casal conservou profundos laços afetivos. Agradecendo uma cartinha que recebera, Isabel acrescentava: "Escrita 30 anos depois que nos vimos pela primeira vez! Parece que ainda ontem eu o estava vendo, meu querido, no aconchegante salão de mamãe em São Cristóvão." Logo depois, ela completaria 50 anos.

Em 1898, em Genebra, a imperatriz Elizabeth, mais conhecida como Sissi, foi assassinada por um anarquista italiano. Era irmã de Sofia-Carlota, e seu marido, Francisco-José, tinha facilitado a entrada de Pedro, que não era mais Baby, na Academia Militar de Wiener-Neustad. Novo drama na família. As monarquias, antes alvo de revolucionários republicanos, agora o eram de anarquistas

"O dia da maior infelicidade da nossa vida" 281

e terroristas. Isabel sabia o que era uma tentativa de regicídio...
O de Sarajevo, alguns anos depois, em 1914, abriria uma das páginas mais sangrentas da história do século XX: a Primeira Guerra Mundial ou a Grande Guerra.

No mesmo ano, um telegrama de Lisboa anunciava: o corpo de André Rebouças, o amigo devotado e abolicionista, fora encontrado ao pé de uma rocha íngreme, alta, de 60 metros, em frente ao hotel onde vivia em Funchal, na ilha da Madeira. Suicídio! Tinha 60 anos e nem um tostão. Solidário, viera na comitiva da família imperial. E fora-se, totalmente abandonado pelos príncipes.

Em 1905, Gastão comprou o Castelo d'Eu, situado no vilarejo do mesmo nome, no litoral normando. O campo estava na moda entre aristocratas. A cidade era para burgueses. Três anos antes, a enorme casa construída no século XVI tinha se incendiado. "Contamos refazer o exterior. Quanto ao interior, só nos ocuparemos da capela, o resto não sendo necessário, é muito dispendioso a restaurar", escrevia Isabel à amiga Amandinha Loreto. Ali passavam o verão e o outono e reuniram móveis, quadros e papéis pertencentes à família imperial. Reconstituíam a memória·numa atmosfera de lembranças dos pais, filhos e netos. Nos jardins, rosas substituíam as hortênsias e orquídeas de Petrópolis. Durante a Primeira Guerra, ali, também, com a faixa da Cruz Vermelha no braço, Gastão atenderia a dezenas de soldados feridos no extenso front que ia dos Vosges a Flandres. Com uma baioneta nas mãos, ele fazia a ronda noturna do vilarejo d'Eu, velando contra os alemães. Isabel assumiu as chamadas "cozinhas econômicas" que alimentavam os deserdados.

A 15 de outubro de 1914, entre a batalha de Arras e a de Isonzo, o casal comemorou bodas de ouro na companhia dos três filhos, duas noras e seis netos. Em novembro de 1818, perdeu o filho Antônio no serviço militar. Seu avião foi atingido perto de Londres: "Meu pobre e querido bem-amado", escrevia Isabel a Gastão,

eu estou com a cabeça em frangalhos! O nosso bom e galante Totó. [...] Esse querido, tão querido vai para Deus no desabrochar da força e da beleza, cheio de glória e reforçado pelos sacramentos de nossa Santa Igreja Católica! Para ele, é o esplendor, para nós a dura provação que suportaremos com submissão, com a ajuda de Deus! É um grande consolo saber que ele está feliz. Mas eu não voltarei a vê-lo neste mundo...

Em março do ano seguinte, foi a vez de Luís. Ambicioso e prestativo, ele tentou avivar o movimento de Restauração no Brasil. Arrojado, encontrou alívio nas aventuras pessoais. Visitou a África do Sul e seguiu numa ousada excursão para a Ásia Central e a Índia. Nesse filho, os pais viam a continuidade da dinastia. Em viagem ao Chile, Luís passou pelo Rio de Janeiro. Decepcionado, constatou que o apelo da Monarquia era pequeno: "Como os semblantes envelheceram e quantos cabelos brancos!" Não havia nova geração de monarquistas. Impedido pelo decreto de banimento de pôr os pés na terra natal, Luís registrou suas impressões num dos livros que escreveu: *Sob o Cruzeiro do Sul*. Casou-se com uma princesa de sangue, Maria Pia de Bourbon Nápoles. E faleceu em Cannes de doenças contraídas durante a guerra.

Pedro, casado com Elisabeth Dobrzensky de Dobrzenicz, descendente de barões do império austro-húngaro, teve que renunciar ao trono, pois a noiva, Lizy, não tinha descendência real. Casados, levavam uma vida despretensiosa, simples, modesta. Sobre ele, Gastão sempre registrou queixas: dizia-o tão "incapaz e descuidado" em jogar bilhar "quanto em tudo o mais". Como tantos jovens de sua época, Pedro não suportou a pressão e deixou o casulo. Sublevou-se contra a lei dos casamentos por interesse e, apaixonado, renunciou ao trono em favor de Luís. Mais. Completou a Academia com ótimas notas.

Na época dos casamentos de Pedro e Luís, em novembro de 1908, Isabel escreveu ao Diretório Monarquista do Rio de Janeiro:

> Pedro continuará a amar sua pátria e prestará a seu irmão todo o apoio que for necessário e estiver a seu alcance. Graças a Deus são muito unidos. Luís ocupar-se-á de tudo o que disser respeito à

Monarquia e a qualquer bem para nossa terra. Sem desistir por ora de meus direitos, quero que ele esteja ao fato de tudo, a fim de preparar-se para a posição à qual, de todo o coração, desejo que ele chegue. Queiram, pois, escrever-lhe todas as vezes que julguem necessário.

Não sabia o que lhe reservava o destino... Gastão nunca desistiu de um plano dinástico ambicioso. Perdera o trono do Brasil, mas sonhava que seus descendentes constituíssem um ramo à parte da família real francesa. Vinculou o Castelo d'Eu, que lhe dava o título de conde, à herança de Pedro. Queria transformá-lo em príncipe francês. Em vão. Numa carta de 15 de setembro de 1893, o conde de Paris, Filipe, duque de Orléans, chefe da casa real, explicava a Alençon:

> Agradeço-te a carta do dia 5 que me interessou muito. Confesso que tudo o que me dizes sobre Gastão me preocupa. Agradeço-te pela confiança que me testemunhas, explicando-me a situação. As pretensões eventuais de Gastão a retomar seu lugar em tudo o que concerne à Casa de França são absolutamente inadmissíveis. Tu pudeste ver em minha carta que nem imaginava que elas pudessem existir. Quando se deixa a Casa de França para se fazer estrangeiro, quando se renuncia à esperança e à fidelidade à França para buscar perto de um trono uma situação oficial, tal ato tem consequências irreversíveis. Não se pode, depois de trinta anos, vir dizer: nos enganamos, o passado não aconteceu e reclamar na linha de sucessão um lugar que foi voluntariamente abandonado. A naturalização (no Brasil) de Gastão o excluiu da Casa de França como excluiu o tio Montpensier e sua descendência masculina.

A lei era irrevogável. Pedro não poderia tomar o título francês do pai, nem transmiti-lo aos seus. E encerrava com uma frase que refletia o pensamento da Casa de França sobre a perda da Coroa brasileira: "Ele deve continuar o Príncipe do Grão-Pará até tornar-se imperador do Brasil, assunto pelo qual seus pais deveriam se preocupar um pouco mais."

284   O castelo de papel

Tensões vieram à tona novamente quando Pedro quis casar-se com Lizy. Foi preciso escrever várias vezes ao Almanaque do *Gotha*, bíblia da aristocracia europeia, que insistia em registrar com todas as letras: "desigualdade de nascimento" ao lado do nome da jovem. Cartas partiram do Castelo d'Eu pedindo para "cortar da próxima edição" a observação, pois ela não tinha sido autorizada por Isabel e Gastão. A resposta veio rápida: iam pensar. Nova carta: Isabel queria dar o título de Alteza Real à nora. Resposta: ela não tinha esse poder. Depois de idas e vindas, "o duque de Orléans deu seu consentimento para a retificação solicitada". Quanto desgaste para o conde e a condessa d'Eu.

Depois de enfrentar um sogro cinzento por décadas, Gastão se via às voltas com outras muralhas invisíveis. A Casa de França tinha mecanismos reguladores afiadíssimos. Compunha uma microssociedade em defesa da honra, do sangue, da unidade. Ali não se quebravam hierarquias, nem compromissos. Verdadeira fortaleza, era, como qualquer outra família, ninho e nó.

Rijo e elegante, Gastão voltou ao Brasil com o filho Pedro, acompanhando os restos mortais de D. Pedro e D. Teresa Cristina. Foi recebido com todas as honras pelos militares no poder. Isabel não veio. Seu coração não deixou. Estava frágil e adoentada. Aquela que só assinava como condessa d'Eu fechou os olhos no Castelo d'Eu a 14 de novembro de 1921. O então presidente da República, Epitácio Pessoa, mandou prestar honras à memória da princesa, bem como autorizou a transladação de seu corpo para o Brasil.

Ao regressar com os netos em 1922, a fim de assistir às festas pelo centenário da Independência, um súbito mal-estar fez Gastão reclinar-se no ombro da nora Maria Pia. Era o dia 28 de agosto e jantavam todos a bordo do *Massília*. Sem sofrimentos, a morte o chamou.

Em abril de 1971, os restos do casal foram trazidos para o Brasil. No Rio de Janeiro, receberam honras e ficaram expostos na igreja do Rosário, na rua Uruguaiana. Depois, os esquifes seguiram para Petrópolis. Ali, da torre cinza e escura da catedral, o som alegre dos sinos e o canto dos passarinhos os recebeu. No dia 13 de maio, na catedral diocesana, com comemorações da Lei Áurea, descansaram unidos como sempre o foram. Fiéis a si mesmos, entre si e aos amigos, dormiram o eterno sono sem o pesadelo do exílio, nem o sonho do Terceiro Reinado.

Bibliografia

ADLER, Laure. *Secrets d'alcove, histoire du couple de 1830 à 1930*. Paris: Hachette, 1993.

ALENCASTRO, Luiz Felipe (org.); NOVAIS, Fernando A. (dir.). *História da vida privada no Brasil – Império*: a corte e a modernidade nacional. São Paulo: Companhia das Letras, 1997.

Almanach de Gotha – Annuaire Généalogique, diplomatique et statistique, 173eme année. Gotha: Justus Perthes, 1936.

ALONSO, Angela. *Ideias em movimento*: a geração 1870 na crise do Brasil-Império. São Paulo: Anpocs/Paz e Terra, 2002.

ANDRADE, Joaquim Marçal Ferreira de. *História da fotorreportagem no Brasil*. Rio de Janeiro: Campus/Edições Biblioteca Nacional, 2004.

ARON, Jean Paul. *Miserable et glorieuse*: la femme du XIXe siècle. Bruxelas: Éditions Complexe, 1980.

ARON, Jean Paul; KEMPF, Roger. *La bourgeoisie, le sexe et l'honneur*. Bruxelas: Éditions Complexe, 1984.

AUGUSTO MARTOS. *Guarda Negra*: a Redemptora e o ocaso do Império. Brasília: Hinterlândia, 2009.

AULER, Guilherme. *A princesa e Petrópolis*. Petrópolis: s/e, 1953.

288   O castelo de papel

AZEVEDO, Célia Marinho de. Irmão ou inimigo: o escravo no imaginário abolicionista dos Estados Unidos e do Brasil, *Revista USP*, São Paulo, n.28, p.96-109, dez.-fev. 1995/1996.

AZEVEDO, Célia Marinho de. *Onda negra, medo branco*: o negro no imaginário das elites, século XIX. São Paulo: Paz e Terra, 1987.

BARATA, Alexandre Mansur. *Luzes e sombras*: a ação da maçonaria brasileira (1870-1910). Campinas: Editora da Unicamp, 1999.

BARMAN, Roderick J. *Princesa Isabel do Brasil*: gênero e poder no século XIX. São Paulo: Editora Unesp, 2005.

BAZIN, Hervé. *Le Duc de Nemours*. Paris: Emile-Paul Editeur, 1907.

BERNARDES, Maria Theresa Caiuby Crescenti. *Mulheres de ontem? Rio de Janeiro, século XIX*. São Paulo: T. A. Queiroz, 1988.

BETHELL, Leslie. Todos contra o Paraguai, *Revista de História da Biblioteca Nacional*, ano 7, n.79, abr. 2012, p.40-3.

BONALUME NETO, Ricardo. Novas lições do Paraguai, *Folha de S.Paulo*, Caderno Mais, 9 nov. 1997.

BURTON, Sir Richard F. *Cartas dos campos de batalha do Paraguai*. Rio de Janeiro: Bibliex, 1997.

CALMON, Pedro. *A princesa Isabel "a Redentora"*. São Paulo: Companhia Editora Nacional, 1941.

CAROL, Anne. L'examen gynécologique en France, XVIIIe-XXe siècles: Techniques et usages. In: FAURE, Olivier; BOURDELAIS, Patrice. *Les novelles pratiques de santé (XVIIe-XXe siècles)*. Paris: Belin, 2005, p.51-66.

CARVALHO, José Murilo de. (coord.). *História do Brasil Nação*, v.2. *A construção nacional 1830-1889*. Rio de Janeiro: Fundação Mapfre/Objetiva, 2012.

CARVALHO, José Murilo de. *A construção da ordem*: a elite política imperial. Rio de Janeiro: Campus, 1980.

CARVALHO, José Murilo de. *A formação das almas*: o imaginário da República no Brasil. São Paulo: Companhia das Letras, 1990.

CARVALHO, José Murilo de. *Os bestializados*: o Rio de Janeiro e a República que não foi. São Paulo: Companhia das Letras, 1987.

CASCUDO, Luís da Câmara. *Conde d'Eu*. São Paulo: Companhia Editora Nacional, 1933.

Bibliografia

CASTELLANI, José. *A maçonaria brasileira na época da abolição e da República*. Disponível em: http://www.culturabrasil.org/maçonaria.

CAVANI, Suzana. Às urnas, cidadãos, *Revista de História da Biblioteca Nacional*, ano 3, n.26, nov. 2007, p.56-9.

CERQUEIRA, Bruno da Silva Antunes de. *D. Isabel I a redentora*: textos e documentos sobre a imperatriz exilada do Brasil em seus 160 anos de nascimento. Rio de Janeiro: Instituto Cultural D. Isabel a Redentora, 2006.

CERQUEIRA, Dionísio. *Reminiscências da campanha do Paraguai*. Rio de Janeiro: Bibliex, 1980.

CHALHOUB, Sidney. *Visões da liberdade*: uma história das últimas décadas da escravidão na corte. São Paulo: Companhia das Letras, 1999.

CHRISTO, Maraliz de Castro Vieira. Quando subordinados roubam a cena: a batalha de Campo Grande de Pedro Américo, *Saeculum – Revista de História*, [19], João Pessoa, jul.-dez. 2008.

COLUSSI, Eliane Lúcia. Questão de fé, *Revista Nossa História*, ano 2, n.20, jun. 2005, p.26-29.

CONDESSA DE BARRAL. *Cartas às Suas Majestades, 1859-1890*. Rio de Janeiro: Ministério da Justiça/Arquivo Nacional, 1977.

CONDESSA DE BARRAL. Luísa Margarida Portugal de Barros. *Cartas a Suas Majestades 1859-1890*. Rio de Janeiro: Ministério da Justiça, 1977.

CONRAD, Robert. *Os últimos anos da escravatura no Brasil 1850-1888*. Rio de Janeiro: Civilização Brasileira/INL, 1975.

CORBIN, Alain. *Le temps, le désir et l'horreur*: essais sur le XIXe siécle. Paris: Aubier, 1991.

CORBIN, Alain; COURTINE, Jean-Jacques; VIGARELLO, Georges. *Histoire de la virilité*. v.II. *Le triomphe de la virilité*: le XIXe siècle. Paris: Seuil, 2011.

CORRÊA DO LAGO, Bia e Pedro. *Coleção Princesa Isabel, Fotografia no século XIX*. Rio de Janeiro: Capivara, 2008.

CORRÊA DO LAGO, Bia e Pedro. *Documentos autógrafos brasileiros na coleção Pedro Correa do Lago*. Rio de Janeiro: Salamandra, 1997.

CORRÊA DO LAGO, Bia e Pedro. Retratos para a posteridade, *Revista de História da Biblioteca Nacional*, ano 7, n.80, maio 2012.

COSTA, Emília Viotti da. *Da Monarquia à República*: momentos decisivos. 9.ed. São Paulo: Editora Unesp, 2010.

D'EU, Luís Filipe Maria Fernando Gastão de Orléans, Conde. *Viagem militar ao Rio Grande do Sul*. Belo Horizonte: Itatiaia; São Paulo: Edusp, 1981.

DAIBERT JÚNIOR, Robert. Entre o trono e o altar, *Revista de História da Biblioteca Nacional*, ano 7, n.80, maio 2012.

DAIBERT JÚNIOR, Robert. *Isabel, a "Redentora" dos escravos*. Bauru: Edusc; São Paulo: Fapesp, 2004.

DAIBERT JÚNIOR, Robert. No quilombo, uma flor?, *Topoi*, v.4., n.7, p.379-386, jul.-dez., 2003.

DAIBERT JÚNIOR, Robert. Sob o manto de Isabel, *Revista de História da Biblioteca Nacional*, ano 1, n.12, out. 2004.

DE HABSBURGO, Maximiliano. *Bahia 1860*: esboços de viagem. Rio de Janeiro: Tempo Brasileiro; Salvador: Fundação Cultural do Estado da Bahia, 1982.

DEFRANCE, Olivier. *La Médici des Coborg*: Clémentine d'Orléans. Bruxelas: Racines, 2007.

DEFRANCE, Olivier. *Léopold Ier et le clan Cobourg*. Bruxelas: Racines, 2004.

DEL PRIORE, Mary. *Barral, a paixão do imperador*. Rio de Janeiro: Objetiva, 2010.

DEL PRIORE, Mary. Entre doidos e bestializados: o Baile da Ilha Fiscal, *Revista da USP*, São Paulo, n.58, p.30-47, jun.-ago. 2003.

DEL PRIORE, Mary. *Festas e utopias no Brasil colonial*. São Paulo: Brasiliense, 1994.

DEL PRIORE, Mary. *História das mulheres no Brasil*. São Paulo: Contexto/ Editora Unesp, 1997.

DEL PRIORE, Mary. *História do amor no Brasil*. São Paulo: Contexto, 2000.

DEL PRIORE, Mary. *Histórias íntimas*. São Paulo: Planeta, 2011.

DEL PRIORE, Mary. *O príncipe maldito*: loucura e ambição na família imperial. Rio de Janeiro: Objetiva, 2007.

DEL PRIORE, Mary. *Visconde de Taunay*. Rio de Janeiro: ABL; São Paulo: Governo do Estado de São Paulo, 2011.

DELUMEAU, Jean. *Rassurer et proteger*: le sentiment de sécurité dans l'Occident autrefoi. Paris: Fayard, 1989.

DORATIOTO, Francisco. *Maldita guerra*. São Paulo: Companhia das Letras, 2002.

Bibliografia

DOSSE, François. *Le pari biographique*: écrire une vie. Paris: La Découverte, 2005.

EXPILLY, Charles. *Mulheres e costumes do Brasil (1863)*. São Paulo: Companhia Editora Nacional, 1935.

FERREIRA, Luzilá Gonçalves et al. *Suaves amazonas*: mulheres e abolição da escravatura no Nordeste. Recife: Editora Universitária, UFPE, 1999.

FIERRO, Olivier. *Histoire et dictionnaire de Paris*. Paris: Robert Laffont, 1996.

FREYRE, Gilberto. *Ordem e progresso*. Rio de Janeiro: Record, 1990.

FREYRE, Gilberto. *Perfil de Euclides e outros perfis*. São Paulo: Global, 2010.

FREYRE, Gilberto. *Sobrados e mocambos*. Rio de Janeiro: José Olympio.

FUGIER, Anne-Marie. *La vie quotidienne de Louis-Philippe et de sa famille*: 1830-1848. Paris: Hachette, 1992.

GAY, Peter. *A experiência burguesa da rainha Vitória a Freud*: a educação dos sentidos. São Paulo: Companhia das Letras, 1988.

GAY, Peter. *O século de Schnitzler*: a formação da cultura da classe média, 1815-1914. São Paulo: Companhia das Letras, 2002.

GRAMAM, Richard. *Clientelismo e política no Brasil do século XIX*. Rio de Janeiro: Editora UFRJ, 1997.

GRINBERG, Keila; SALLES, Ricardo. *O Brasil Imperial*. v.I, II e III. Rio de Janeiro: Civilização Brasileira, 2009.

HILL, Pascoe Grenfell. *Cinquenta dias a bordo de um navio negreiro*. Rio de Janeiro: José Olympio, 2006.

HOBSBAWM, Eric. J. *A era do capital 1848-1875*. Rio de Janeiro: Paz e Terra, 1979.

HOLANDA, Sérgio Buarque de. *Capítulos da história do Império*. São Paulo: Companhia das Letras, 2010.

ISABELLE, Comtesse de Paris. *La reine Marie Amélie, grand-mère de l'Europe*. Paris: Perrin, 1998.

IZECKSON, Vitor. *O cerne da discórdia*: a Guerra do Paraguai e o núcleo profissional do Exército. Rio de Janeiro: E-papers, 2002.

IZECKSON, Vitor; CASTRO, Celso; KAY, Hendrick (org.). *Nova história militar brasileira*. Rio de Janeiro: FGV/Bom Texto, 2004.

KARASH, Mary C. *A vida dos escravos no Rio de Janeiro, 1808-1850*. São Paulo: Companhia das Letras, 2000.

KOBBÉ, Gustave. *Tout l'Opéra*: Dictionnaire de Monteverdi a nos jours. Paris: Robert Laffont, 1999.

LACOMBE, Lourenço Luiz. *Isabel*: a princesa redentora. Petrópolis: Instituto Histórico de Petrópolis, 1989.

LAGET, Mireille. *Naissances*: l'accouchement avant l'âge de la clinique. Paris: Seuil, 1982.

LEMOS, Renato. A alternativa republicana e o fim da monarquia. In: GRINBERG, Keila; SALLES, Ricardo. *O Brasil Imperial*. Rio de Janeiro: Civilização Brasileira, 2009. v.III, p.401-44.

LYRA, Maria de Lourdes Viana. A atuação da mulher na cena pública: diversidade de atores e manifestações no Brasil imperial. In: *Almanack Braziliense*, n.3, maio 2006.

MACHADO, Humberto Fernandes. Imprensa e identidade do ex-escravo no contexto pós-abolição. In: NEVES, Lúcia Maria Bastos et al. (orgs.). *História e imprensa*: representações, práticas culturais e práticas de poder. Rio de Janeiro: Faperj/DP&A, 2006, p.142-52.

MACHADO, Maria Helena. *O plano e o pânico*: os movimentos sociais na década da abolição. São Paulo: Edusp, 1994.

MANET, Édouard. *Viagem ao Rio*: cartas da juventude, 1840-1849. Rio de Janeiro: José Olympio, 2002.

MARCONDES DE MOURA, Carlos Eugenio (org.). *A vida cotidiana em São Paulo no século XIX*. São Paulo: Editora Unesp/Ateliê/Imprensa Oficial/Secretaria Estado da Cultura, 1998.

MARIZ, Vasco. *Após a glória*. Rio de Janeiro: Civilização Brasileira, 2012.

MARTIN-FUGIER, Anne. *Les salons de la IIIᵉ République*: art, littérature, politique. Paris: Perrin, 2009.

MARTINS, Luís. *O patriarca e o bacharel*. São Paulo: Alameda, 2008.

MARTINS, Maria Fernanda Vieira. *A velha arte de governar*: um estudo sobre política e elites a partir do Conselho de Estado (1842-1889). Rio de Janeiro: Arquivo Nacional, 2007.

MATTOS, Hebe Maria. A face negra da abolição, *Nossa História*, ano 2, n.19, maio 2005.

MATTOS, Hebe Maria. *Das cores do silêncio*: os significados da liberdade no Sudeste escravista, Brasil século XIX. Rio de Janeiro: Nova Fronteira, 1998.

MELLO, Maria Teresa Chaves de. *A República consentida*. Rio de Janeiro: Editora FGV/Editora UFRRJ, 2007.

Memórias do Visconde de Taunay. São Paulo: Instituto Progresso Editorial, 1948.

MENDONÇA, Joseli Maria Nunes. *Entre a mão e os anéis*: a Lei dos Sexagenários e os caminhos da Abolição no Brasil. Campinas: Editora da Unicamp, 1999.

MESQUITA, Maria Luiza de Carvalho. *Isabel de Bragança*: a imperatriz que não foi. Vassouras, 2008. Dissertação de Mestrado – Universidade Severino Sombra.

MESQUITA, Maria Luiza de Carvalho. *Olhares da imprensa sobre a atuação da princesa Isabel na Terceira Regência*. Disponível em: http://www.uss.br/revistaeletronica.n.4.

MESQUITA, Maria Luiza de Carvalho. *Quem tem medo do Terceiro Império ou por que não Isabel?* Mimeo., Simpósio de Política e Cultura da Universidade Severino Sombra, Vassouras, 2008.

MICHAUD, Stéphane. *Muse et madone*: visages de la femme de la Révolution française aux apparitions de Lourdes. Paris: Scuil, 1985.

MICHEL, Louise. *Mémoires de Louise Michel écrites par elle même*. Paris: F. Roy, 1886.

MICHELET, Jules. *La femme*. Paris: Flammarion, 1981.

MIRANDA, José Américo de. *Maio de 1888*: poesias distribuídas ao povo no Rio de Janeiro em comemoração à lei do 13 de maio de 1888. Rio de Janeiro: ABL, 1999.

MIRANDA, José Américo de. Versos libertos nas ruas, *Revista de História da Biblioteca Nacional*, ano 3, n.32, p.24-28, maio 2008.

MORALES DE LOS RIOS FILHO, Adolfo. *O Rio de Janeiro Imperial*. Rio de Janeiro: Topbooks/Universidade Editora, 2000.

MOREL, Marcos; BARROS, Mariana M. *Palavra, imagem e poder*: o surgimento da imprensa no Brasil do século XIX. Rio de Janeiro: DP&A, 2003.

MUAZE, Mariana. *As memórias da viscondessa*: família e poder no Brasil Império. Rio de Janeiro: Zahar, 2008.

NABUCO, Joaquim. *Essencial*. Org. e int. Evaldo Cabral de Mello. São Paulo: Penguin Companhia, 2010.

294   O castelo de papel

NABUCO, Joaquim. *Um estadista do Império*. v.I e II. Prefácio Raymundo Faoro. Posfácio Evaldo Cabral de Mello. Rio de Janeiro: Topbooks, 1997.

NEVES, Lúcia Maria Pereira das; MACHADO, Humberto Fernandes. *O Império do Brasil*. Rio de Janeiro: Nova Fronteira, 1999.

OLIVEIRA, José Henrique Motta de. *Das macumbas à umbanda*: uma análise da construção de uma religião brasileira. Rio de Janeiro: Editora do Conhecimento, 2008.

PERROT, Philippe. *Les dessus et les dessous de la bourgeoisie*. Bruxelas: Éditions Complexe, 1981.

PESSANHA, Laís Monteiro. O Deodoro de Viriato Corrêa: uma narrativa da República. In: XIV Encontro Regional da ANPUH-Rio, Memória e Patrimônio, Rio de Janeiro, jul. 2010.

PINHO, Wanderley (org. e notas). *Cartas do imperador D. Pedro II ao barão de Cotegipe*. São Paulo: Companhia Editora Nacional, 1933.

PINHO, Wanderley. *Salões e damas do Segundo Reinado*. São Paulo: Livraria Martins, 1970.

PRATA DE SOUZA, Jorge Luiz. A presença da cólera, da diarreia e as condições sanitárias durante a guerra contra o Paraguai: registros médicos e memórias. In: NASCIMENTO, Dilene Raimundo do; CARVALHO, Diana Maul de (orgs.). *Uma história brasileira das doenças*. Rio de Janeiro: Mauad, 2006, p.252-74.

PRATA DE SOUZA, Jorge Luiz. As condições sanitárias e higiênicas durante a Guerra do Paraguai (1865-1870). In: NASCIMENTO, Dilene Raimundo do; CARVALHO, Diana Maul de (orgs.). *Uma história brasileira das doenças*. Brasília: Paralelo 15, 2004, p.52-75.

QUEIRÓZ, Eça de. *Cartas da Inglaterra e Crónicas de Londres*. Lisboa: Livros do Brasil em Lisboa, s/d.

QUEIRÓZ, Maria José de. *Os males da ausência ou a literatura do exílio*. Rio de Janeiro: Topbooks, 1998.

RANGEL, Alberto. *Gastão de Orléans, o último conde d'Eu*. São Paulo: Companhia Editora Nacional, 1935.

RÉMOND, René. *Religion et société en Europe*: la sécularisation aux XIXᵉ et XXᵉ siècle. Paris, 1998.

RENAULT, Delso. *O dia a dia no Rio de Janeiro segundo os jornais, 1870-1889*. Rio de Janeiro: Civilização Brasileira/INL, 1982.

Bibliografia

REY, ROSELYNE. *Histoire de la douleur*. Paris: La Découverte, 2011.

REZENDE, Francisco de Paula Ferreira de. *Minhas recordações*. Rio de Janeiro: José Olympio, 1944.

RIOS, José Arthur. Nabuco, sociólogo, *Revista do Instituto Histórico e Geográfico Brasileiro do Rio de Janeiro*, ano 18, n.18, p.65-75, 2011.

ROHDEN, Fabíola. História e tensões em torno da medicalização da reprodução, *Gênero*, Niterói, v.6., n.1, p.216-24, 1º sem. 2006.

ROTH, Joseph. *La marche de Radetzky*. Paris: Seuil, 1982.

SALLES, Ricardo. *Guerra do Paraguai*: escravidão e cidadania na formação do Exército. Rio de Janeiro: Paz e Terra, 1990.

SALLES, Ricardo. *Guerra do Paraguai*: memórias e imagens. Rio de Janeiro: Edições da Biblioteca Nacional, 2003.

SALLES, Ricardo. *Joaquim Nabuco, um pensador do Império*. Rio de Janeiro: Topbooks, 2002.

SANTOS, Elóy Duarte dos. *O retorno da princesa*. Petrópolis: s/e, 1971.

SAXE COBURGO E BRAGANÇA, Dom Carlos Tasso. *A intriga*. São Paulo: Editora Senac, 2012.

SCHWARCZ, Lilia Moritz. *As barbas do imperador*. São Paulo: Companhia das Letras, 2000.

SILVA, Eduardo. *As camélias do Leblon e a abolição da escravatura*: uma investigação de história cultural. São Paulo: Companhia das Letras, 2003.

SILVA, Eduardo. Camélias da abolição: as flores subversivas do quilombo do Leblon, *Nossa História*, ano I, n.7, p.26-33, maio 2004.

SOARES, Carlos Eugênio Líbano. *A negregada instituição*: os capoeiras na Corte Imperial. Rio de Janeiro: Acces, 1999.

SOARES, Carlos Eugênio Líbano. *Zungu*: rumor de muitas vozes. Rio de Janeiro: Arquivo Público do Estado do Rio de Janeiro, 1998.

SODRÉ, Nelson W. *História da imprensa no Brasil*. Rio de Janeiro: Civilização Brasileira, 1966.

SOUZA, José Antonio Soares de. A Província do Rio de Janeiro nas vésperas da Abolição, *Revista do Instituto Histórico e Geográfico Brasileiro*, jul.-set. 1979, p.3-20.

STRZODA, Michelle. *O Rio de Joaquim Manuel de Macedo*: jornalismo e literatura no século XIX, antologia e crônicas. Rio de Janeiro: Biblioteca Nacional/Casa da Palavra, 2010.

296 O castelo de papel

TAUNAY, Alfredo d'Escragnolle. *A campanha da Cordilheira*. São Paulo: Companhia Melhoramentos de São Paulo, 1926.

TAUNAY, Alfredo d'Escragnolle. *Diário do Exército*: Campanha do Paraguai, 1869-1870. Rio de Janeiro: Bibliex, 2002.

TAUNAY, Alfredo d'Escragnolle. *Memórias do visconde de Taunay*. São Paulo: Instituto Progresso Editorial, 1948.

TAUNAY, Alfredo d'Escragnolle. *Recordações de guerra e de viagem*. Brasília: Edições do Senado Federal, 2008.

TORAL, André. *Imagens em desordem*: a iconografia da Guerra do Paraguai (1864-1870). São Paulo: Humanitas/FFLCH/USP, 2001.

VAINFAS, Ronaldo, dir. *Dicionário do Brasil Imperial (1822-1889)*. Rio de Janeiro: Objetiva, 2002.

VÁRIOS AUTORES. *História da Igreja no Brasil, Segunda época*. t. II/2. Petrópolis: Vozes, 1980.

VAS, Braz Batista. O conde d'Eu e a Guerra do Paraguai: algumas considerações historiográficas. In: Anais do XIX Encontro Regional de História: *Poder, violência e exclusão*, ANPUH/SP, 8 a 12 set. 2008.

VILLA, Marco Antonio. Que braseiro, que fornalha, *Revista Nossa História*, ano 2, n.18, abr. 2005, p.14-19.

WEGUELIN, João Marcos. O *Rio de Janeiro através dos jornais*. Disponível em: http://www.uol.com.br/rionosjornais/rj02.htm.

WHARTON, Edith. *The buccaneers*. Nova York: Penguin Books, 1993.

ZELDING, Theodore. *Goût et corruption*: histoire des passions françaises. Paris: Payot, 2003.

Documentos

Arquivo Histórico do Museu Imperial de Petrópolis

Pastas XL II-3 (12)
XL II-3 (13)
XL II-3 (17)
XL II-3 (01-07)
XL-3 (08)

XL-3 (09)
CCCXXXV-4 (11)
CCCXXXV-3 (06)
CCCXXXVII-1-28
CCCXXXVI-1-29
XXXIX-2-01
XXIX-3-07
XLI-1 (01)
XLI-2-26
XLI-1-29
XLI-5-16
XLI-2 (06)
XLI-1-06
XLI-1 (10)
XL-2 (09-11)
XXVIII-4 (13-24)
XLII-3
XLII-3 (36)
XLII-3 (37)
XLII-7
XLII-7 (14)
XLII-7 (15)

Archives Génerales du Royaume et Archives de L'État dans les Provinces – Bruxelas, Bélgica

Fundo Nemours

Pastas 130, 171, 173, 183, 190, 290, 295, 303, 582, 597, 631, 633, 669, 697, 701, 714, 715, 716, 720, 721

No IHGB

DL915, 99-155 – Correspondência passiva com o barão de Penedo, Francisco Inácio de Carvalho Moreira; da pasta 99 a 129, correspondência

298   O castelo de papel

entre os anos de 1846-1868; da pasta 130 a 155, correspondência entre os anos de 1869-1874; originais e cópias datilografadas.

DL916, 01-80 – Correspondência passiva com o barão de Penedo, Francisco Inácio de Carvalho Moreira; de 01 a 80, correspondência entre 1874 e 1885; originais e cópias datilografadas.

DL947, 02-03 – Apontamentos sobre missão ao Paraguai (1871).

DL947, 07 – Correspondência a vários políticos brasileiros (1876).

DL948, 37 – Copiador de correspondência sobre a volta do conde d'Eu da Europa (1887).

DL948, 106 – Carta do barão de Penedo ao 2º marquês de Paranaguá (1885).

DL951, 17 – Projeto do conde d'Eu sobre o Exército (1869-1870).

DL951, 18 – Apontamentos sobre a Guerra do Paraguai (1869-1870).

DL956, 06 – Relação de terras da princesa Isabel e do conde d'Eu (1875).

DL960, 28 – Apontamentos de Cotegipe sobre uma conferência com a princesa Isabel (1888).

DL960, 31 – Correspondência da princesa Isabel sobre exoneração do gabinete Cotegipe (1888).

DL960, 32 – Apontamentos de Cotegipe e Isabel sobre a exoneração do gabinete Cotegipe (1888).

DL464, 06 – Diário de André Rebouças (1888).

Na Biblioteca Nacional, Setor de Periódicos

I – Casamento

A Semana Illustrada, 25/9/1864, quarto anno, n.198, p.1578.

A Semana Illustrada, 9/10/1864, quarto anno, n.200, p.1594.

A Semana Illustrada, 15/10/1864, quarto anno, n.201, p.1601-08.

A Semana Illustrada, 23/10/1864, quarto anno, n.202, p.1610.

A Semana Illustrada, 30/10/1864, quarto anno, n.203, p.1618-23.

Jornal do Commercio, 5/10/1864, anno 40, n.277, p.1.

Jornal do Commercio, 8/10/1864, anno 40, n.280, p.1.

Jornal do Commercio, 12/10/1864, anno 40, n.284, p.1-2.

Jornal do Commercio, 13/10/1864, anno 40, n.285, p.1-2.

Jornal do Commercio, 14/10/1864, anno 40, n.286, p.1-2.

Jornal do Commercio, 15/10/1864, anno 40, n.287, p.1-2.

Jornal do Commercio, 16/10/1864, anno 40, n.288, p.2.

Jornal do Commercio, 17/10/1864, anno 40, n.289, p.2.

Jornal do Commercio, 18/10/1864, anno 40, n.290, p.1-3.

Jornal do Commercio, 19/10/1864, anno 40, n.291, p.2.

Jornal do Commercio, 22/10/1864, anno 40, n.294, p.2.

II – Guerra do Paraguai

A Semana Illustrada, 2/5/1869, anno 9, n.438, p.3498.

A Semana Illustrada, 5/9/1869, anno 9, n.456, p.3648.

A Semana Illustrada, 24/10/1869, anno 9, n.463, p.3704.

A Semana Illustrada, 27/2/1870, anno 10, n.481, p.3847.

A Semana Illustrada, 24/4/1870, anno 10, n.489, p.3912.

A Vida Fluminense, 9/4/1870, anno 3, n.119, p.112.

A Vida Fluminense, 23/4/1870, anno 3, n.121, p.128.

A Vida Fluminense, 30/4/1870, anno 3, n.122, p.136-39.

A Vida Fluminense, 7/5/1870, anno 3, n.123, p.143-50.

A Vida Fluminense, 14/5/1870, anno 3, n.124, p.154.

Jornal do Commercio, 20/7/1865, anno 43, n.200, p.1.

Jornal do Commercio, 29/7/1865, anno 43, n.209, p.1.

Jornal do Commercio, 30/7/1865, anno 43, n.210, p.1.

Jornal do Commercio, 1/8/1865, anno 43, n.212, p.1.

Jornal do Commercio, 2/8/1865, anno 43, n.213, p.1.

Jornal do Commercio, 12/8/1865, anno 43, n.223, p.1.

Jornal do Commercio, 22/8/1865, anno 43, n.233, p.1.

Jornal do Commercio, 8 e 9/9/1865, anno 43, n.250, p.1.

Jornal do Commercio, 12/9/1865, anno 43, n.253, p.1.

Jornal do Commercio, 26/9/1865, anno 43, n.267, p.1.

Jornal do Commercio, 3/10/1865, anno 43, n.274, p.1.

Jornal do Commercio, 6/10/1865, anno 43, n.277, p.1.

Jornal do Commercio, 7/10/1865, anno 43, n.278, p.1.

Jornal do Commercio, 8/10/1865, anno 43, n.279, p.1.

300   O castelo de papel

Jornal do Commercio, 7/11/1865, anno 43, n.309, p.1.
Jornal do Commercio, 10/11/1865, anno 43, n.312, p.1.

III – Primeira regência

A Reforma, 5/4/1871, anno III, n.76, p.1-2.
A Reforma, 6/4/1871, anno III, n.77, p.1.
A Reforma, 11/4/1871, anno III, n.80, p.1.
A Reforma, 12/4/1871, anno III, n.81, p.1.
A Reforma, 14/4/1871, anno III, n.83, p.1.
A Reforma, 30/4/1871, anno III, n.97, p.1.
A Reforma, 9/5/1871, anno III, n.104, p.1.
A Reforma, 2/12/1871, anno III, n.275, p.1.
A Reforma, 8/12/1871, anno III, n.280, p.1.
A Reforma, 17/12/1871, anno III, n.287, p.1.
A Reforma, 20/1/1872, anno IV, n.15, p.2.
A Reforma, 1/2/1872, anno IV, n.24, p.3.
A Reforma, 23/2/1872, anno IV, n.41, p.1.
A Reforma, 25/2/1872, anno IV, n.43, p.1.
A República, 13/5/1871, anno I, n.69, p.1.
A Vida Fluminense, 10/6/1871, anno 4, n.180, p.601.
A Vida Fluminense, 5/8/1871, anno 4, n.188, p.662.
A Vida Fluminense, 12/8/1871, anno 4, n.189, p.670-1.
A Vida Fluminense, 23/9/1871, anno 4, n.195, p.718.
A Vida Fluminense, 28/10/1871, anno 4, n.200, p.762.
A Vida Fluminense, 18/11/1871, anno 4, n.203, p.785.

IV – Nascimento e morte de D. Luísa (1874)

A Semana Illustrada, 2/8/1874, anno XIV, n.712.
A Vida Fluminense, 1/8/1874, anno 7, n.344, p.1908.
Diário do Rio de Janeiro, 29/7/1874, anno 57, n.208, p.3.
Jornal do Commercio, 28/7/1874, anno 53, n.207, p.4.
Jornal do Commercio, 29/7/1874, anno 53, n.208, p.4.
Jornal do Commercio, 30/7/1874, anno 53, n.209, p.3.

Bibliografia

V – Nascimento do príncipe do Grão-Pará, D. Pedro (1875)

Jornal do Commercio, 16/10/1875, anno 54, n.287, p.3.

Jornal do Commercio, 17/10/1875, anno 54, n.288, p.3.

VI – Segunda regência

A Reforma, 30/3/1876, anno VIII, n.70, p.1.

A Reforma, 1/4/1876, anno VIII, n.72, p.1.

A Reforma, 6/4/1876, anno VIII, n.76, p.3.

A Reforma, 16/5/1876, anno VIII, n.108, p.2.

A Reforma, 18/5/1876, anno VIII, n.110, p.1.

A Reforma, 29/7/1876, anno VIII, n.163, p.1.

A Reforma, 15/10/1876, anno VIII, n.232, p.1

A Reforma, 4/2/1877, anno IX, n.?, p.1.

A Reforma, 8/4/1877, anno IX, n.76, p.1.

A Reforma, 19/4/1877, anno IX, n.86, p.3.

A Reforma, 2/5/1877, anno IX, n.97, p.1.

A Reforma, 6/5/1877, anno IX, n.101, p.1.

A Reforma, 26/5/1877, anno IX, n.117, p.1.

A Reforma, 11/7/1877, anno IX, n.154, p.1.

A Reforma, 28/9/1877, anno IX, n.219, p.1.

O Mequetrefe, 9/5/1876, anno 2º, n.69, p.6-7.

O Mequetrefe, 27/5/1876, anno 2º, n.70, p.6.

O Mequetrefe, 10/6/1876, anno 2º, n.71, p.6.

O Mequetrefe, 10/7/1876, anno 2º, n.73, p.6.

O Mequetrefe, 25/7/1876, anno 2º, n.75, p.6.

O Mequetrefe, 8/11/1876, anno 2º, n.83, p.6.

O Mequetrefe, 17/11/1876, anno 2º, n.84, p.2.

O Mequetrefe, --/11/1876, anno 2º, n.85, p.6.

O Mequetrefe, 25/4/1877, anno 3º, n.99, p.8.

O Protesto: Jornal de Três, 28/2/1877, n.4, p.56-8.

O Protesto: Jornal de Três, 20/3/1877, n.5, p.66.

302   O castelo de papel

VII - Terceira regência e anos finais da Monarquia

Cidade do Rio, 16/10/1887, anno I, n.19, p.1.

Cidade do Rio, 17/10/1887, anno I, n.20, p.1.

Cidade do Rio, 23/10/1887, anno I, n.?, p.1.

Cidade do Rio, 19/11/1887, anno I, n.52, p.1.

Cidade do Rio, 28/11/1887, anno I, n.59, p.1.

Cidade do Rio, 4/2/1888, anno II, n.?, p.1.

Cidade do Rio, 15/2/1888, anno II, n.?, p.1.

Cidade do Rio, 2/4/1888, anno II, n.74, p.1.

Cidade do Rio, 21/8/1888, anno II, n.187, p.1.

Cidade do Rio, 31/12/1888, anno II, n.294, p.1.

Cidade do Rio, 15/7/1889, anno III, n.156, p.1.

Diário de Notícias, 28/3/1889, anno V, n.1388, p.2.

Diário de Notícias, 29/3/1889, anno V, n.1389, p.2.

Diário de Notícias, 1/5/1889, anno V, n.1417, p.2.

Diário de Notícias, 22/8/1889, anno VI, n.1529, p.3.

Diário de Notícias, 25/8/1889, anno VI, n.1532, p.2.

Gazeta da Tarde, 10/2/1886.

Gazeta da Tarde, 5/3/1886.

Gazeta da Tarde, 12/3/1886.

Gazeta da Tarde, 19/3/1886.

Gazeta da Tarde, 26/3/1886.

Gazeta da Tarde, 29/3/1886.

Gazeta de Notícias, 21/4/1889, ano XV, n.111, p.2.

Gazeta de Notícias, 18/11/1889, ano XV, n.1322, p.1.

O Corsário, 23/1/1883, anno ?, n.?, p.2.

O Corsário, 24/3/1883, anno III, n.72, p.2.

O Corsário, 31/7/1883, anno III, n.123, p.2.

Biblioteca Nacional, Seção de Obras Raras

Biblioteca da Gazeta da Tarde. *A sociedade do Rio de Janeiro, Cartas de um Diplomata escritas de Bucareste*, Rio de Janeiro, Gazeta da Tarde, 1886. Localização: 099A, 019, 003.

Bibliografia

Pedrosa, Pedro Cunha. *Minhas próprias memórias* (vida pública). Rio de Janeiro: Liv. Agir, 1963. Localização: 155, 2, 8.

Rezende, Francisco de Paula Ferreira de. *Minhas recordações*. Rio de Janeiro: J. Olympio, 1944. Localização: 150, 2, 26b.

Agradecimentos

A Luciana Villas-Boas, com quem troquei as ideias iniciais sobre este livro. Aos colegas professores do Curso de Pós-Graduação da Universidade Salgado de Oliveira e, em especial, ao chefe de Departamento, Jorge Prata, sem cuja generosidade este livro não encontraria tempo de ser escrito. A Jean Menezes do Carmo, Bruno de Cerqueira, Laila Vils, Júlio Bandeira, Robert Daibert, Pedro Corrêa do Lago e às leituras e críticas do amigo Vasco Mariz. No Museu Imperial, a Neibe Cristina Machado da Costa, Thais Cardoso Martins e Alessandra Bettancourt Fráguas. No Damin do MIP, a Luis Fernando Oliveira Azevedo. Na BNRJ, aos funcionários da seção de periódicos. No IHGB, a Regina Wanderley, Tupiara Machareth, Nayara Emerich e Lúcia Maria Alba.

Carlos Milhono, como sempre, foi meu braço direito.

SOBRE O LIVRO

FORMATO: 13,7 x 21 cm
MANCHA: 24,7 x 170,7 paicas
TIPOLOGIA: Kepler STD 11/14
PAPEL: Offset 75 g/m² (miolo)
Cartão Triplex 250 g/m² (capa)
1ª EDIÇÃO EDITORA UNESP: 2024

EQUIPE DE REALIZAÇÃO

EDIÇÃO DE TEXTO
Rita Ferreira (Preparação de original)
Pedro Magalhães Gomes (Revisão)

PROJETO GRÁFICO E CAPA
Marcos Keith Takahashi (Quadratim)

IMAGEM DE CAPA
Pedro Américo, *Batalha de Campo Grande*, 1871,
óleo s/ tela. Acervo Museu Imperial
Princesa Isabel e Luís Felipe Gastão de Orléans, conde d'Eu,
com os netos na França, s.d. Arquivo Nacional.
Fundo Luís Gastão D'Escragnolle Dória

EDITORAÇÃO ELETRÔNICA
Arte Final

ASSISTENTE DE PRODUÇÃO
Erick Abreu

ASSISTÊNCIA EDITORIAL
Alberto Bononi
Gabriel Joppert

Rua Xavier Curado, 388 • Ipiranga - SP • 04210 100
Tel.: (11) 2063 7000 • Fax: (11) 2061 8709
rettec@rettec.com.br • www.rettec.com.br